清代思想史稿

季蒙、程漢 合著

謹以此思想史

為民國百年壽

目　次

第一章　理學

第一節　李顒悔過自新說

　　清代學術，導源於宋學。李顒、顏元是清初北方學者的代表。李顒是陝西人，顏元是河北人。李顒倡悔過自新說，實際上就是改進論。改進當然包括改正，只是切實功夫。時人以其卑之無甚高論而輕忽之，李顒提醒說，天地、萬物都是日新的，大哉自新之義。人文能走多遠，就看其改進如何。這一點，已經由過去的歷史顯示、說明瞭。所謂滿街能悔過自新，安見滿街之不可為聖人？虛譚性命，不過是英雄欺人語。關中之儒，橫渠以後，李子而已。「同志者，雖無過可悔，亦不妨更勉之！」（《悔過自新說》小引）

　　李顒說：「人也者」，「即得天地之理以為性。此性之量，本與天地同其大。」（《悔過自新說》）但是人不斷被周圍世界剝蝕，「甚至雖具人形，而其所為有不遠於禽獸者。」（《悔過自新說》）所以說君子貴踐形。雖然，人之本性固常在也。人們不能夠改進，停頓甚且倒退，都是因為自棄。「殊不知君子小人、人類禽獸之分，只在一轉念間耳。」（《悔過自新說》）人類是由禽獸不斷改進來的。改進則「一切人服我」，此理常人未之思也。李顒認為，古今大儒，或以主敬窮理、先立乎大、心之精神為聖、自然、復性、致良知、隨處體認、正修、知止、明德標宗，不一而述；但是，要之都不出「悔過自新」四字。過去只是因為不曾揭出此四字，所以徒費許多

辭說。如今不若直提悔過自新四字為說，庶當下便有依據，所謂點鐵成金是也。這是最「直捷簡易」的門路。

在李顒看來，古人留下的經典，都是傳之後人以救萬世之病的。由此亦可見，當明、清之際，所謂天崩地解，士人的思想與理解，往往很自然的容易導入病理學之思維，而不是生理學的。這是由憂患之世促成的，毫不奇怪，悔過自新說正是如此。李顒謂，此說可包舉、統攝萬事。如：

> 天下──天子能悔過自新，則君極建而天下以之平；
> 國──諸侯能悔過自新，則侯度貞而國以之治；
> 家──大夫能悔過自新，則臣道立而家以之齊；
> 身──士庶人能悔過自新，則德業日隆而身以之修。

所以李顒說，「苟真實有志做人，」須從此（悔過自新）下刀。李顒之所以提出此說，還是為了人們能夠安身立命。「故敢揭之以公同志。」（《悔過自新說》）可不要做那種「惡貧女之布而甘自凍」的事啊！天地最愛修德的人，悔過自新，可以祈天永命。「新與不新，」「全在自己策勵。」性、德，「我固有之也，」（《悔過自新說》）但是我們也應該看到，李顒的改進思想，畢竟是理學時代的痕跡，所以這個改進只是向著「至善」這一上限無限趨近（這使人想到了西學的分析、綜合之辯）。李顒界定說：「新者，復其故之謂也。辟如日之在天，夕而沉，朝而升，光體不增不損，今無異昨，故能常新。若於本體之外，欲有所增加以為新，是喜新好異者之為，而非聖人之所謂新矣。」（《悔過自新說》）

李顒講的悔過自新，具體操作上更像是心理檢查，而且是道德心理檢查，所謂苟有一念未純於理，即是過，即當悔而去之。從這

裏來看，說李顒是「格正」思想，也許比說改進思想更貼切、恰當。必先檢身過，次檢心過，念純於理，即是念理合一、道德合一。尤其是在自己一個人的時候，所以說慎獨為難。李顒提出的一個辦法，還是靜坐。因為人不好靜，則不能用心。但是我們說，與其靜坐，還不如練太極拳，當然古人不會太極拳。因為太極拳也屬於心學，是治心性的。這一點人們還沒有認識到。拳學本身即是治理心性之術，有入靜的功效，而且鍛煉身體，綜合比較，遠非靜坐可及。從這裏能夠說明什麼呢？說明古人的修身之具還是非常簡陋的，這才是根本問題。所以千百年來思路打不開，理論之爭總是擠在一個極其狹小的範圍內打轉，原因即在於此，其實說破了非常簡單。李顒說，悔過自新，乃是為了窮理盡性，以至於命。「在宇宙為完人，今日在名教為賢聖，將來在冥漠為神明，」（《悔過自新說》）康熙皇帝曾想召見李顒，遭拒絕，這表現了他的個人原則。

第二節　戴震字義

　　北方學者重實行，義理上固不如南方學者為勝。清代理學的代表是戴震，他自道自己的學術思想說，「僕生平論述最大者，為《孟子字義疏證》一書，此正人心之要。今人無論正邪，盡以意見誤名之曰理，而禍斯民，故疏證不得不作。」（與段若膺書）又說：「蓋昔人斥之為意見，今人以不出於私即謂之理。由是以意見殺人，咸自信為理矣！聊舉一字言之，關乎德行、行事匪小。」（與段若膺論理書）這裏講得很清楚，把意見當成理，就會以意見殺人。意見

是私、理是公，理與意見，公私之間而已。戴震之學，也就是要辨明此二者。

他說：「古人曰『理解』者，即尋其腠理而析之也。」「後儒以理、欲相對，寔雜老氏無欲之說。」「不知欲也者，相生養之道也。能視人猶己則忠，以己推之則恕，憂樂於人則仁，出於正、不出於邪則義，恭敬不侮慢則禮，無差謬則智。曰忠恕，曰仁義禮智，豈有他哉？在常人為欲，在君子皆成懿德。」「況欲之失，為私不為蔽。自以為得理，而所執之理寔謬，乃蔽而不明。聖人而下，罕能無蔽──有蔽之深者，有蔽之淺者。自謂蔽而不明者有幾？問其人曰：聖矣乎？必不敢任；而譏其失理，必怒於心。是盡人不知己蔽也。」（與段若膺論理書）

可見，這個世界上沒有人願意承認自己不明理，反省己蔽是很難的。戴震認為，欲聞道，「非從事於字義、制度、名物，無由以通其語言。宋儒譏訓詁之學，輕語言文字，是欲渡江而棄舟楫、欲登高而無階梯也。為之卅餘年，灼然知古今治亂之源在是。」（與段若膺論理書）由文字、語言以通道，也就是由名以通道，這是清學的真精神。老子說可道、可名，道與名的關係，在古代其實是一個常識。

一、法象

易曰，法象莫大乎天地。這說明，宇宙是最大的法象。我們說過，大共名通常有四套，即：

日常生活口語——東西
普通書面語——事物（物）
易學——法象
名學——名實
……

這四套用法，意思實際上是統一的。戴震說：「人之倫類，肇自男女、夫婦。是故陰陽發見，……」（法象論）可以看得很清楚，無論戴震所列舉的是什麼，用二分律一貫穿，其實都脫不出陰陽，它們是：

天地、日月、山川、男女、夫婦、象形、血氣、魂魄、動靜、神靈、聰明、鬼神、分合、清濁、幽明、內外、上下、尊卑、君臣、疾遲、水火、燥濕、父子、兄弟、寒暑、晝夜、終始、進止、生息、博約、仁義、親疏……

基於象數論，從數位一去說，就是道；從數字二去說，就是陰陽。戴震講了那麼多，其意向相當明顯，就是要把自然與人文「統會」在一起，通盤地給以解說。實際上，當我們有了陰陽二分律這一便利工具後，很多事就用不著贅引了，只要看一看戴震所列的名目，便完全可以清楚——其實，宇宙整個兒的就是一個陰陽鏈，就這麼簡單。不僅是戴震，古今一切學者在觸及類似問題時，也多是通過一個簡單的「二分組」羅列來說明之。所以說，一切問題算是歷史性的終結了。

二、道

戴震說：「道，猶行也。氣化流行，生生不息，是故謂之道。」「行亦道之通稱。」陰陽與五行是互「賅」的。陰陽、五行是道之實體，血氣心知是性之實體。「有實體，故可分；惟分也，故不齊。」「言分於陰陽、五行以有人物，而人物各限於所分以成其性。」很明白，人被明確歸於陰陽了，而人性是有特定份額的，參差不齊。

程子云，形上下一語截得最分明。「氣化流行」當然是形而下，「氣化之於品物，則形而上下之分也。形乃品物之謂，非氣化之謂。」為了達成自己的義理辯解，戴震專門分別了「之謂」與「謂之」二語。「凡曰之謂，以上所稱解下。」「凡曰謂之者，以下所稱之名辨上之實。」「以道、器區別其形而上、形而下耳。形謂已成形質，形而上猶曰形以前，形而下猶曰形以後。」「陰陽之未成形質，是謂形而上者也，非形而下明矣。」「不徒陰陽非形而下，如五行水火木金土，有質可見，固形而下也，器也；其五行之氣，人物咸稟受於此，則形而上者也。」「即物之不離陰陽、五行以成形質也。由人物遡而上之，至是止矣。」後儒創言理、氣，「遂以陰陽屬形而下，實失道之名義也。」

我們說過，陰陽是性質，不是實體，這個意思，孔穎達《周易正義》開篇即分別得清清楚楚。形而下之三元——宇、宙、元氣，亦無疑義。所以，五行、氣、形質、器，這些肯定都是形而下，絕非形而上，這是不用贅言的。由此就很清楚，戴震所做的種種分辨，都是為了圍繞自己的理論意向而展開，所以，我們只要明白了戴震的主要意思，枝節問題便不用糾纏了。他就是反對程、朱。

　　案朱子云:「太極,形而上之道也;陰陽,形而下之器也。」我們說,朱子的根本錯誤就在這裏,他是用理、氣分太極、陰陽的,所以這樣說,講什麼「太極生陰陽,理生氣也」,形而上怎麼能生形而下呢?這完全是兒戲。氣是本有的,只不過氣是形而下的本有,至於氣的所以然,那是單獨一件事。除了元氣,另外兩個形而下的本有,就是宇、宙,所以說宇、宙、氣是形而下的三元。本有與上下並不矛盾。朱子把陰陽與氣扯在一起、掛在一處,這是根本的錯誤,所以說餘不必論矣。戴震明說,這個歷史謬誤已經很久了,自宋以來;當然他是從自己的理論安排去講的。因為朱子講太極、陰陽從頭裏錯了,所以再辯證文義已經沒有意義和必要,可以不論了。戴震的意思,認為「孔子乙太極指氣化之陰陽」,歸落處還是在「氣化流行」一義。但是我們看得很清楚,戴震這麼講,仍然是時代思想的一種拉鋸,並非義理的絕對到位,這是顯然的。所以他會說,宋儒之言形而上下,言道器,言太極兩儀,今據孔子贊易本文疏通、證明之,洵於文義未協。其見於理、氣之辨也,求之六經中無其文,故借太極、兩儀、形而上下之語以飾其說,以取信學者。舍聖人立言之本指,而以己說為聖人所言,是誣聖;借其語以飾吾之說,以求取信,是欺學者也。誣聖、欺學者,程、朱之賢不為也。蓋其學借階於老、莊、釋氏,是故失之。可見,戴震對程、朱還是有所回護,所以把過失推給了佛。

　　實際上,正如我們辯證過的(戴震也說出了相同的意思,只不過他是用清代的話語來表達),那就是:歷史中儒、佛根本就不可能協和、和諧,因為儒家是要講政教的,所以一定要強調理的實有性,講形上下就為此;而佛教屬於宗教修行,所以一定會講見空,這就是有(理有)與空的根本分野,三教怎麼可能合一呢?那是自

欺欺人。所以歷代的學者，很多人沒有把問題看清楚，不能別同異，很缺乏歷史的觀念。一句話，實事求是，莫做調人。

　　天道是如此，那麼人道呢？戴震說：「人道，人倫日用、身之所行，皆是也。」可見，戴震論道，還是從天、人兩邊去說的，而側重於人這一邊。「在天地，則氣化流行，生生不息，是謂道；在人物，則凡生生所有事，亦如氣化之不可已，是謂道。」言由天道以有人物也。人物分於天道，是以不齊。日用事為，皆由性起，無非本於天道然也。身之所行，舉凡日用事為，其大經不出乎君臣、父子、夫婦、昆弟、朋友五者也。曰性、曰道，指其實體、實事之名；曰仁、曰禮、曰義，稱其純粹中正之名。人道本於性，而性原於天道。但是天地間氣化流行，生生不息，而生於陸者，入水而死，生於水者，離水而死，豈天地之失德哉？這都是因為物性不齊啊！因為物性不齊，所以才會有一個得所、失所的問題。「純粹中正，推之天下而准也。」所以戴震說，「繼謂人物於天地，其善固繼承不隔者也；善者，稱其純粹中正之名；性者，指其實體、實事之名。」一事之善，則一事合於天；成性雖殊，而其善也則一。善，其必然也；性，其自然也；歸於必然，適完其自然，此之謂自然之極致，天地、人物之道於是乎盡。限於成性而後，不能盡斯道者眾也。

　　宋儒講命、性、道諸義，都從理上去規定。戴震的基本意思，是認為宋儒不合六經、孔孟。他說，出於身者，無非道也，故曰道不可離，而舉仁、義、禮以為之準則。宋儒視理得於天而具於心，「因以此為形而上，」以人倫日用為形而下、為萬象紛羅，宋儒這是受了釋氏捨人倫日用而別有所貴的惡毒。戴震明言，古賢聖之所謂道，人倫日用而已矣。使捨人倫日用以為道，是求知味於飲食之外矣。尤其是，戴震講到了意見的大害，分幾大情況：

智者自負其不惑也，往往行之多謬；

愚者之心惑闇，宜乎動輒怨失；

賢者自信其出於正不出於邪，往往執而鮮通；

不肖者陷溺其心，而長惡遂非，與不知等。

可以說，意見當中最有害的就是偏見，所以說偏見殺人。戴震說，道若大路然，豈難知哉？這話說在了點子上，謂人人由道，為君就行君之事，是什麼人、做什麼事，就這麼簡單。由此，我們回過來看孔子那句話，民可使由之，不可使知之，這到底是主張：應該驅使民，還是感歎、遺憾；民，你想讓他知道，那都是不可能的呢？就像俗話說的，有些人，你想尊重他都是尊重不好的。至道歸至德，天經地義，因為道德就是對道理的得到。戴震說，今學者視聖人之語言行事，莫能邐幾及之也。這是必然的。

三、性

　　關於性，戴震是這樣解說的：「性者，分於陰陽、五行以為血氣、心知、品物，區以別焉。舉凡既生以後所有之事、所具之能、所全之德，咸以是為其本。」可見，性是廣義的，無所不包。「氣化生人、生物以後，各以類滋生久矣；然類之區別，千古如是也，循其故而已矣。」這是「故」和「類」的關係。事物都是以類延續的，所以類就是規定，是超時間的分別。陰陽、五行「雜糅萬變」而成化，「是以及其流形，不特品物不同，雖一類之中，又復不同。」萬物只要形成，就是唯異無同的，這是名學的出發點。戴震在這裏說的一類之中又不同，乃是指大類而言，並不是指無可再分的「單

類」；不可再分的類，就是單類。比如說：七個，這七個，就是七名實，也就是七類。「個數＝類數＝名實數」，這是必須達意的。所以，類是中國思想的核心。萬物是以類、通過類而延續、統一的，人與物都不例外。所以說，「人、物以類滋生，皆氣化之自然。」戴震說，萬物就是對陰陽、五行的分有。正因為此，性既然是一種「分有」，那麼自其初始，便有偏全、厚薄、清濁、昏明等種種的不齊，而這就是戴震的性分有論。

性既然是各隨所分而成，當然是各各不同的了。「大致以類為之區別，」但這也只是大而化之的說法。所以《論語》只講到性相近為止，「此就人與人相近言之也。」戴震說，同類相似，則異類當然不相似，不可「混同言之」，比如人和馬。所以人性與物性，彼此、各自之間乃是各殊的。

從這裏的總說可以清晰地看到，戴震關於性論的態度，乃是堅持性相異、性分有，這是明白無疑、不可動搖的。也是在性異論上，將陸續導引出各種性理論，而與性近、性善諸說相映襯。按戴震的說法，性近與性善二說，是程、朱始別之的。「創立名目曰氣質之性」，這是思想史的大關鈕、大旋鈕。性即理之說是不通的，不合孟子之義。戴震指出，人和動物都是趨生避死，在這一點上兩者是一樣的。那麼人和動物的不同，關鍵是在哪裡呢？不是自然屬性，而是一種人為的非自然性。「以義為非自然，轉制其自然」，但是終極的相異、不同，還是在於其規定性即不同。孟子之書，「其言性也，咸就其分於陰陽、五行以成性為言」，成，則人與百物，限於所分者各殊。一切形而下的存在，都是宇宙間的氣化流行，生命就是這樣的。「由其分而有之不齊，是以成性各殊。」而所謂知覺運動者，統乎生之全言之也。知覺運動當然也是各殊的。因為成性各

殊，所以形質各殊，動、植物各有不同。「心之所通曰知，百體皆能覺，而心之知覺為大。」戴震說：凡相忘於習則不覺，見異焉乃覺。這是很重要、很關鍵的一條，也就是所謂「習忘」。他舉了一個例子說，魚在水裏，所以習忘於水，不覺得、不知道水的存在；可一旦被捕撈起來，就覺到水了。人也一樣。感覺殊致，這是性使然也。一句話，萬物各由性成，是性在規定一切，而不是反被規定。有、是之別在此。由此可知，性論要想擺清楚，非遵循、合乎名理不可。這樣，性與名的關係便不言自明瞭。歷史中的性論，只要是混亂的，都是因為名理上出了問題，無一例外。戴震認為，人類的偉大，在於人能擴充其知至於神明，而又以仁義禮智為其大端。「心之明之所止也，知之極其量也。」由此，我們可以表列一下（性是第一因）：

性異──知覺運動各殊

形質各殊

人物相殊

動、植物各殊

氣類各殊

分於陰陽、五行而殊

成性各殊

才質各殊

……

所以，戴震的性論是合乎名理的。可以這樣講，無論名學還是理學，如果僅只有一邊，總還是有所缺欠的；而兩者兼全，則如虎添翼。簡言之，就是說──不是有什麼什麼，所以人性與物性不同；而是

因為人之性與物之性不同，所以才會有什麼什麼、具種種之別。這一點，在墨辯「牛與馬唯異」一條講得非常清楚，可以互參。戴震有一些重要的辯證，可以注意。他說，孟子講同然性，乃是言理義之為性，非言性之為理。為什麼戴震講性的問題，這個傳統的老話題，會特別合於名理呢？就是因為戴震處處強調分別性──莫不區以別焉、性即分有。一旦主分，便自然靠近名理，道理就這麼簡單。因為名就是從分出發的，所謂別同異是也。

性和理義為什麼不能混淆呢？戴震說得明白，性是分有（分於陰陽、五行）；而理義是它自己──知與思的對象，只是那一個。所以同然者，其實就是一；一與同的名理關係，必須擺明。戴震說，人之等差，不知凡幾，其氣稟固不齊。人性多端，要在擴充心知。主要是擴充四大端：

> 惻隱：仁
>
> 羞惡：義
>
> 恭敬、辭讓：禮
>
> 是非：智

這四端是儒家的終極總結，非獨孟學為然。因為沒有仁，人類的愛就不存在了；沒有愛的世界，不能想像。假如沒有禮，那麼人類世界就只有戰爭了。因為宇宙世界，不是禮就是兵，沒有第三者。如果不講禮、無禮，那麼剩下的就只有戰端，絕無例外。所以說，人而無禮、胡不遄死？這就是「無禮則死」的定律──戰爭沒有不死人的。愛與戰，這是一個對比主題。沒有廉恥心，人類就會無所不為；無所不為的世界，可想而知。是非關係到絕對標準，這個不用說了。心靈與智識的重要，人類的安全性，全都在這裏。理義雖然

是絕對的一，但是它有人類天性的基礎，就這一層來說（對象性與天性基礎的關係），歷史中的學者多混淆不清。戴震說，人性中都有生命、死亡的意識，所以，看見一個小生靈就會惻隱，把這個不忍的點擴而充之，其效果就不可勝用了。餘可類推，舉一反三。所以，仁義禮智不是別的，就是嚮往生命、熱愛生命。宋儒被釋、老給搞壞了，所以專講去欲、不動心，這和木頭還有什麼區別呢？須知，人類慾望不是一個去留的問題，而是一個導正和利用的問題，所以問題恰恰是搞反了。

於是又問，下愚這種現象又怎麼解釋呢？戴震說，所謂下愚，就是心裏沒有念頭，沒有想法，所以一切都完了。因此，下愚終究是由當事人自己選擇的──他要下愚不移，有什麼辦法？只要是憬然覺悟、日日向學的，都可以進移於智善，只是個快慢的問題。所以，沒有什麼不可移，所謂的下愚不移，只是他自己的決定和選擇，關鍵是在於人性能否開通。戴震講的這個開通，恐怕必須等待現代教育了。戴震說，善惡是相反之名，智愚則是遠近之名。一個是對反，一個是程度，它們不是一回事。智都來源於學思，是可為的。所以，愚和惡還是有區別的。戴震之所以有這些辯證，與他尊孟學有關係。並且說，荀子重學，「此於性善之說不惟不相悖，而且若相發明。」在戴震看來，荀子的不足，在於視禮義與性若隔閡，也就是無視、忽略了禮義的人性基礎。並且拿「受氣」來譬喻之，此亦可見氣理論的關係。「宋儒立說，似同於孟子而實異，似異於荀子而實同也。」「性者，飛潛動植之通名；性善者，論人之性也。如飛潛動植，舉凡品物之性，皆就其氣類別之。人物分於陰陽、五行以成性，捨氣類，更無性之名。」

　　可見，戴震是把性善歸於、給了人類，而性則是更寬泛、更廣義的通稱。比如種桃與杏，種種性象、性狀，二者絕不相同，這就是規定性不同，是、有絕不相淆。所以說，正是因為物性根本相異，才有了種種的不同；而不是因為種種的不同，所以桃、杏二者才相異。這裏面的名理順序，絕對不能顛倒過來。這就是「牛馬惟異」一條所講的。「桃非杏也，杏非桃也，無一不可區別。由性之不同，是以然也。其性存乎核中之白，即俗呼桃仁、杏仁者。形色、臭味無一或闕也。」用現代話語來說，就是生物資訊是全的，都裝在種子裏，一種下去就能生長出來。所謂品物各異、氣類不同，都是說的這個意思。因此，戴震的性論，是歷史中最注意別同異、循名理的一派。他說動植物、種莊稼，等等事情，「皆務知其性。知其性者，知其氣類之殊，」這就是強調，必須要對物性規定性在在別同異，所以性是不可以混淆的，不可以混淆論之。由此，歷史中的各種學說，如荀、宋等，其無當就是顯然的了。所以，將禮義與本性、理義與氣質截為兩段，這都是不對的。程子以水清喻性善，「是元初水也，」這只是一家之言罷了。所以戴震認為，宋儒受了釋、老的壞影響，去六經、孔孟甚遠，而與荀子差近之。

　　可以注意的一點是，戴震講到性的澄清、自足，這與分析、綜合二分可以參觀。因為分析是自足的，而綜合則是要不斷補加進來的。學問思辨是要不斷補加進新知內容的，而佛教的治心，只是就已經有的去無限糾纏罷了。這是應該注意的一大原則分別。

　　「宋儒以氣質之性非性」這是關鍵。這樣，中古以後的性論，實際上就是一個經過了特殊處理、狹化了的東西，所以必須要辯證之。戴震說，欲根於血氣，故曰性也；有所限而不可踰，則命之謂也。仁義禮智之懿不能盡人如一者，限於生初，所謂命也，而皆可

以擴充之，則人之性也。君子不藉口於性以逞其欲，不藉口於命之限之而不盡其材。可見，理論藉口，是前人早就注意到的事實。

四、才

才、性之辯，是歷史學說的固定格局。戴震這樣界說才，「才者，人與百物各如其性以為形質，而知能遂區以別焉。」可見，處處別同異，是戴震論理的特點。「氣化生人生物，據其限於所分而言謂之命，據其為人物之本始而言謂之性，據其體質而言謂之才。」所謂命，就是分限、限度、份額，是一定的。所謂的自作元命，只是說通過努力，將自己的限額最大化罷了。性是最元初的，故云本始，一切都從這裏發出。接下來的才，關係到知、能問題。無論氣質、體質、形質，說的都是統一的內容。人是形而下的存在，當然得首先面對才質上的懸殊和差異，此無可諱言。性、命、才三者的關係，在這裏擺得很清楚。「由成性各殊，故才質亦殊。才質者，性之所呈也；捨才質安覩所謂性哉！以人物譬之器，才則其器之質也。」並且戴震還打比方說，冶金以為器，則其器金也；冶錫以為器，則其器錫也。「品物之不同如是矣。」這就是規定性的不同，質的懸殊和差異。才質的優劣就是這樣，好材料造出來的是好器、貴器，壞材料造出來的當然不理想。「一類之中又復不同如是矣。」為金為錫，是金還是錫，這是性；分於五金之中，限於金器或者錫器（金器就不是錫器，金就不是錫），這是命；器之精良與否（是精良抑或不），這是才。這樣，是、限、善三項關係，就被擺放、拎出來了。性，是「是」的問題——是什麼？是金、是錫，等等；命，是「限」的問題——限於什麼。限於金器、限於木器、限於錫

器，等等，各不相亂；才，是美惡、好壞的問題，是程度問題。這東西用料不怎麼樣、不講究，等等吧。所以戴震說，才之美惡，於性無所增，亦無所損，因為金、錫之為器（性）是一成而不變者也。也就是說，規定性是一步到位的、一成不變的，金永遠不可能變成錫。即使進行物理、化學改變，也是第三種東西、物質。由此，當這個譬喻中的理論用於論人時，會怎樣呢？

戴震說，金子再差，也是貴；人類再糟糕，也能為賢為聖（只要努力）。性是稟受之全，才是體質之全。比如桃、杏，其生物資訊是一步到位完全的，不會缺少什麼，這就是規定性之完全性，所謂稟受之全者也；規定性本身就是一種完全性，戴震稱之為天性，這是他講性的特點，也就是突出規定性之異。戴震講性，是從別同異、從規定性之不同上去講。所以說，成是性，斯為是才，無不區以別者。也就是——由規定性發出種種的不同。「人物成性不同，故形色各殊。」我們現在講的規定性，在戴震的話語表達中，是稱之為「成性」的，這個詞他使用很頻繁。人類的成性既然是優良的，那麼為什麼人道還會有那麼多的缺失呢？戴震解釋說，「是不踐此形也；猶言之而行不逮，是不踐此言也。踐形之與盡性、盡其才，其義一也。」我們說，華人的缺點，就是知而不行，所以王陽明首先強調知行合一。修齊治平，全在篤行。修身是什麼？就是自我締造、締造自我。

才、性問題的糾結，不是一下可以論定的，歷史中的思想學說總是在糾纏這些問題。我們說，才只是一個中性的東西。比如一個根本性的爭論——才、德之爭，看一個人，到底是要以才為標準，還是以德為依歸呢？其實這個問題很簡單，就是，在一個人沒有大惡、沒有危險性的情況下，才智無疑是優先的標準。但

才只是工具，使用才的，才是關鍵的決定因。戴震謂，欲、情、知，血氣心知之自然也，是皆成性然也。天下之事，使欲之得遂，情之得達，斯已矣。唯人之知，小之能盡美醜之極致，大之能盡是非之極致。欲失於私，情失於偏，知失於蔽。尤其戴震說到，人之性善，故才亦美；其往往不美，未有非陷溺其心使然，不可謂性始善而終於不善。可見，戴震之所以講成性、規定性，就是要一步到位地敲定。這說明，他還是承認，不好的總原因和成因在於人心。

　　金自始至終都是金，不會開始是金、後來是錫，是都是自始至終的。宋儒把才歸到氣質一邊，謂其有不善，這是有問題的。戴震認為，此偏私之害，不可以罪才，尤不可以言性。成是性斯為是才，性善則才亦美。如飲食養生，學以養良，從身體到心靈，其故一也。所以，關鍵還是在於後天的營為和努力。才雖美，失其養則損。應該說，萬惡以愚、私為首，戴震歸之於偏私之害，而不是去怨怪才，這是講道理的。為什麼古人不重天分，只講方法和辦法呢？就因為天分再高，不加栽培也是枉然；而握住了法子，即使沒有天分，也能成就一切，只不過是慢一點罷了。所以辦法才是第一和唯一的，不必考慮天分。

　　我們知道，古人論才的代表性著作有《人物志》等書，因為每個人的「才型」各不相同，才類各有偏向，所以孔子因材施教，也就是齊物原則。才有善、不善嗎？這是每個人都要直面的問題。實際上，才關係到各人的特性、特質，關鍵在於引導。可以這樣說，好的引導，惡變善；壞的誤導，善變惡。比如人們都說山西人摳門兒，但是這個摳卻有它的好處，就是：山西人適合於搞金融、做銀行家。因為銀行家對每一筆帳務都必須耐煩，無論錢數多少，這是

行業、職業素質所要求的，沒有這種職業素養，就別幹這一行。這時候，摳的好處就表現到業務服務上了。試想，一個懶於打理細碎事務的人，能夠從事商務活動與工作嗎？這是顯然的——還不煩死了！同樣，鐵公雞、吝嗇鬼，只進不出的人，似乎面目可惡，實際上也是上天所賜之才，那就是：這種人適合於做博物館長。因為他心疼每一件東西，凡事都一絲不苟，精心呵護文物，會把藏品照顧得好好的，妥善管理。試想，如果是一個沒興趣者，文物豈不遭殃？由此舉一反三，我們都可以說，天生之才必有用，所謂的不善，不是才，也不是別的，而是未得其所、陰差陽錯。陰陽正，則無不善。所以為什麼要正名呢？因為正名是首先的、必須的。正陰陽就是致善，也就是把位子放準、落準。得所則無不善，失所則無不惡，所以善惡就是所的得失，即正否。齊物論就是要講這個，在這裏就是要齊才。靠什麼齊呢？微觀辦法。讓愛金融者去做畫家、讓畫癡去做銀行家，就是所謂悲劇了。所以，現代社會，優化良性的社會，就是——安排率（所的社會安排率）儘量高！每個人都能最大化地得所，就是至善。想飛的、當空軍，想唱的、寫歌，如此而已，也僅此而已。想表演的學了化學，喜歡機械的做了大廚，這就是悲苦社會。《中庸》說，率性之謂道，沒有循著人類天性去做，所謂拂人性、違逆人類本性，這當然是不善了。說白了，才的表現就是喜歡的意向。越是卑之無甚高論的，為什麼越是搞不清楚呢？我們在這裏說的，就是所謂引導論，即各不相擾。由此，我們又可以拎出一道比例公式，即：

得所率＝善度

參差率＝惡度

五、仁義禮智

戴震對仁的解說是，仁者，生生之德也。推之而與天下共遂其生，仁也。講仁，可以包括義、禮在其中，而義、禮是互相包括的。這種關係擺放，不離政教倫常的老套子。總之，仁義禮智之間是一種互相包涵的關係，即一體的。四者構成絕對標準。戴震堅持，學可至於聖人。人道與天道、人德與天德，相互對應。禮、義皆以條理為基礎，生生之心為仁德，條理不紊為智德，這是在人而言。這樣，天地自然的生生，一人格化就成了仁。而生生、條理是相兼的。「惟條理，」看來還是主分。簡單的說，仁就是尊重生命。

「禮者，天地之條理也。」終極的知，就是知天，這也就是條理的終極。這是戴震的認識，也是傳統的認識。所謂萬世法，也是聖人有見於天地之條理而定的，這就是天人合一，即天為人類垂法。禮文是為了讓人文生活變得精緻、遠離粗糙簡陋的水平，不可視為、理解為忠信之薄、虛偽。有了忠信的美質，還需要學與禮去栽培之，否則還是不會做事、終是不懂得事情的。這是儒家的知識路線，禮就是必要的「行為知識」，所以必須要學禮，否則這個人就不能夠成立。

六、誠

戴震說：誠，實也。舍人倫日用，無所謂仁、義、禮。人倫日用，皆血氣心知所有事。智仁勇、仁義禮都在人倫日用。聖學在於講明人倫日用，從這裏我們能夠看到什麼呢？宗教認為，最高的知識在於知神，而儒教認為道在人倫日用之間，政教人文與

宗教人文的性質，決定了知識之終極認定，人類的通性大概也在於此。

　　實際上，誠就是「真」的意思；真、實，這些都是統一的。我們只要稍微羅列一下，就不難看到儒學的一些固定的思維搭配關係。比如：

> 生而知之；學而知之；困而學之
> 安而行之；利而行之；勉強行之
> 樂之；好之；事之
> 愛一行幹一行；幹一行愛一行……

由此，克己復禮算哪一個境界呢？是勉強還是天性？恐怕還是勉強！這說明顏回還是篤實型的，境界並不高玄。戴震說，不蔽，這是智；不私，這是仁。足見，古人講仁，是直接指向公共性的，只不過是用古代的表達方式述說而已。所謂不因巧、拙有二法，不以智、愚有二道是也。

七、權

　　戴震說：「權，所以別輕重也。凡此重彼輕，千古不易者，常也。常則顯然共見其千古不易之重輕；而重者於是乎輕，輕者於是乎重，變也。變則非智之盡，能辨察事情而准，不足以知之。」戴震認為，心知之明才可與權，顯然其言權、變，有時代要求變的消息包含在裏面。而且，執中≠執一，執一是舉一廢百。戴震講權，是在講歷史思想的問題，從楊墨到老釋到程朱，等等等等，如何權之呢？事情未明，「執其意見」，而自信天理如是，小之一人受禍，

大之天下、國家遭殃，執其意見，不就是執一嗎？執理才是執中。以意見為理而禍天下，這就是戴震要反對的。人之患，私與蔽，私出於情欲，蔽出於心知，無私為仁，不蔽為智。但是在歷史中，無私卻與「去情欲」混同了起來——絕情去欲被當成了仁。實際上，戴震的這一提示至為關鍵，因為它說明瞭，仁不是被人們從公共性上去理解，而是從宗教影響上去理解了，即清教主義。無私應該是作公共性的理解，而不是什麼無欲之類。古人看不了那麼清晰，是因為歷史時代的關係，所以話語表達上也就比較朦朧、模糊，但意思完全清楚，我們現在可以看得更加明白。「是故聖賢之道，無私而非無欲。」說得多麼透徹！這就是在表達，前人所企盼的，是公共社會、公共性的建設，而不是什麼拂人性的東西。人類群體生活、公共社會性，是不可能通過宗教清欲去達成的，而必須切實建設之。靠的是技術、知識含量，而不是心理管制。是治知，而不是治心。在這裏，歷史中的中國有一個根本的錯誤，後來就付出了代價。英國以知識為權能，是最強烈的對比（和中國）。這也是英國統治印度、而非印度統治英國的原因。

　　戴震說：「此以無私通天下之情，遂天下之欲者也。」公共之意，講得還不明白嗎？所以，權是什麼呢？「權之而分理不爽，是謂理。」足見，所謂權，就是對理的量：測量、丈量、衡量，也就是「量理」。因為理是最絕對的，是座標、是標準，所以最要求精確、精准、清楚。稍微量得不准，出現偏差，就會以非為是、以意見為理、以誤差為精確、以差不多為標準、以不應該為應該、以不合理為合理、以非法為合法、以不對為天經地義、以⋯⋯為⋯⋯所以說，「自信之理非理也。」心理上的無可懷疑不是無可懷疑，其是非、輕重一誤，則天下受其禍而不可救。人類的一切災難，都是

知識上、腦筋出了問題，人們陷入了奇怪的認同。知識就是知理，所以，什麼是理，理是什麼，一定要量準、衡準、權準。權就是量衡（理）。戴震先明意見與道理，別其同異，最後講怎樣測準、知準這個理，在學理安排上是周到而自然的，完全合乎格物論（格物窮理）。

格理是這樣，「宋儒亦知就事物求理也，」「事物之理，必就事物剖析至微而後理得；理散在事物，」「斷之為仁，實取決於己，不取決於人，」「求其至當，即先務於知也。凡去私不求去蔽，重行不先重知，非聖學也。」戴震多闢之，「為人心懼也。」「言之深入人心者，其禍於人也大而莫之能覺也；苟莫之能覺也，吾不知民受其禍之所終極。」「凡事為皆有於欲，無欲則無為矣，有欲而後有為，」有為才能歸於理，以意見為理，是自絕於理。「而用之治人，則禍其人。」「胡弗思聖人體民之情、遂民之欲，不待告以天理、公義，」「此理欲之辨，適以窮天下之人盡轉移為欺偽之人，」像楊墨、老釋，「皆躬行實踐，」故人多信之，其實是不對的。人類慾望與道理的關係，這裏講得非常清楚。而且指明了，越是深入人心的學說，危險越大。

八、善

善是古今中外人類最直接的問題，因而善的問題是很具體的。戴震認為，「復援據經言疏通證明之，」因為今人「習所見聞，積非成是，」（《原善》）在戴震看來，善就是仁、禮、義，這三者是天下的大衡。當然，其基礎還是「分理」。「理，言乎其詳緻也。」（《原善》）如果我們排列一下，也許更清楚：

仁以生萬物，

禮以定萬品，

義以正萬類。

善：言乎知常、體信、達順也。

循之而得其分理，是謂常。

實之昭為明德，是謂信。

上之見乎天道，是謂順。

性：言乎本天地之化，分而為品物者也。

限於所分曰命；

成其氣類曰性；

各如其性以有形質，而秀發於心、徵於貌色聲曰才。

才以類別存乎性；

事能殊致存乎才；

節於內者存乎能；

資以養者存乎事；

有血氣，斯有心知，天下之事能於是乎出。

君子是以知人道之全於性也。

呈其自然之符，可以知始；

極於神明之德，可以知終。

由心知而底於神明，以言乎事，則天下歸之仁。

以言乎能，則天下歸之智。

名其不渝謂之信，

名其合變謂之權，

言乎順之謂道，

言乎信之謂德，

行於人倫、庶物之謂道，

侔於天地化育之謂誠，

如聽於所制者然之謂命。

生生者，化之原。

生生而條理者，化之流。

動而輸者，立天下之博；

靜而藏者，立天下之約。

博者其生，約者其息；

生者動而時出，息者靜而自正。

君子之於問學也，如生；

存其心，湛然合天地之心，如息。

人道舉配乎生，性配乎息。

何謂禮？條理之秩然有序，其著也；

何謂義？條理之截然不可亂，其著也。

得乎生生者謂之仁，

得乎條理者謂之智。

至仁必易，大智必簡，仁智而道義出於斯矣。

是故生生者仁，條理者禮，斷決者義，藏主者智。

仁智中和曰聖人。

人與物同有欲，欲也者，性之事也；

人與物同有覺，覺也者，性之能也。

欲不失之私，則仁；

覺不失之蔽，則智。

仁且智，非有所加於事能也，性之德也。

三然：

言乎自然之謂順；

言乎必然之謂常；

言乎本然之謂德。

天下之教一於常；

天下之性同之於德。

人與物各殊：

欲殊；

覺殊；

生殊；

喻殊；

明昧各殊。

善，以言乎天下之大共也。

性，言乎成於人人之舉凡自為。

性，其本也。

所謂善，無他焉，天地之化，性之事能，可以知善矣。

君子之教也，以天下之大共正人之所自為。

條理得於心，其心淵然而條理，是為智。

存乎材質所自為，謂之性。

如或限之，謂之命。

君子不以命自委棄。

事能莫非道義，無他焉，不失其中正而已矣。

仁以生萬物，

禮以定萬品，

義以正萬類。

求其故：

天地之德、本天道以成性（天就是故──人道的依據）。

五行、陰陽者，天地之事能也。

人之事能，與天地之德協。

使天下之欲，一於仁，一於禮義。

戴震謂：「形而下者，成形質以往者也。」可以看到，戴震之學，處處不離生生之義。可見，儒家講仁，其實就是公義，也就是指向公共性。天地之化、之大德，就是生生。戴震講中正、邪僻，其言性、道、教，明顯是按《中庸》的路子、結構去展開的。氣化與品物的關係，可以「生生」一言以盡之。仁、義、禮、智、信諸關係，無不是套在生生一義上去展開的。民之喜怒哀樂之情無常，情欲是不容否認的。情欲、美惡、是非、巧智，這些都是自然之符，而必然就是所謂天地之常。自然與必然的關係，就是天地之化與天地之德的關係。「天人道德，靡不豁然於心，故曰盡其心。」所以，戴震的善，其實就在五常裏面。

戴震認為，曲與全之辯很重要。從先天來說，「人雖得乎全，」但是因為後天的種種因素，總是限於一曲。人性、物性之異，也就在這曲、全關係中。由此可見，戴震是喜歡大全的。大全與至善相應。

　　為什麼儒家學者總是直截了當地把善的問題與性放在一起呢？因為善實際上就只限於人，除了人類，哪裡還存在什麼善不善的問題呢？比如說火山噴發，燙死了很多生物，這是不善、是惡嗎？談不上！因為火山噴發本身只是單純的地質活動，如此而已，是中性的、單純物理性的。又比如老虎捕食，是惡嗎？談不到，那只是單純生物性的舉動。只有人心的意向，才存在所謂善否、惡否的問題。所以，善這一問題是人（性）的專利！儒學是很本質的，非常實質。

　　戴震曰：「則事至而心應之者，胥事至而以道義應，天德之知也。」（《原善》）這就像照鏡子，無論是什麼來到鏡子跟前，都會照進去。人心就像是一面鏡子，事情來了，總有對應，也總能對應。那麼推而及之，應該用什麼去對應呢？道義！因為每件事都應該按道義去辦，否則就惡。戴震講這些，是因為他認為意見橫行於天下，都是太無道理了。我們說，華人本來就情緒化，人就是情緒化的，所以按照道理做事，始終是頭等重要的任務。「是故人也者，天地至盛之徵也，惟聖人然後盡其盛。」人是宇宙之端，聖人是人類之端，就這麼簡單。「天地之德，可以一言盡也，仁而已矣；人之心，其亦可以一言盡也，仁而已矣。」因為人與天地通氣，所以天人合一於仁。像知覺，就被規定為仁，因為麻木則不仁。像手腳麻痹，就沒有知覺可言。所以，人心之仁，只不過是程度最高的知覺罷了——心靈的知覺。

　　仁既然被戴震規定為生生，那麼，凡有生就必有仁，便是顯然的了。「性至不同，各呈乎才。」「從生，而官器利用以馭；」簡言之，人就是全能、全德、全知。理、義為人心之同然，聖人先得此同然，只是一個先覺的意思。戴震說：「類也者，性之大別也。」

（《原善》）孟子道性善，「非言性於同也」；人的才質與物不同，物只能各遂其自然，也就那樣了；而人可以進於聖路，心能通天下之理義。說白了，就是「都」的意思。比如說古今中外的人，看見花都覺得漂亮（視）；聽見鳥鳴都覺得悅耳（聽）；吃到美食都覺得開心（味）；聞到大便都覺得臭（嗅）；摸到冰都覺得冷（觸）；接觸到理義都無話可說（思）。所有這些，都是超時空的。地無論東西南北，時無論千秋萬代，統統如此，絕無例外。當然，性≠理。戴震認為，告子的不當，就在於他對性的認識，還局限、停留於自然層面。「不辨人之大遠乎物，概之以自然也。」戴震認為，不能諉過於形氣、欲、覺、性這些項，一切都應該是一個理義的問題。不在理義上找終極原因、病症，都是自欺。「故理義非他，心之所同然也。何以同然？心之明之所止，於事情區以別焉，無幾微爽失，則理義以名。」很明顯，戴震論事，完全是放在智識路線上了。「自治治人，」但是，對人欲不能用堵的辦法，因為人欲就像水，會四處竄決的。君子只須一於道義，使人勿悖於道義（而不是在人欲上糾纏），如斯而已矣。孟子認為，天賦人思，戴震的意思，「使一於道義，」斯得矣。

　　戴震謂，人之不盡其才，是因為二患——私與蔽。我們列一下：

私也者：
生於其心為溺，
發於政為黨，
成於行為愿，
見於事為悖、為欺，
其究為私己。

蔽也者：

其生於心也為惑，

發於政為偏，

成於行為謬，

見於事為鑿、為愚，

其究為蔽之以己。

鑿者，其失誣；愚者，其失為固。意必固我，不可為矣。知識上的蒙蔽，這是無可救藥的，等於自絕於善。要破除這個（私、蔽），只能靠公共性的建設與學問的發育、發達。當然，戴震是用古代語言來表達。實際上，在公共性起來之前，古人只好因陋就簡地借助道德力量來緩解。所以，無論是講仁、義、禮、智、勇、忠、信、恕、厚、德，等等，還是別的什麼，莫不皆然。戴震說的萬物、萬類、共親、共覩、共安、公言、思仁、百世同之，等等，其要也都是一個共字、公字，也就是公共性。

「人與物，成性至殊，大共言之者也；人之性相近，習然後相遠，大別言之也。凡同類者舉相似也；」人性相近，這是從先天自然性去說；習而相遠，這是從後天人為性去講。「言、動者，以應事物也；」戴震說，身有天下、國家之責，於是命曰大學。或一家、或一國、或天下，其事必由身出之、心主之、意先之、知啟之。是非善惡，疑似莫辨，知任其責也。事物來乎前，雖以聖人當之，不審察，無以盡其實也，是非善惡未易決也。格之云者，於物情有得而無失。思之貫通，不遺毫末，然後在己則不惑，施及天下、國家則無憾，此之謂致其知。細民得其欲，君子得其仁。無偏無黨，則於天下之人，大公以與之也。亂生於甚細，終

於不救，無他故，求容悅者，為之於不覺也。小人大都不出詭隨、寇虐二者，在位者肆其貪暴，以為民害，不異寇取，亂之本，鮮不成於上，然後民受轉移於下，非民性然也；乃曰民之所為不善，用是而仇民，亦大惑矣！

很清楚，戴震是認為，亂子都是以億萬微觀的不善為總和的。而中國的歷史社會，既然是一個上下型的構成，那麼，亂恒由上起，也就是三然的了。王夫之說：「楊氏曰，《孟子》一書，只是要正人心，教人存心養性，收其放心；至論仁、義、禮、智，則以惻隱、羞惡、辭讓、是非之心為之端；論邪說之害，則曰生於其心，害於其政；論事君，則曰格君心之非，一正君而國定。千變萬化，只說從心上來。人能正心，則事無足為者矣。大學之修身、齊家、治國、平天下，其本只是正心、誠意而已。心得其正，然後知性之善。故孟子遇人便道性善。歐陽永叔卻言聖人之教人，性非所先，可謂誤矣。人性上不可添一物，堯、舜所以為萬世法，亦是率性而已。所謂率性，循天理是也。外邊用計用數，假饒立得功業，只是人欲之私，與聖賢作處天地懸隔。」(《四書訓義》)

可以說，王夫之在這裏講的，乃是終極之論。政治中的人性，是主宰一切的作用力，所以說人性上不可添一物，因為人性就是第一元環節，這是儒學給出的終極總結和認識。無論是什麼樣的制度，都得在現官現管上落實下來，所以人治是根本不可能脫離開的基元單位和操作環節。人類所能做的，僅僅是對人治進行捶分，制度所能做的其實也就是這個。孟子之學，被理學家歸結為正心而已，此正是大學一路，這是合乎歷史人文的情況的。實際上，政治不可能好，都是因為一個私字，與公相對；而聖賢作處，就是公政治。所以說，用心機得來的權力，即使是得到了，也還是歸於孽路。

正如談戀愛，靠耍心思、手段弄到手的，即使得到了，也是沒有生命和靈魂的形而下，除了一幅低下的軀殼，沒有任何意義。從個體到群體、共同體，莫不如是。因此，當 20 世紀的人們問到什麼是現代性的時候，答案其實早就是明確的。那就是——現代性就是公共性！

沒有公共性，沒有公共性的發育和發達，就談不到現代性。所以最後的落處，也還是在一個公字上。但是因為公這個字眼，華人的耳朵早已經磨出了老繭，因此大家不能再引起注意了。現代性只有一條標準，就是看公共性的指數。無論公共設施、基礎建設、社會化程度，等等，哪一個又不是公共性呢？所以說，公共性就是現代性，現代性就是公共性。沒有哪一個高度優秀的人群社會，是不建立在公上的。所以《禮運》說，天下為公，是謂大同。所謂大同，就是優異的公共、優越的公共性，如此而已。

舉例來說，當甲社會的公共數值已經是一億多少了，乙社會才只一千幾，那麼，甲是現代社會，乙是低級社會，這是肯定的。兩者怎麼比？沒法比。所以各項微觀的公共基礎設施之建設，其累加總和才是一切。華人的公性，尚有待加強。有的社會，個人財富達到千萬億，但是他卻能還歸公共，自己不留、或保留甚少；而有的社會，整個國家都要變作自己的私產，遺留給子孫才甘心，就因為是自己「打」下來的。兩種頭腦，兩種腦筋，兩種思維，造成了人類政治的此岸、彼岸。此理黃宗羲早就說過了，不贅。所以說，人腦思維，公、私而已；公則聖賢，私則魔鬼。正心誠意者，公心、私心，公意、私意，公習慣、私習慣而已，沒有第三，只是一個陰陽二分。理學家們講的話，千秋萬世，都是不易之論。

所以，公心之下，事不經做，經不起做。私心之下，無可為矣，事情做不起來。正心者，正公、私而已，只是一個二分法。但是，要常人個個如此正心，卻是很難的。所以只有一條路可走，就是加強外界堆積，靠外界拉動。因為心緣外物，在更多的公共性起來以後，在盡可能多的公共基礎設施面前，人心必然會發生變化，不變也變，無須道德督責。為什麼流行藝術可以對年輕人無聲無臭地普遍教化之，就因為流行是光速公共性，故曰流行可畏也。小視流行者，其不知死活乎？必系古代人！所以綜合的看，王夫之的話，是一個終極總結。

群體人性決定政治，壞群體出不來大政治與大政治家，乃是三然的。這就像糞池裏舀不出一瓢清水，理固然也。所以說，一切都是個糞池律，單邊怨尤皇帝是不管用的。在中國，皇帝是一個人民，人民是多個皇帝，這才是本質情況和真相，一、多之辯在此，原來只是一個二分組。所以，怨尤之前、請先思考。晚清思想界，以梁啟超為代表的很多思想家，講論、宣傳各種思想，如新民思想，等等，其實也就是要說明現代性、公共性這一個意思。

第二章　樸學

第一節　章學誠

　　章學誠曰：「六經皆史也。」（《易教上》）這句話已經成了一大標誌，不用再說了。其實，王陽明早就指出，「五經亦史。易是包犧之史，書是堯、舜以下史，禮、樂是三代史。」（《傳習錄》）又說：「六經皆先王之政典也。」（《易教上》）

　　案《鍼名》曰：「名者，實之賓。實至而名歸，自然之理也，非必然之事也。君子順自然之理，不求必然之事也。君子之學，知有當務而已矣；未知所謂名，安有見其為實哉？好名者流，徇名而忘實，於是見不忘者之為實爾。識者病之，乃欲使人後名而先實也。雖然，猶未忘夫名實之見者也。君子無是也。君子出處，當由名義。先王所以覺世牖民，不外名教。伊古以來，未有捨名而可為治者也。何為好名乃致忘實哉？曰：義本無名，因欲不知義者由於義，故曰名義。教本無名，因欲不知教者率其教，故曰名教。揭而為名，求實之謂也。譬猶人不知食，而揭樹藝之名以勸農；人不知衣，而揭盆繅之名以勸蠶；煖衣飽食者，不求農蠶之名也。今不問農蠶，而但以飽煖相矜耀，必有輟耕織而忍饑寒，假借糠秕以充飽，隱裹敗絮以偽煖，斯乃好名之弊矣。故名教、名義之為名，農蠶也；好名者之名，飽煖也。必欲鶩飽煖之名，未有不強忍饑寒者也。」

　　本篇的核心思想，是謂士林用偽亂真，允為學術之公患，故揭其情弊，而定於真知。名本來是為了帶動、拉動實的，結果最後事情顛倒過來了，人們徇名而喪實，於是我們就不得不思考：就名實論來審視章先生的觀點，到底是一個名先實後的原則更本質、更重要呢？還是實先名後的原則更要緊呢？應該說——名一定要先行、要走在前面。傳統上，華人的思維，通常都是實至名歸型的，也就是實先名後型，這種思維，未必前沿。因為我們知道，孔子的原則，是必也正名乎！因為單就勢來說，很多時候，實根本就跟不上人們的要求，實一時達不到，乃是客觀的情形。而人類生活卻不能等，所以「名鋒先行」乃是一定的、是必須的。這就是從大處著眼、還是從小處著眼的區別。比如先秦政治、春秋講大一統，我們都知道，當時是不可能實質性地統一的，歷史本身有一個消化過程。但是古人站在前沿把握問題，先實行「名統」，然後再在歷史中慢慢地實質性地去達成真正的統一。可惜，這個自然、和平的過程不能完成，最後還是武力統一。如果說，非要等到實質性地統一了，然後再宣佈名統，那麼歷史可能會永遠地耽誤下去，而沒有期限。因此，名實關係，就像知行關係等關係一樣，是一種本質的關係。這個關係怎麼擺放，將決定一切，包括能否開出現代。

　　我們的立場是：一定得名先實後，這樣才能一步到位，讓實迅速地跟上。說白了，名就是合法性，不講名，是絕對滯後的。這也就是，在現實中，務實派為什麼總是跑在求名派的後面，其真正的原因和玄機之所在。因為實是烏龜、名是兔子。烏龜贏，都是因為兔子停了下來，否則烏龜是贏不了的。所以，在政治上、法上，要想永遠主動、不被動，非名不可！中國人本能地喜歡講實，這說明，

中國人沒有法律的習慣；中國人的素質類型，是道德的、修養的，是私德型的。所以，「德、養」與法的關係，總是混淆不清。章先生講實至名歸，還是從個人出發。所以他才會說，實至名歸，自然之理也，非必然之事也。君子順自然之理，不求必然之事也。自然與必然之辯，揭示了一個關鍵，那就是──要宰製這個世界，是一定得必然、而不能自然的。因為「非要不可」都是必然性的。像「現代」，就必須在求必然上誕生；如果是順其自然，就不知道什麼時候才會生出來了。

當然，沒有實，名永遠是、也只是一個空殼，還是不行的。只是有一點，沒有名先定在那裏，實是會不斷改道的，永遠到達不了站點。所以，這裏就又要進行一個二分，是真的沒有名呢，還是已經有了，而暫時不宣佈呢？比如說有人想成為學術大師，他一輩子所做的事情，都是圍繞著這個中心展開，那麼，學術大師這個核心，就是名，否則真的是極度散漫了，什麼時候才能成呢？所以，這就是名的效果和作用，只是這個名暫時埋在人的心裏、不宣佈罷了。因此，絕對無名，是一件不可想像的事情。但是，搶先宣佈，卻是法律意義的，比如說申請專利就是，否則自己會有無窮的被動，甚至是永遠被動。因此，宇宙中的生存，本質上就是主導權之爭。而主導權之爭，本質上就是搶名。

由此我們說，對名的問題，抱一種私德的態度，這是很危險的。中國開不出現代，與它的頭腦習慣，有直接的關係。雖然，章學誠還是看到了名義、名教的第一性，這就是名治。說白了，名是「是」意義上的事情，實是「有」意義上的事情。一句話，名是引領實的。從章先生的所譬來看，與其說他沒有看到名的重要，不如說他要說的是名的錯位。因此，名要正，其實只是名對於問題的針對性。

　　補充一句，在名定了的情況下，實多實少只是枝節問題，因為那全是「有」意義上的。所謂名不副實、徒有虛名，等等吧，是沒有擺清名關係。

　　章學誠說：「然謂好名者喪名，自然之理也，非必然之事也。昔介之推不言祿，祿亦弗及。實至而名歸，名亦未必遽歸也。天下之名，定於真知者，而羽翼於似有知而實未深知者。夫真知者，必先自知。天下鮮自知之人，故真能知人者不多也。似有知而實未深知者則多矣。似有知，故可相與為聲名。實未深知，故好名者得以售其欺。又況智干術馭，竭盡生平之思力，而謂此中未得一當哉？故好名者往往得一時之名，猶好利者未必無一時之利也。」

　　誠如章先生所說，實至、名未必就歸，這是本質的揭示。這說明瞭什麼呢？說明實只是必要，不是充分，實並不充分。歸名，本身是一個立法的問題，也就是爭主權──主權不會自己掉下來、不會自己送上門，不是人家現成地送給你，要靠你自己去爭；那種自然態、原始態的心態該結束了。說白了，你再行，人就是不承認，怎樣？介之推不觸及祿名，所以祿實也不觸及他，這就是實例說明。這些很能說明問題。尤其是，名以真知為基礎，正像莊子說的，有真人才有真知。所謂真知，就是不可亂的知。真知是一種自知，知彼必須基於自知。魚我之辯，不亦信乎！尤其是，章先生不止一次地說到「有知」，對照孔子講的「是知」，我們能夠看到什麼呢？有知與是知，有知是不管用的，必須是知才行。有知不能深知。因此，人的思力不可以用歪了。

　　又說：「且好名者，固有所利而為之者也。如賈之利市焉，賈必出其居積，而後能獲利；好名者，亦必澆漓其實，而後能徇一時之名也。蓋人心不同如其面，故務實者，不能盡人而稱善焉。好名

之人，則務揣人情之所向，不必出於中之所謂誠然也。且好名者，必趨一時之風尚也。風尚循環，如春蘭秋鞠之互相變易，而不相襲也。人生其間，才質所優，不必適與之合也。好名者，則必屈曲以徇之，故於心術多不可問也。唇亡則齒寒，魯酒薄而邯鄲圍，此言勢有必至，理有固然也。學問之道，與人無忌；而名之所關，忌有所必至也。學問之道，與世無矯揉；而名之所在，矯揉有所必然也。故好名者，德之賊也。」

　　好名與務實是一組對比，章學誠在這裏講的，實際上是人類心理。尤其是人們對時代風尚的趨騖，如果學術成了非超越時代的東西，那麼它是沒有終極價值的。學問應該是超時代的，這是最起碼的。風尚循環，就像春蘭秋菊、冬梅夏竹一樣。所以章學誠指出，學問與心術這個二分組，一定要正別清楚。如果僅僅是心術，那麼我們就不必再考慮了；只有學問才值得考慮。道理與意見、學問與心術，這些都是根本的揭示。

　　尤其是，章先生指明，從理勢上來說，只要有名，就必然會伴隨而來名實的錯位，從而，傷害性、有害性即寓其中矣。而真學問是超名（實）的，與人事無關、與世務無幹——不是無關係，而是高度獨立。其實這裏面包含的道理很大，就拿民國為例，比如國民爭言論自由，對這個敏感問題我們怎麼看呢？一句話，會不會人們所爭的、即使是爭到手了，也只是一個語文自由呢？因為研究純學理的人，像金岳霖，他與時政的關係，就不是那麼直接、緊張。所以金先生的一生，與他的很多同時代人相比，是相對溫和、平和的。因此，純粹學理對言論自由的直接要求，程度偏低。這是因為，從知識性質上來說，真學問、純學問，本身乃是超時政的。章先生講的，就是這個道理。因此，從這裏來說，凡是爭取民主自由的，到

頭來他們所爭的，其實也只是一個語文民主、語文自由、語文權利罷了。這是歷史的宿命。一句話，但凡是從事絕對學問的，言論自由、所謂的民主，對他並沒有什麼用，至少不是那麼的直接。一句話，民主自由對抽象無意義，只對具體有意義。所以，很多人即使得到了權利，也照樣做不出什麼純學問，因為他們在根性上就不是、也不是純學理的，他們基本上都是文學的、語文的。所以，中國人一直在為語文而革命，在為語文革命、語文政治、文學淫政賣命，這個力氣資源，可謂用錯了方向——沒有用到法律的建設上去。因此，在歷史中，本質的說起來，名學與文學（語文）的爭執，將決定人群的命運——名學贏，則法律政治的生活得以建立；文學勝利，則革命的生活循環不絕。這是很驚人的。

章學誠說：「若夫真知者，自知之確，不求人世之知之矣。其於似有知實未深知者，不屑同道矣。或百世而上，得一人焉，弔其落落無與儔也，未始不待我為後起之援也。或千里而外，得一人焉，悵其遙遙未接跡也，未始不與我為比鄰之洽也。以是而問當世之知，則寥寥矣，而君子不以為患焉。浮氣息，風尚平，天下之大，豈無真知者哉？至是而好名之伎，亦有所窮矣。故曰：實至而名歸，好名者喪名，皆自然之理也，非必然之事也。卒之事亦不越於理矣。」

任何事情，最終是越不出道理的。只有自知才是確知，它是超人世的——非獨斷是不可能的。實際上，章先生在這裏所宣揚的，就是絕對之知，它是超歷史時空的。所謂慎獨，是什麼呢？就是：當宇宙只剩下我孤獨一人時，該怎麼做，就直接做去。所謂真人者，或百世而遙相應，既非歷時、亦非共時，而是飛時、穿時；既非歷地、也非共地，而係飛地、穿地。所以章學誠所宣揚的，恰是一個

超時空、超時代、超歷史的學問精神，這是清代學術的偉大精神。所謂當世之知，章先生是不屑的。因此，時代性他並不考慮，學問不是一時的時興。章學誠講的好名，不是一般的粗俗的好名，而是好學問之名，但這也是不好的。因此，清代學術的核心精神，就是一個真知的精神，故大師如雲，冠絕古今。這些都不是偶然的。

　　順便說一句，我們看先秦思想家論名，應該說是最透徹的。從老子一上來就講道與名，到孔子講正名，到墨家辯名，到公孫龍子講名實論，到荀子講亂名，法家講刑名，包括莊子講弔名、詭名，等等吧，一切都串在名線上，恰似連珠相仿。公孫龍子講守白論，守個什麼呢？還不是名！所謂守名，守住了政治名分，政治才有保證。所謂道名、正名、辯名、守名、刑名、弔名、詭名、亂名，一線下來，上古之事，虛嗎？撥亂反諸正，其是之謂也。中國人講名教，真是不假。就連女人日夜糾纏男人的，原來也還是一個名啊——老娘到底算什麼？原來，女權主義也在名中！名學真偉大——儒家女權思想！名，已然深入了國人的血脈，在其中而渾然不覺得了。所謂百姓日用而不知，故大道隱，而人心唯危。

第二節　阮元

一、性命古訓

　　阮元是清代樸學的代表人物。《名說》曰：「古人於天地萬物皆有以名之，故《說文》曰：名，自命也。從口從夕。夕者，冥也。

冥不相見，故以口自名。然則古人命名之義，任口耳者多，任目者少，更可見矣。名也者，所以從目所不及者，而以口耳傳之者也。易六十四卦，詩三百篇，書百篇，苟非有名，何以記誦？名著而數生焉，數交而文見焉。古人銘詞，有韻有文，而名之曰銘。銘者，名也，即此義也。」「《釋名》曰：銘，名也。《禮記祭統》曰：銘者，自名也。」

名著而數數生焉，數交而文見焉，象、數、名總是在一起。由此可見，名應該屬於聞知、說知的範圍，而不是親知。案墨辯云：知——聞、說、親。口說、耳聞、目見，三者的關係，對應極為整齊。人們的知識學問，都從這三個途徑得來，而具體的比例又有所不同。像中國人的學問知識，很多就是來源於書本。正像阮元說的。

名的情況是這樣，接下來，思想要搞清楚，就是把關鍵之名，在義理上理清。比如性、命二名，就是儒家義理之學的關鍵。阮元認為，「古性命之訓雖多，而大指相同。」（《性命古訓》）至於後世的流變，可以不說。阮元說：「《召誥》所謂命，即天命也。若子初生，即祿命福極也。哲與愚，吉與凶，歷年長短，皆命也。哲愚授於天為命，受於人為性，君子祈命而節性，盡性而知命。」

可見，性命包含的是天人關係，在天為命，在人為性。天命、人性，原來是整齊對應的。萬物當然也有性，所謂物性是也，只是物性較人性為簡單。無論人性、物性，都是天命的。阮元引趙岐注《孟子》曰：「君子之道，則以仁義為先，禮節為制，不以性欲而苟求之也。故君子不謂之性也。」可見性、禮之辯，在漢代本是非常樸素的。人性都是慾望熾烈的，所以須用禮去節防之。這一層關係本來極明朗，後來怎麼越講越複雜了。又曰：「以君子之道，則

修仁行義，修禮學知，庶幾聖人，亹亹不倦，不但坐而聽命，故曰
君子不謂命也。」

　　這就是說，古人雖然相信天命，但是並不荒廢人為。比如乾道，
就是剛健有為的。從這裏我們可以看到一個很明顯的聯結，就是：
性、命都與禮（包括仁義）相系。不僅以禮節性，而且以禮節命，
否則便流於淫濫。比如說，楚人好鬼神，迷信命數，便是非禮。所
謂非禮勿什麼，禮是儒家思想的魂魄。阮元認為，《尚書》、《孟子》
講性、命最典範，最能集中說明問題。「《孟子》此章，性與命相互
而為文，性命之訓，最為明顯。趙氏注亦甚質實周密，毫無虛障。
若與《召誥》相並而說之，則更明顯。」「可以見漢以前性命之說，
未嘗少晦。」其實命是什麼呢？說白了，所謂命，就是人的限額。

　　阮元謂，味、色、聲、臭、安佚為性，如果不節制，那麼性中
的情欲就會放縱；而仁、義、禮、知、聖為命，「所以命必須敬德，
德即仁、義、禮、知、聖也。」阮元據《皋陶謨》說：「慎修身者，
即節性之訓所由來。思永者，即祈天永命之訓所由來……」堯、舜
至孔、孟，未嘗少有歧異、虛高之說出於其間。可見，阮元是認為，
上古性命諸義乃是統一的、質實的。又據《西伯戡黎》曰：「性字
始見於此。《周易》卦辭、爻辭但有命字，無性字，明是性字包括
於命字之內也。此篇性字上加以天字，明是性受於天。孟子所謂有
性焉，君子不謂命也。」

　　阮元指出了很重要的一點，就是性字晚出，較命字而言。這說
明，性之義亦衍生者也。性受於天，本來包括在命字之內，這說明：
古代思想，還是以天命一義為最早的原始。像性等等比較精緻的義
理，尤其是後來經過發展了的，肯定是後世不斷衍生出來的。這樣，
通過心細如發的對勘、比較，比對、互勘，阮元就把詞義史的情況

給考定清楚了。復據鄭康成之注說：「度性與節性同意，言節度之也。」節度當然就是遵守禮的表現，因為守禮才能保住天命；人而無禮，即使是天命也會修改。從這裏來說，中夏人文在上古就趨向於人文路線，而非宗教路線，便是顯然的。足見禮大於天，禮才是天。阮元說：「紂自恃有天命，逸欲，不修身、敬德，以祈永命，所以祖伊言，惟王自絕天命也。蓋罪多者，天以永命改為不永，不能向天責命，此祈命之反也。性、命二字相關，始見於此，質實、明顯，曷嘗如李習之復性之說？」

可見，阮元是認為，後來翻譯佛教書用性字，以及歷史中受其影響而用性字的，都不得其正。阮元就是要把性、命的歷史原義、本義考證清楚。所以，實際上是，阮元為我們提供了一道例題。通過做這道例題，一切關於字詞義的歷史主義的考證，都能夠舉一反三地通過例題法去求得、獲得（求解、得解）。阮元特別指出一點，「周以前聖賢之言，皆質實，無高妙之旨。」實際上，這就是治上古思想的基則，如果違反了，肯定不對，除非是自己想要著意地去發揮、用廣發揮。因為普通人都是喜歡、崇拜高玄的。但凡是偏奇怪異之解，肯定不對，因為古人質實。阮元認為，對詩、書中言性的部分，「言性者所當首舉而尊式之，蓋最古之訓也。」阮元的論文，其實也就是條舉其事，按經典逐條辯證。所謂哲愚、吉凶、永否，皆命於天，而取決於禮。

《洪範》中的福、極，皆天性、天命也。阮元總結的命字義，比如天命這一基本義，包括敬天命，都是廣引詩書以證說之。謂「命雖自天，而修德可求。」「蓋《文王》之詩與《召誥》句句相同，皆反覆於殷、周之天命也。」這就指出，殷、周二代，天命認識有變化：從固定的天命，轉為以德為命──因為不修德就會亡。所以，

禮必然會大於天，或者如天，人文最終是以禮為天的。阮元謂，詩三百篇，惟《卷阿》三見性字，與命字相連為文。「此詩『俾爾』云云之文法，」「雖言性而有命在內，」周易卦爻全無性字，可見周初古人不一定要多說性字。阮元謂：「古人但說威儀，而威儀乃為性命所關，乃包言行在內，言行即德之所以修也。」此於詩大雅可見其概，「德在內，而威儀在外」，「德命在於內，言行亦即在威儀之內」。「古人說修身之道如此」。

威儀當然是禮上的事情，言行不忒，乃可以為法。正如孔子說的，人無威儀則不重。可見，古人修德是伴隨著很硬的技術環節和要求的，並不只是一個單純內向的心性。這也就是阮元所指出的「質實」。從上古禮學到中古性學，其間有一個退化過程。

以禮敬天命，在《左傳》中已屬常見。比如成公十三年，成子惰於禮，不敬，棄其命矣，其不反乎！正如古人說的，是以有動作、禮義、威儀之則，以定命也。能者養以之福，不能敗以取禍，是故君子勤禮。勤禮莫如致敬，敬在養神。國之大事，在祀與戎。祀有執膰，戎有受脤，神之大節也。可見，命已經完全禮化了，成了禮命。那麼，性當然也就是禮性的了。所以上古之言性命，其核心還是在於一個禮字。但是中古佛教雜入以後，性命、尤其是性，遂往宗教修行一路上轉過去了，由政教實學的、變成了宗教玄學的，這當然是根本不對了。只不過，阮元是用樸學方法來說明這些罷了。他認為，民受天地之性以生，「即所謂命也。性字從心，即血氣心知也。有血氣，無心知，非性也。有心知，無血氣，非性也。血氣、心知皆天所命，人所受也。人既有血氣心知之性，即有九德、五典、五禮、七情、十義，故聖人作禮樂以節之，修道以教之，因其動作以禮義為威儀。威儀所以定命」，

「威儀者，人之體貌，後人所藐視為在外最粗淺之事，然此二字古人最重之。」

這正是阮元的深刻處，別人視為粗淺的，他認識到是關鍵。阮元說得不錯，禮儀以定性命，這是古義；但是後人好鶩高玄，視威儀為外在的東西，不加重視，殊不知，勤於禮樂、威儀就得福祿，能夠致命──保定性命；反之，惰於禮樂、威儀，便自取禍亂，所謂棄命。因此，威儀應該是屬於篤行的範圍。致命與棄命，這又是一個陰陽二分組，同樣都繫之於禮。可見古人是認定，無論性、命，都要受禮的節制、節度和引導，否則便不得其終。所以禮才是真正第一性的，也是唯一的。至少周代已是如此。

威儀說

阮元指出，「晉、唐人言性命者，欲推之於身心最先之天；商、周人言性命者，祇範之於容貌最近之地，所謂威儀也。」並舉《左傳》襄公 31 年衛北宮文子見令尹圍之威儀為例，所謂威儀者，有威而可畏謂之威，有儀而可象謂之儀。君有君之威儀，臣有臣之威儀，這是同異分明、不能僭奪的。所以，威儀也就是、就在於畏與象，亦即──可以法象者。所以威儀屬於教法，乃是無疑的。威儀當然是外在的硬環節，人人都須遵守。通過人的外表，就能把握其內心，二者一一對應，是無可遁匿的。所以文子觀令尹之威儀，判斷其人將有他志，正說明瞭這一點。在古人那裏，威儀之設是為了下畏而愛上，屬於上下倫理。為什麼儒家在歷史中最終能夠得行，而墨家不能呢？就因為墨家所講的更偏於一種橫的關係，與縱向的關係這一主體不合；儘管墨家講尚同，最終也還是一個縱向的關

係，所以我們是相對言之。而且，周時諸國林立，各國間是以橫的關係居主，所以墨家能夠成為顯學，也是因為勢；帝制時代，一切唯上下，自然是需要儒家了。到了今世，萬國交通，國與國之間無法縱向擺放，所以人們又講墨家，足見思想就是時勢、世勢、時世之表情，看破時一文不值。古人謂君臣、上下、父子、兄弟、內外、大小、朋友皆有威儀，可見，威儀就是一般倫理。並舉文王之德為例說，天下畏而愛之、則而象之。文王至今為法為象，有威儀也。因此，古人的威儀包括很多內容，比如君子在位可畏、施捨可愛、進退可度、周旋可則、容止可觀、作事可法、德行可象、聲氣可樂、動作有文、言語有章、以臨其下，等等。所以阮元說：「初未嘗求德行、言語、性命於虛靜、不易思索之境也。」比如孔子。

　　那麼，是不是《左傳》風格太過平實，不足以說明問題呢？阮元作了一個統計，他說，《尚書》言威儀者二，《詩經》言威儀者十七。我們這裏不贅引。阮元說：「威儀者，言行所自出。」這個意思是對的，也就是說，在古人那裏，威儀與言行是同範圍的。正如孔子講的，君子不重則不威；同樣，人無威則不重，這是顯然的。所以，言行必須有一定的重量，這個重量首先從外表開始，就是威儀。所以威儀就是理所應該的言行本身，壞的、不好的言行當然被擯棄在外，這樣威儀的界定就清楚了。後來的人，其言行多是壞的，當然談不到什麼威儀。阮元說：「且定命即所以保性，」「凡此威儀為德之隅，性命所以各正也。」但是命的涵義不止限於個人，阮元引《左傳》文公 13 年邾子之言及事，認為知天命在利民為大，不以一己吉凶之命不利民。顯然，這裏的命是偏重於民命，而不是一己之私命──是公命。

阮元認為，許氏說文是古訓，曰：「性，人之陽氣性善者也；情，人之陰氣有欲者也。」阮元認為，情括於性，非別有一事與性相分而為對。他引詩《蒸民》鄭箋云：「其性有物象，其情有法則，情法性，陰承陽也。」顯然，阮元是認為，情是基本的人性。

阮元說，性命皆由天道而出，出之者天也。王者受天命而正性，臣民、庶物亦各正性命也。並且引荀悅的話說：是言萬物各有性也。觀其所感，而天地、萬物之情可見矣。是言情者，應感而動者也。昆蟲、草木皆有性焉，不盡善也。天地、聖人皆稱情焉，不主惡也。阮元認為，他所引用的都是漢代以前的古訓，很能說明問題。

我們說，性、情之名，其義不一，如何拿準它是最重要的。比如情，起碼有三大基本意思，最為常見。一是指情緒，比如說其情激動，等等；一是指情感，比如說其情甚深之類；一是指情況，比如說敵情、軍情、國情，等等。當然還有其他的，但是以這三個為最平常。那麼，古人行文時，往往只用一個情字，具體是指什麼呢？這就要看上下文的具體情況而定了。比如說萬物之情，我們總不能說，鐵有感情或者情緒，但鐵是萬物之一。大象是動物，牠情緒豐富，發情期還很危險。所有這些，都需要逐一正別清楚，否則就會覺得沒有道理了。但無可爭議的是，萬物各有其性、各有自己的性質（特點、特性、特質），這卻是一定的。比如說鐵有可熔性、有延展性，等等。所以性、情絕不是一組模糊含混之名。

可以說，人類思想史就是一部共別分化史。比如理學，多用共名來表達（情、性等等），而思想上他們卻早已進入高度分別的地段（這情那情、這性那性，等等）了，這就是語言跟不上、未能跟上思想的歷史情況，是真實的。所以我們在讀理學著作時，鬚根據上下文自己去主動、自覺地還原、填空。很多人說理學著作語言混

亂，乃是因為缺乏歷史的觀點。比如理學家只用一個情字來表達，並不就意味著該思想家搞不清楚、沒搞清楚，只要他說出了那個意思，我們就能夠幫助他具體細化，這只是一種時代的翻譯和轉述。阮元說，天地能成人與萬物之性，人能自成以性，即所謂成之者性也。存存，在在也，如孟子所說存其心、養其性也。道義由此而入，故曰門也。這說明，人類是具備自我成就能力的，而這種自我成就力就是人的天性，是其性質所規定的。阮元說：「可見性必命於天也。」言人為貴，人與物同受天性，惟人有德行。行首於孝，所以為貴，物則無之也。說得非常清楚。

阮元指出，後來的所謂復性之說，很明顯是不對的，根本不符合古義。孔子只教顏回復禮，沒有說復性。但是阮元引孟子，說仁之於父子也，命也；有性焉，君子不謂命也，這便已經開心性化之源了。本來是外在道德命令規定的，你為什麼要高調化為內在心性自律？這是不對的，更不安全。難道是管不上君子、德不下庶人？沒這回事。天道大義無親，父子必須雙方都要像話，這本來是上天的命令，誰不像話就懲治誰。可是經孟軻一叨咕，說什麼父子天性就好得要死，還用得著天命、上天來規定命令嗎？可是，如果碰上關係壞得要命，又該怎麼辦呢？自律當然省成本，可是一旦不自覺呢？外在他律的底線被拿掉了，人類還怎麼存活？所以說，孟氏之道，美言而終亂者也。這種假定——人性是天生要好的，根本就不成立，這完全就是一廂情願、想當然，是以萬物為性善論的犧牲品。

歷史中人們習慣於把孔、孟連提，以為孟子得孔子正傳而繼承之，這本身就是一個根本的錯誤。孔、孟才不是一回事。明為考證，實則還是不敢、也不願觸犯亞聖，即使阮元也不免。像孟子那樣嚴重的心性化傾向，與孔子每事問的篤實、細密的風格相較，哪裡又

相同呢？阮元說到了一個意思，他說孔子五十知天命，是因為明白自己不可能當政了，這就是命，是政治命。「孔子不得位，」「不能得天道，故世無用孔子者，孔子所以不能為東周。孔子年至五十，知之定矣。」可是這一個歷史無奈後來終於在人類世界瓦解了，孔子可以參選，不必等著世俗上限來用他了。

阮元引《韓詩外傳》說，天之所生皆有仁義禮智順善之心，不知天之所以命生，則無仁義禮智順善之心，謂之小人。天之所以仁義禮智保定人之甚固也，所謂君子則天是也。值得注意的是，阮元指出，漢人專言德命，未言祿命，這是最具價值的。阮元認為，性命即關乎天道，是以《史記》中「夫子之言天道與性命不可得而聞」一語最具說服力。阮元認為，這才是得了孔安國之真！

我們說，清代的大師們雖然沒有明確意識到名學的重要，但是在問題的討論中，卻已經在實際地用到名理了，否則不能透徹。阮元說：「而才性必有智愚之別。然愚也，非惡也。智者善，愚者亦善也。」顯然，這是明白地把善惡和智愚兩個二分組正別開。愚本身，並不能武斷粗暴地就說成是惡，才性問題，不能混淆為道德問題。一個很笨的人，那是沒有辦法的事情，只能慢慢來。當然愚笨不好，會吃很多苦、受很多罪，但不好本身與惡還是不同。所以各個二分組一定不能錯亂，否則論事就永遠不可能清楚了。阮元之所以說這些，是批評韓愈、李翱的錯誤，「然以下愚為惡，誤矣。」

值得注意的是，阮元特別提到了靈字的問題，他是明確反對的。阮元說，古人言人性之上者曰哲、曰智，哲即智也，絕未言及靈字。因為靈字，在神則是美稱，在人則是惡稱。是以劉孝標《辨命論》全是玄學，不知莊子心靈本是玄學，故以心靈為學者，自莊子始。這就很明白地指出了根本問題：一切癥結就在於儒學和玄學的混

淆。儒學不是玄學，而是實學。所以儒家講性都是實學的，如果後人作玄學的理解——想把實學性命講成玄學性命，哪怕是、即使想混進、雜入一點玄學的成分，也是完全錯了。這就是阮元要表達的意思。就這一點來說，阮元的觀點，對以後的學術有立法的意義。

阮元認為，《中庸》裏面講的修道之教，即《禮運》之禮，也就是禮教。所謂禮治七情十義者也。七情乃盡人所有，但須治以禮。可見治情是要用禮去治，所謂非禮勿情，如果是以心理活動去治，就會越治越亂，即所謂助長，到最後就是不可收拾。宋、明學者，正坐此病。但卻美其名曰內治，其實這樣的內治，有時候還是不要治的為好，因為很多人就是這樣治出習氣來的，而流於荒怪，比如阮元批評的李翱就是。但是阮元說，中者有形有質，有血氣心知，特未至喜怒哀樂時耳。發而中節，即節性之說也。有禮有樂，所以既節且和也。我們說，這裏講中仍然不是太清楚。只能說，如果人是天地之中，那麼人就是天地之心。除了人以外，天地再沒有什麼格外的心了。

阮元對「性教」等義的解說是極為平實的，他說，所謂至誠者，祇是由治民獲上、信朋友、順親，以至反身明善而已。所謂繼之者善也，成之者性也，非有玄妙靜明之道也。所謂明善者，則祇自博學、審問、慎思、明辨、篤行五事，事事著力實地而來。一事不實弗措，非虛靜而專明心也。雖愚必明，言明善也。自誠明謂之性，言智人率性，不待教也；自明誠謂之教，言愚人受教，能節性也。我們說，阮元在這裏已經講解得很清楚了。處處著實，這就是實學的精神。尤其他把自誠明、自明誠這兩個歷來就容易攪在一處的義理，用智、愚二事很輕鬆地解開了，更見功夫。這就應了人一能之己萬之的話，就是再愚，只要肯下功夫，也成。像曾子魯鈍，正好

用此。所謂率性者，就是本性生就怎樣，不待教便很容易成就。這就是事之不如好之、好之不如樂之。比如生性喜歡畫畫的，不需要著意地去教，他自己就容易畫出來，頂多點撥一下就夠了。但是天性不如此的，教起來就費事了。不過愚人也有其好處，就是甘當烏龜，而不是兔子，所以反而容易成就。我們看歷史中的各種名目，所謂本心、本性、本知、本能，等等，與良心、良性、良知、良能，都是一回事。性、教之辨其實是相當基本、樸實的。根據齊物論，按照萬物的性分，順著其生性、天性去成就之，便容易，事半功倍、渾然天成；反之效果就差。所以孔子有教無類、因材施教，就是齊物原則。

可見，性是天然路線、是自然的，教是知識路線、是人為的。所謂自明誠，就是從真正的、真明白而進於善、進於誠。所謂不能行，其實都是因為不知，比如說不認同，等等，當然就不能行了。所以一切都是真的，這就是唯真論。包括說謊者，其實他也是真的生性如此，所以一切最終都是真的。就像我不使我，我也；不真，亦真也。所以一般說來，普通人都是必須從教的，真正能夠「從性」的有幾個呢？從心所欲、生而知之，這種人很少。一句話，就是一個先天、後天之別，這是一個二分組：性是先天的，教是後天的。

阮元說，道問學即修道之教，即學問思辨行。阮元引《禮運》說禮，其實根據《禮運》的意思，一切唯禮，禮就是通約，一切都要在禮這裏通約。阮元認為，人生而靜，天之性也，這是就外感未至時言之。我們說，理解是只能如此的。阮元嚴厲批評說，欲生於情，在性之內，不能言性內無欲。欲不是善惡之惡，天既生人以血氣心知，則不能無欲，惟佛教始言絕欲。可見，阮元明

確指出，欲不是惡，二者須正別清楚。人欲是人類天生的一種性質，無法抹去，所以欲本身就是性。如果都像佛教那樣，天下便「禽獸繁矣」。欲在於有節，不可縱，不可窮。欲固不能離性而自成為欲也。而且阮元用考證法解道，易云寂然不動，是說鬼神寂然不動，因人來卜筮，感而遂通；非言人無思無為，寂然不動，物來感之而通也。這就擺得很清楚，很多人連鬼神與人二者也沒有搞清楚，阮元所說，可謂夠清楚了。他認為，晉、唐以後的人溺於佛教，於是便從字面上附會經典，這本來是很搞笑的事，怎麼後來人們還信以為真了呢？

應該說，儒家在歷史中即使與佛教交涉，也只能是一些思維句型上的事情。試問，實學與玄學可能代換嗎？這是顯然的。至於朱熹排佛，那是福建的情況，不能代表全國，福建這地方是有名的好佛。而且當時的宋廷，就連政治名分權也沒有，遑論其他？阮元認為，性首先是血氣、心知，沒有偏廢的道理。可以注意的是，他還有一段對告子與孟子的調和。阮元說，案性字從心從生，先有生字，後造性字。商、周古人造此字時即已諧聲，聲亦意也。然則告子生之謂性一言，本不為誤。從這裏我們可以看出，古人的造字法已經表明，性應該是從人天生的意思上去確立的。後來人為的一面不斷強化，簡直要把天生的這一面擠出去。那麼，告子既然不錯（這種觀點在清代學者已經很難得了），為什麼還會遭到孟子的批評呢？阮元認為，這是因為告子講性太一般化了，這樣，動物性與人性就沒有分別了，孟子批評的其實也就是這個。他說，蓋生之謂性一句為古訓，而告子誤解古訓，竟無人物善惡之分，其意中竟欲以禽獸之生與人之生同論，與人為貴之言大悖。所以佛教談性是過，告子是不及，只有詩書、孔孟才是中庸。告子視人性不及，幾欲儕於蠢動。

而且，孟子不反對告子食色性也一說，他只是不贊同告子以義為外。這是阮元的看法。以義為外，那麼這個人就註定是內心不義了，這怎麼行？內心永遠不能義，人類就沒有希望了。阮元說，凡言性命者，捨五經質實之言，而別求高妙，未有不誤者。他認為，物則就是性，而且言性善的不是始於孟子，而是始於詩。告子因為不習詩教，所以致誤；孟子深於詩教，便不同。比如威儀之則，就是物則。

阮元說：「聖賢言天命有一定者，不貳即一定也。」孟子講性命，是指正命而言的，非正命，向來為孔、孟所反對。因為人的生命是要用來行道的，所以儒家最反對無謂的白白犧牲。比如說生活中不注意，站在一堵壞牆下，牆倒了，被砸死了，這就很無謂。所以平時處處都需要禮的規範，沒有禮，人類就粗糙不精緻、野蠻不開化。所以孔子老批評子路，就因為他好勇，孔子感到他不能得正命。當然，必須殺身取義、殺身成仁的時候，這也是正命，不能逃避的，逃了就不正了。但總體上儒家是全生主義者，所以很容易被苟活哲學利用。

所謂正命，就是盡道者也，透徹不留餘地。所謂窮理盡性以至於命，都是指此。性，自然也，如堯、舜，性之也，就是明證。阮元指出，晉、唐人的錯誤，就是把「佛性」與「天性」混淆不分。可佛性是宗教禁欲主義的東西，連人類的正常慾望也一併抹殺，這本身就是極度荒謬的。所以晉、唐以來的人，好像見不得欲字，只見得性字，就像禁書一樣要禁欲，這是歷史社會的病態、病灶。「禁」是人類生活中需要專門討論的一大問題，各種各樣的禁，還有待統計分類。清代的大師們，通過自己細密、篤實的考證，為我們澄清了一個又一個的癥結問題。

　　阮元說，商、周人言性命多在事，在事故實，而易於率循。晉、唐人言性命多在心，在心故虛，而易於傅會。易寂然不動，乃言卦爻未揲之先，非言人之心學也。明善者，乃學問思辨行之事，亦非言靜寂覺照也。人生而靜，言尚未感物，非專於靜也。此不可誣改聖經，以飾釋典者也。六朝人不諱言釋，不陰釋而陽儒；陰釋而陽儒，唐李翱為始。阮元說了很多，這裏不能一一具引。但是有一點，就是萬變不離其宗：儒、佛之辯，皆可歸於實、玄之別。實學性還是玄學性，一校即明！

二、十三經注疏

　　當然，阮元最突出的成就，還是他主持校刻了《十三經注疏》。這樣，儒家思想終於有了可靠的文本定本。案《重刻宋板注疏總目錄》曰：

> 右十三經注疏，共四百十六卷。謹案《五代會要》：後唐長興三年，始依石經文字刻九經印板。經書之刻木板，實始於此。逮兩宋刻本浸多，有宋十行本注疏者，即南宋嶽珂《九經三傳沿革例》所載建本附釋音注疏也。其書刻於宋南渡之後，由元入明，遞有修補。至明正德中，其板猶存。是以十行本為諸本最古之冊。此後有閩板，乃明嘉靖中用十行本重刻者。有明監板，乃明萬曆中用閩本重刻者。有汲古閣毛氏板，乃明崇禎中用明監本重刻者。輾轉翻刻，訛謬百出。明監板已毀，今各省書坊通行者，惟有汲古閣毛本。此本漫漶不可識讀，近人修補，更多訛舛。元家所藏十行宋本有十一經，雖無《儀禮》、《爾雅》，

但有蘇州北宋所刻之單疏板本，為賈公彥、邢昺之原書，此二經更在十行本之前。元舊作《十三經注疏校勘記》，雖不專主十行本、單疏本，而大端實在此二本。嘉慶二十年，元至江西，武寧盧氏宣旬讀余校勘記，而有慕於宋本。南昌給事中黃氏中傑，亦苦毛板之朽，因以元所藏十一經至南昌學堂重刻之，且借校蘇州黃氏丕烈所藏單疏二經重刻之。近鹽巡道胡氏稷亦從吳中購得十一經，其中有可補元藏本中所殘缺者，於是宋本注疏，可以復行於世，豈獨江西學中所私哉！刻書者最患以臆見改古書，今重刻宋板，凡有明知宋板之誤字，亦不使輕改，但加圈於誤字之旁，而別據校勘記，擇其說附載於每卷之末，俾後之學者不疑於古籍之不可據，慎之至也。其經文、注文有與明本不同，恐後人習讀明本，而反臆疑宋本之誤，故盧氏亦引校勘記，載於卷後，慎之至也。竊謂士人讀書，當從經學始，經學當從注疏始。空疏之士，高明之徒，讀注疏不終卷而思臥者，是不能潛心研索，終身不知有聖賢諸儒經傳之學矣。至於注疏諸義，亦有是有非。我朝經學最盛，諸儒論之甚詳，是又在好學深思、實事求是之士，由注疏而推求尋覽之也。二十一年秋，刻板初成，藏其板於南昌學，使士林、書坊皆可就而印之。學中因書成請序於元，元謂聖賢之經，如日月經天、江河行地，安敢以小言冠茲卷首？惟記刻書始末於目錄之後，復敬錄《欽定四庫全書》十三經注疏各提要於各注疏之前，俾束身修行之士，知我大清儒學遠軼前代，由此潛心敦品、博學篤行，以求古聖賢經

傳之本源，不為虛浮孤陋兩途所誤云爾。太子少保光祿大
夫江西巡撫兼提督揚州阮元謹記。

《十三經注疏》為：

> 周易正義十卷，魏王弼、韓康伯注，唐孔穎達等正義。
>
> 尚書正義二十卷，漢孔安國傳，唐孔穎達等正義。
>
> 毛詩正義七十卷，漢毛公傳，鄭玄箋，唐孔穎達等正義。
>
> 周禮注疏四十二卷，漢鄭玄注，唐賈公彥疏。
>
> 儀禮注疏五十卷，漢鄭玄注，唐賈公彥疏。
>
> 禮記正義六十三卷，漢鄭玄注，唐孔穎達等正義。
>
> 春秋左傳正義六十卷，晉杜預注，唐孔穎達等正義。
>
> 春秋公羊傳注疏二十八卷，漢何休注，唐徐彥疏。
>
> 春秋穀梁傳注疏二十卷，晉范寧注，唐楊士勳疏。
>
> 論語注疏二十卷，魏何晏等注，宋邢昺疏。
>
> 孝經注疏九卷，唐玄宗明皇帝御注，宋邢昺疏。
>
> 爾雅注疏十卷，晉郭璞注，宋邢昺疏。
>
> 孟子注疏十四卷，漢趙岐注，宋孫奭疏。

案《周易注疏校勘記序》曰：

> 古周易十二篇，漢後至宋晁以道、朱子始復其舊。自晁以道、
> 朱子以前，皆彖、象、文言分入上下經卦中，別為《繫辭》
> 上下、《說卦》、《序卦》、《雜卦》五篇，鄭玄、王弼之
> 書業已如是，此學者所共知，無庸覶縷者也。易之為書最古，
> 而文多異字，宋晁以道《古文易》撢撢為之，如郭忠恕、薛
> 季宣《古文尚書》之比。國朝之治《周易》者，未有過於徵

士惠棟者也。而其校刊雅雨堂李鼎祚《周易集解》，與自著《周易述》，其改字多有似是而非者。蓋經典相沿已久之本，無庸突為擅易。況師說之不同，他書之引用，未便據以改久沿之本也，但當錄其說於考證而已。元於《周易》注疏，舊有校正各本，今更取唐宋元明經本、經注本、單疏本、經注疏合本，讎校各刻同異，屬元和生員李銳筆之為書九卷，別校略例一卷、陸氏釋文一卷，而不取他書妄改經文，以還王弼、孔穎達、陸德明之舊，謹列目錄如左。阮元記。

可見阮元的態度是嚴謹的。我們說，關於易，也是一個簡單的二分法，即分為兩邊、分兩大部門：一是經學易，一是民間易。此二者不容混淆，必須別同異。像清代大師們所治的就是經學易，屬於思想史、學術史的範圍，是很正規的，不摻雜質；而老百姓講的算命、金錢卦之類，等等吧，都屬於民間易，是風俗學、民俗學、歷史社會學、文化人類學等研究的對象。就因為此二者一般人老是糾纏不清，一說起來、一提到易，就扯科學、迷信什麼的，十分膩味。彼還自以為是、好為人師，其實這些人最缺乏常識，扯半天，話都說不到點子上去。所以一步到位澄清了，以後就不再無謂地牽扯了。總之，易是思想史中繞不開去的一環，並沒有多少特別、格外的懸念和潛臺詞。一句話，經學易正規，民間易有趣。

又《尚書注疏校勘記序》曰：

自梅賾獻孔傳，而漢之真古文與今文皆亡，乃梅本又有今文、古文之別。《新唐書藝文志》云，天寶三載，詔集賢學士衛包改古文從今文。說者謂今文從此始，古文從此絕。殊不知衛包以前未嘗無今文，衛包以後又別有古文

也。《隋書經籍志》有《古文尚書》十五卷，今字尚書十四卷，又顧彪《今文尚書音》一卷，是隋以前已有今文矣。蓋變古文為今文，實自范寧始。寧自為集注，成一家言，後之傳寫孔傳者從而效之，此所以有今文也。六朝之儒，傳古文者多，傳今文者少。今文自顧彪而外不少，概見李巡、徐邈、陸德明皆為古文作音。孔穎達《正義》出於二劉，蓋亦用古文本。如塗之為斁，云之為員是也。然疏內不數數覯，殆為後人竄改，如陳鄂等之於《釋文》歟？然則衛包之改古從今，乃改陸、孔而從范、顧，非倡始為之也。乃若天寶既改古文，其舊本藏書府，民間不復有之，更經喪亂，即書府所藏，亦不可問矣。開成初，鄭覃進石經，悉用今文。前此張參之壁經，後此長興之板本、廣政之石本，當無不用今文者。乃後周顯德六年，郭忠恕獨校《古文尚書》上之，上距天寶三載已三百餘年，不知郭氏從何而得其本？宋初仍不甚行，至呂大防得於宋次道、王仲至家，而晁公武取以刻石，薛季宣據以作訓，然後大顯。今按《釋文序錄》云，《尚書》之字本為隸古。既是隸寫古文，則不全為古字。今宋、齊舊本及徐、李等音，所有古字，蓋亦無幾。穿鑿之徒務欲立異，依傍字部，改變經文，疑惑後生，不可寫用。是所謂古文，不過如《周禮》、《漢書》略有古體及假借通用之字而已。晁氏《讀書志》云，陸德明獨存一二於《釋文》。此正與古字無幾之說相合。若連篇累牘悉是奇字，則陸氏豈得或釋或不釋哉？晁氏又云，以《古文尚書》校《釋文》，雖小有異同，而大體相類。夫《釋文》所存僅止一二，就此一二之中，復小

有異同，則全經不合者必十之九，其為贗本無疑。然觀陸
氏之言，則穿鑿立異，自古而然，不獨郭氏也。元於《尚
書注疏》舊有校本，茲以各本授德清貢生徐養原校之，並
及《釋文》。元復定其是非，且考其顛末，著於簡首。阮
元記。

阮元在這裏談的，基本上都是今文、古文的問題，來龍去脈說
得很清楚。而今古文問題是大問題，非一言所能盡。但有一點是很
明白的，就是，古人用當代文字轉寫古經，乃是很早的事情。漢代
學者，其實把基本的工作都給做了。事情本身並不離奇，倒是後人
滋生了許多玄想。

《毛詩注疏校勘記序》曰：

考異於毛詩，經有齊、魯、韓三家之異。齊、魯詩久亡，韓
詩則宋以前尚存。其異字之見於諸書可考者，大約毛多古
字，韓多今字，有時必互相證而後可以得毛義也。毛公之傳
詩也，同一字而各篇訓釋不同，大抵依文以立解，不依字以
求訓，非執於《周官》之假借者，不可以讀毛傳也。毛不易
字，鄭箋始有易字之例，顧注禮則立說以改其字，而詩則多
不欲顯言之。亦或有顯言之者，毛以假借立說，則不言易字
而易字在其中。鄭又於傳外研尋，往往傳所不易者而易之。
非好異也，亦所謂依文立解，不如此，則文有未適也。孟子
曰，不以文害辭，不以辭害志。孟子所謂文者，今所謂字。
言不可泥於字，而必使作者之志昭著顯白於後世。毛、鄭之
於詩，其用意同也。傳、箋分，而同一毛詩，字有各異矣。
自漢以後，轉寫滋異，莫能枚數。至唐初而陸氏釋文、顏氏

定本、孔氏正義先後出焉，其所遵用之本，不能畫一。自唐後至今，鏤版盛行，於經、於傳箋、於疏，或有意妄更，或無意譌脫，於是繆盭莫可究詰。因以元舊校本，授元和生員顧廣圻，取各本校之，元復定是非，於以知經有經之例，傳有傳之例，箋有箋之例，疏有疏之例。通乎諸例，而折衷於孟子不以辭害志，而後諸家之本可以知其分，亦可以知其一定不可易者矣。阮元記。

阮元講的諸例，其實就是學問的體例，具體的說，是儒教詩學。就文字上而言，歷代有一個不斷轉易的問題，最終還是文字、文本的可靠性問題。正如阮元所說，轉寫滋異、莫能枚數。阮元是尊孟學的，所以他以孟子的不以文害辭、不以辭害志之原則為依歸。這就是文本基礎的重要，即由字以通道。

《周禮注疏校勘記序》曰：

有杜子春之《周禮》，有二鄭之《周禮》，有後鄭之《周禮》。《周禮》出山巖屋壁間，劉歆始知為周公之書而讀之，其徒杜子春乃能略識其字。建武以後，大中大夫鄭興、大司農鄭眾，皆以《周禮解詁》著，而大司農鄭康成乃集諸儒之成，為《周禮注》。蓋經文古字不可讀，故四家之學，皆主於正字。其云故書者，謂初獻於秘府所藏之本也。其民間傳寫不同者，則為今書。有云讀如者，比擬其音也；有云讀為者，就其音以易其字也；有云當為者，定其字之誤也。三例既定，而大義乃可言矣，說皆在後鄭之注。唐賈公彥等作疏發揮，殊未得其肎綮。元於此經，舊有校本，且合經、注、疏讀之，時闚見其一二。因通校經、注、疏

之譌字,更屬武進監生臧庸蒐按各本,併及陸氏釋文,元
復定其是非。凡言周制、言漢學者,容有藉於此。其目錄
列於左方。阮元記。

首先還是正字的問題,三例定而後義可言。而鄭氏在《周禮》
學上無疑有舉足輕重的地位。其實古代經典在民間傳寫並不難理
解,像《老子》的古抄本,就出土了多種。可見劉歆、劉向父子校
理群書,是有非常基礎的。

《儀禮注疏校勘記序》曰:

《儀禮》最為難讀,昔顧炎武以唐石刻九經按明監本,惟《儀
禮》譌脫尤甚。經文且然,況注疏手?賈疏文筆冗蔓、詞意
鬱轖,不若孔氏《五經正義》之條暢,傳寫者不得其意,脫
文誤句,往往有之。宋世注、疏各為一書,疏自咸平校勘之
後,更無別本,誤謬相沿,迄今已無從一一釐正。朱子作通
解,於疏之文義未安者,多為刪潤,在朱子自成一家之書,
未為不可。而明之刻注疏者,一切惟《通解》之從,遂盡失
賈氏之舊。臣於《儀禮注疏》舊有校本,奉旨充石經校勘官,
曾按經文上石。今合諸本,屬德清貢生徐養原詳列異同,臣
復定其是非。大約經、注則以唐石經及宋嚴州單注本為主,
疏則以宋單行本為主,參以釋文、識誤諸書,於以正明刻之
譌。雖未克盡得鄭、賈面目,亦庶還唐、宋之舊觀。鄭注疊
古今文最為詳覈,語助多寡,靡不悉紀。今按是經,寧詳毋
略,用鄭氏家法也。臣阮元恭記。

《儀禮》難讀，自古公認，比如韓愈就說難。這也是因為，具體的儀式程式的傳承，首先是一個感性的問題，在孟子已經不熟悉操作儀式了，孔子就熟悉得多。由於人們不理解，傳寫當然就容易錯訛。賈疏為什麼冗蔓，也是因為感性的東西最難說清楚，何況是古文呢。朱子以意解之，作為一家言是可以的，但是要作為定本當然不行。阮元對鄭氏學的推崇是顯而易見的，因為鄭學最忠實於原貌。只是《儀禮》幾近於失傳，乃偏僻之學。傳世文本既少，參照系就小，所以要完全還原賈疏之原貌已經不可能了。因此，阮元所做的校勘工作，只能是亡羊補牢、聊勝於無。我們看現在影印的宋版書，疏文確實是單行的，比如宋本《尚書正義》。

《禮記注疏校勘記序》曰：

> 《小戴禮記》，隋、唐志並二十卷，唐石經所分是也。貞觀中，孔穎達等為正義，舊、新唐志皆云七十卷，晁氏《讀書志》、陳氏《書錄解題》皆同。案古人義疏，皆不附於經、注而單行，猶古《春秋》三傳、詩毛傳不附於經而單行也。單行之疏，北宋皆有鏤本，今厪有存者，《儀禮》、《穀梁》、《爾雅》間存藏書家，而他經多亡。正義多附載經、注之下，其始謂之兼義，其後直謂之某經注疏。其始本無釋文，其後又附以釋文，謂之附釋音某經注疏，最後又去附釋音三字，蓋皆紹興以後所為，而北宋無此也。有在兼義之先為之者，今所見吳中藏本，有《春秋》、《禮記》二種，《春秋》曰「春秋正義卷第幾」，《禮記》曰「禮記正義卷第幾」，皆不標為某經注疏。其卷數，則《春秋》三十六卷，《禮記》

七十卷，皆與《唐志》正義卷數合。蓋以單行正義為主，而以經、注分置之，此紹興初年所為，非如兼義、注疏之以經、注為主，而以疏附之，既不用經、注之卷數，又不用正義之卷數。《春秋》為六十卷，《禮記》為六十三卷，遂使唐人正義之卷次不可知，蓋古今之遷變如此。《禮記》七十卷之本，出於吳中吳泰來家，乾隆間，惠棟用以校汲古閣本，識之云：譌字四千七百有四，脫字一千一百四十有五，闕文二千二百一十有七，文字異者二千六百二十有五，羨文九百七十有一，點勘是正四百年來闕誤之書，犖然備具，為之稱快。今記中所云惠棟校宋本者是也。其真本今藏曲阜孔氏，近年有巧偽之書，賈取六十三卷舊刻，添注塗改，綴以惠棟跋語，鬻於人，鏤板京師者，乃贗本耳。今屬臨海生員洪震煊，以惠棟本為主，並合元舊校本及新得各本，考其異同，元復定其是非，為校勘記六十有三卷，釋文則別為四卷，後之為小戴學者，庶幾有取於是。阮元記。

這裏對文本的流變講得很清楚。前人校書，字數都要統計，非常精確，這是樸學的素質訓練，不用多說了。像《禮記》這樣基本的書，錯訛尚且如此嚴重，可見經典文本之傳到今天，完全是懸於一線、由前人慘澹經營來的。沒有自覺的學問精神，事情不可想像。

《春秋左傳注疏校勘記序》曰：

《春秋左氏傳》，漢初未審獻於何時，《漢藝文志》說孔壁事，祇云得《古文尚書》及《禮記》、《論語》、《孝經》，不言左氏經傳也。《景十三王傳》亦但云得古文經傳，所謂傳者，即禮之記及《論語》，亦未言有左氏也。

《楚元王傳》劉歆讓太常博士，亦以逸禮三十有九、書十六篇系之魯恭王所得，孔安國所獻。而於《春秋》左氏所修二十餘通，則但云藏於秘府，不言獻自何人。惟《說文解字序》分別言之，曰：魯恭王壞孔子宅，得《禮記》、《尚書》、《春秋》、《論語》、《孝經》。又北平侯張倉獻《春秋左氏傳》。然後左氏經傳所自出，始大白於世。顧許言恭王所得有《春秋》，豈孔壁中有《春秋》經文，為孔子手定者與？北平侯所獻，蓋必有經有傳，度其經必與孔壁經大同。然則班志所云古經十二篇者，指恭王所得與？抑指北平所獻與？左氏傳之學，興於賈逵、服虔、董遇、鄭眾、潁容諸家，杜預因之分經比傳，為之集解。今諸家全書不可見，而流傳間見者，往往與杜本乖異。古有吳皇象所書本，宋臧榮緒、梁岑之敬所校本，今皆不可得，蓋傳文異同可考者亦僅矣。唐人專宗杜注，惟蜀石經兼刻經、傳、杜注文，而蜀石盡亡，世間搨本，僅存數百字。後唐詔儒臣田敏等校九經，鏤本於國子監，此亦經、傳、注兼刻者，而今多不存。至於孔穎達等依經傳、杜注，為正義三十六卷，本自單行。宋淳化元年有刻本。至慶元間，吳興沈中賓分系諸經注本合刻之，其跋云，踵給事中汪公之後，取國子監《春秋》經、傳、集解、正義精校，萃為一書。蓋田敏等所鏤，淳化元年所頒，皆取為善本，而畢集於是。後此附以釋文之本，未有能及此者。元和陳樹華即以此本遍考諸書，凡與左氏經傳文有異同可備參考者，撰成《春秋內傳考證》一書。考證所載之同異，雖與正義本夐然不同，然亦間有可採者。元更病今日各本之蹖駁，

思為誤正。錢塘監生嚴傑熟於經疏，因授以舊日手校本，
又慶元間所刻之本，並陳樹華考證及唐石經以下各本，及
釋文各本，精詳扒摭，共為校勘記四十二卷，雖班孟堅所
謂多古字古言、許叔重所謂述《春秋傳》用古文者，年代
縣邈，不可究悉，亦庶幾網羅放佚，冀成注疏善本，用裨
學者矣。阮元記。

自漢以來，獻書立學，其中情節，真的是年代縣邈、不可究悉。所
以阮元等清代學者所能做的，也只能是亡羊補牢了，不敢說百分之
百。春秋之學，出入本來就大，無論從文本還是到義理。今諸家書
多不可見，唯杜預注《左傳》獨尊。我們只能這樣想，杜注一定是
以博覽前人諸成果為基礎的，所以並非不可憑據。只是《左傳》的
重要在於明本事，本事既明，則說義可據。因此，《春秋》三傳，
與其說是相爭執的關係，不如說是互補、比照的關係。爭則俱損，
集則俱明。

《春秋公羊傳注疏校勘記序》曰：

漢武帝好《公羊》，治其學者，胡毋子都、董膠西為最著。
膠西下帷講誦，著書十餘萬言，皆明經術之意，至於今傳焉。
子都為景帝時博士，後年老歸教於齊，齊之言《春秋》者，
莫不宗事之。《公羊》之著竹帛自子都始，戴宏序稱，子夏
傳與公羊高，高傳其子平，平傳其子地，地傳其子敢，敢傳
其子壽，壽與弟子胡毋子都著於竹帛是也。何休為膠西四傳
弟子，本子都條例以作注，著《公羊墨守》、《公羊文諡例》、
《公羊傳條例》，尤邃於陰陽、五行之學，間以緯說釋傳疏，
不詳其所據。漢志有《公羊外傳》五十篇，徵引或出此也。

《公羊》傳文，初不與經相連綴，漢志各自為卷。孔穎達《詩正義》云，漢世為傳訓者，皆與經別行。故蔡邕石經《公羊》殘碑無經，解詁亦但釋傳也。分經附傳，大氐漢後人為之，而唐開成始取而刻石。徐彥疏，唐志不載，《崇文總目》始著錄，亦無撰人名氏。宋董逌云，世傳徐彥所作，其時代裏居不可得而詳矣。光祿寺卿王鳴盛云，即《北史》之徐遵明，不為無見也。蓋其文章似六朝人，不似唐人所為者。《郡齋讀書志》、《書錄解題》並作三十卷，世所傳本乃止二十八卷，其參差之由，亦無可考也。元舊有校本，今更以何煌所校蜀大字本、宋鄂州官本及唐石經本、宋元以來各注疏本，屬武進監生臧庸臚其同異之字，元為訂其是非，成《公羊注疏校勘記》十一卷，《釋文校勘記》一卷，後之為是學者，俾得有所考焉。阮元記。

董氏之學，以陰陽五行為例、名號為歸，這是合乎《春秋》正名的核心精神的。公羊學傳自子夏一系，在三傳中，最具思想發揮力，此世人共知，不用贅言了。

《春秋穀梁傳注疏校勘記序》曰：

《六藝論》云：《穀梁》善於經，豈以其親炙於子夏，所傳為得其實與？公羊同師子夏，而鄭氏《起廢疾》，則以穀梁為近孔子，公羊為六國時人。又云傳有先後，然則穀梁實先於公羊矣。今觀其書，非出一人之手，如隱五年、桓六年，並引屍子說者，謂即屍佼，佼為秦相商鞅客，鞅被刑後，遂亡逃入蜀，而預為徵引，必無是事。或傳中所言者，非屍佼也。自漢宣帝善《穀梁》，於是千秋之學起，劉向之義存，

若更始、唐固、麋信、孔衍、徐乾皆治其學，而範寧以未有
善釋，遂沉思積年，著為集解。《晉書》范傳云，徐邈復為
之注，世亦偁之。似徐在范後，而書中乃引邈注一十有七，
可知邈成書於前，范寧得以捃拾也。讀釋文所列經解傳述
人，亦可得其後先矣。漢志經、傳各自為帙，今所傳本未審
合併於何時也。集解則經、傳竝釋，豈即范氏之所合與？范
注援漢、魏、晉各家之說甚詳。唐楊士勛疏，分肌擘理，為
《穀梁》學者，未有能過之者也。但晉豕魯魚，紛綸錯出，
學者患焉。康熙間，長洲何煌者，焯之弟，其所據宋槧經注
殘本、宋單疏殘本，竝希世之珍，雖殘編斷簡，亦足寶貴。
元曾校錄，今更屬元和生員李銳合唐石經、元版注疏本及閩
本、監本、毛本，以校宋十行本之譌，元復定其是非，成《穀
梁注疏校勘記》十二卷、《釋文校勘記》一卷。阮元記。

穀梁先於公羊，事情就好理解了，因為穀梁清素、公羊激烈，這種
情況，應該是體現了春秋與戰國的區別。當六國時，天下大壞，思
想自然會更烈，此理數之常也。所謂憂患之世、憂患之書是也。像
王夫之思想偏激，就是明亡的表現。戰國比之春秋，也是更為激烈
了。所以《春秋》三傳，本身就是極強的歷史性。

《爾雅注疏校勘記序》曰：

《爾雅》一書，舊時學者苦其難讀，今則三家村書塾尟不讀
者，文教之盛，可云至矣。《爾雅注》，郭氏後出，不必精
審，而從前古注之散見者，通儒多愛惜擭拾之，若近日寶應
劉玉麐、武進臧庸，皆採輯成書可讀。邢昺作疏，在唐以後，
不得不綷唐人語為之。近者翰林學士邵晉涵改弦更張，別為

一疏，與邢並行，時出其上。顧邢書列學官已久，士所共習，而經注疏三者皆譌舛日多，俗間多用汲古閣本，近年蘇州翻版尤劣。元搜訪舊本，於唐石經外，得明吳元恭仿宋刻《爾雅經注》三卷，元槧雪聰書院《爾雅經注》三卷，宋槧《爾雅》邢疏，未附合經注者十卷，皆極可貴。授武進監生臧庸，取以正俗本之失，條其異同，纖悉畢備。元復定其是非，為《爾雅注疏校勘記》六卷，上中下三卷各分上下卷，後之讀是經者，於此不無津梁之益。陸德明《經典釋文》，此經為最詳，仍別為校訂譌字，不依注疏本，與經注相淆。若夫《爾雅》經文之字，有不與經典合者，轉寫多岐之故也。有不與《說文解字》合者，《說文》於形得義，皆本字本義，《爾雅》釋經，則假借特多，其用本字本義少也。此必治經者深思而得其意，固非校勘之餘所能盡載矣。阮元記。

版本不用說了，《爾雅》以前偏僻，但是現在卻如此普及，這都是文教的功效。其實《爾雅》就是古人的工具書，包含多種性質：博物學、類書，等等，都萃於一書。因為邢書通行已久，所以終不可替代。《說文》是要求、要正字之本，《爾雅》則是要解釋經典，所以二者的重心是不同的。

　　阮元說：「兩漢之學純粹以精者，在二氏未起之前也。」（《國朝漢學師承記》序）為什麼這樣說呢？因為漢朝時，道教、佛教都還沒有興起，所以客觀上，漢儒保存了純粹的本色。不像宋儒，總是在糾纏佛、老的問題。清儒直承漢儒家法而光大之，這符合純種原則。阮元談到，老、莊之說盛於晉，因為《道德經》、《莊子》、《列子》文本都在，所以後人無法串進自己的東西，很難改串。但是佛

書就不一樣了，世人可以附會己意、用廣發揮，所以說非釋之亂儒，乃儒之亂釋。像江藩的書，好處就是「讀此可知漢世儒林家法之承授，國朝學者經學之淵源，大義微言，不乖不絕，而二氏之說亦不攻自破矣。」（同上）

其實老、佛應該分開看。老、莊屬於子書，孔穎達等學者之《十三經注疏》，多引老、莊釋經、證經，因為先秦思想本是相通的。至於佛教，我們在前面已經說得很清楚了，此不贅。阮元有一個構想，就是集成《大清經解》。也就是，把清代學者關於經典的發明、創獲，集於一書，哪怕是隻言片語，只要見解獨到，都要收入，避免失傳。比如戴震解《尚書》光被四表為橫被。但是阮元自己已經沒有能力做這件事了。我們說，阮元的這個構想，21 世紀以後的學者倒是可以實現，只要按照前人的思路操作、進行。歷史上的很多大型工具書，如《佩文韻府》等等，也都是集合一批學者編撰出來的，所以事在人為。樸學浩大，容當細論。

第三章　實學

第一節　存治

　　顏元是清初實學的代表。顏元的思想，先陸、王後程、朱，最後歸宿於實學。他專門談到武學，說：「間論王道，見古聖人之精意良法，萬善皆備。一學校也，教文即以教武；一井田也，治農即以治兵。故井取乎八而陳亦取乎八。考之他書，類謂其法創自黃帝，備於成周，而以孔明之八陳實祖之。但帝王之成法既不可見，武侯之遺意又不得其傳，後世亦焉得享其用哉！」「竊不自揣，覺於井田法略有一得，敢詳其治賦之要有九，治賦之便有九。」（《存治編·治賦》）這裏有幾個相即關係：文武教學相即、耕農治兵相即，顏元具體開列其條目如下：

> 一曰預養。饑驥而責千里則愚。上宜菲供膳，薄稅斂，汰冗費，以足民食。
>
> 一曰預服。嬰兒而役貫、育則怒。井之賢者為什，什之賢者為長，長之賢者為將，以平民情。
>
> 一曰預教。簡師儒，申孝弟，崇忠義，以保民情。
>
> 一曰預練。農隙之時，聚之於場。時，宰士一較射藝；月，千長一較；十日，百長一較；同井習之不時。
>
> 一曰利兵。甲冑、弓刀精利者，官賞其半直，較藝賢者慶以器。

一曰養馬。每井馬二，公養之，仿北塞餧法。操則習射，閑
則便老行，或十百長有役乘之。

一曰治衛。每十長，一牌刀率之於前，九人翼之於後。器戰
之法具《紀效新書》。

一曰備羨。八家之中，四騎四步。供役不過各二人。餘則為
羨卒，以備病、傷或居守。

一曰體民心。親老無靠不卒；老弱不卒。出戍給耕，不稅；
傷還給耕，不稅。死者官葬。

九者，治賦之要也。

一曰素練。隴畝皆陣法，民恒習之，不待教而知矣。

一曰親卒。同鄉之人，童友日處，聲氣相喻，情義相結，可
共生死。

一曰忠上。邑宰、千百長，無事則教農、教禮、教義，為之
父母；有事則執旗、執鼓、執劍，為之將帥。其孰不親上死長！

一曰無兵耗。有事則兵，無事則民，月糧不之費矣。

一曰應卒難。突然有事，隨地即兵，無征救求援之待。

一曰安業。無逃亡反散之虞。

一曰齊勇。無老弱頂替之弊。

一曰靖奸。無招募異域無憑之疑。

一曰輯侯。無專擁重兵要上之患。

九者，治賦之便也。

可見，對兵的要求，就是得平時訓練有素。古代兵農合一，明末思
想家普遍都考慮到了全民的組織、動員問題，這已經不是簡單的藏
兵於民了，而是直接的兵民一體、合一，以至於全民皆兵。這樣，

不僅應變起來機動、高效、靈活，而且平時的軍費也省了，可以簡略到最低。最實惠的是，退役安置問題也不煩解決了。這樣，按照顏元的設想，如果沒有錢發放給老百姓，可以直接發給他們糧米，進行軍事配給。只要老百姓餓不死，國家就是穩的。因為傳統的中國民性，只要每人每天有一碗稀飯喝，他們就不會造反。

　　顏元認為，軍事訓練、教學應該用戚繼光《紀效新書》這樣的著作為教材，這是最直接的一種意見和操作辦法。按照這個原則，將中國歷史中的兵書資源整合，就能夠建立起一個牢固的學軍基礎，尤其冷兵器時代更是如此。學軍就是這樣慢慢建立起來的。顏元的設計，基本上沒有越出《論語》中講的足食足兵、教民戰等道理。而且，我們可以清楚的看到，明末實學思想，各家似乎都有一種共識，這個共識基礎是不能忽略的。從農牧社會的性質來說，如果不進行整合，那麼必然會以歷史性的持續循環內耗為代價。比如說馬匹一項，其中很主要的一個用途就是打仗，尤其是防胡，雖然馬也是交通、役用工具。但是，如果胡、漢打成一片，比如說像清朝那樣全國統一，那麼，按照實物徵收的稅制，像蒙古草原這樣物產有限的地方，就應該每年向國家繳納一定數量的馬匹、牛羊作為稅。按照十一稅法，每年（或者單位時間）每十匹馬要抽交一匹給國家官方政府，當然是成年的馬，而不是馬駒。按照用途來層層分級：每匹馬最開始是作戰馬用，或者快速交通工具。到了一定的年齡，隨著馬的老化，要及時更新，新陳代謝。原來的老馬可以役用的應該充分利用，比如行雜役，或者給老年人做代步工具，交給民人耕作、駕車，等等，做一些力所能及的事情，都可以。所謂人盡其才，物盡其用，否則就是浪費。內地所產馬匹不善於賓士、驅馳，所以還是用蒙古的好。取之於彼，用之於彼，防之於彼，一舉多得。

內地只要政治清明，一般是用不著打仗的。這樣做，於民事最省便，胡、漢兩下相安，各自以不同的、適合於己的方式為國家盡其職分。所以，漢地養馬策總不如「稅馬」之法（向蒙古等產馬的地方直接徵收馬匹）為好，這是肯定的。當然，漢地養馬，如果是出於單純的民用、農墾，亦無不可，就像農家養牛那樣。這是一點。

明末的軍制是極其混亂的，甚至於乞丐冒充軍兵。顏元說：「慨自兵、農分而中國弱，雖唐有府兵，明有衛制，固欲一之。迨於其衰，頂名應雙，皆乞丐、滑棍，或一人而買數糧；支點食銀，人人皆兵；臨陣遇敵，萬人皆散。嗚呼！可謂無兵矣，豈止分之云乎！即其盛時，明君賢將理之有法，亦用之一時，非久道也。況兵將不相習，威令所攝，其為忠勇幾何哉！」（《治賦》）

顏元在這裏所說的，與黃宗羲之論正可以互相參證。顏元之所謂久道，除了學軍辦法，沒有別的出路，所以非加強管理不可。顏元說：「為治不法三代，終苟道也。然欲法三代，宜何如哉？井田、封建、學校，皆斟酌復之，則無一民一物之不得其所，是之謂王道。不然者不治。」（《王道》）顏元的總結是相當清楚、明晰的，都成板塊化，就是分三大項——井田、封建、學校，歸宿明確，不留餘地。首先是地土問題，因為這個最直接關係到民生。有人說上古井田之制不宜於今世，顏元說：「夫言不宜者，類謂匭奪富民田，或謂人眾而地寡耳。豈不思天地間田宜天地間人共用之，若順彼富民之心，即盡萬人之產而給一人，所不厭也。王道之順人情，固如是乎？況一人而數十百頃，或數十百人而不一頃，為父母者，使一子富而諸子貧，可乎？」（《井田》）

可見，井田問題實際上是一個人性問題。顯然，這裏首先就挑出了土地均分的想法。歷史中土地分配不均，是最費牽扯的問題。

從原則上說，農民沒有地則無法生存，所以土地的所占比有一個上下限的問題。比如說，每一個人都有地養活自己，那麼土地所占多寡無非是涉及貧富，還沒有多大妨礙；可一旦有的民人完全沒有了土地，情況一旦突破了可容忍的限度，社會的安穩就成問題了。所以，國家對土地的干預，不是去限制上限，而是要確保下限。比如每人或每戶不能少於兩畝地，等等。每戶有了兩畝地，或者更多一點，細心打理，就能夠養家活口。在此基礎上，多出來的土地、閑地，即使有人兼併、吞食，社會也不會動盪。如果老百姓瞎生，致使自給又發生問題，那就不是官方的責任了。所以限制上限的辦法，比如說每人私占不得超過 500 畝之類的，可謂是搞錯了方向。治國用下限思維則活，用上限思維則死，這只是一個經驗。

所以官方並不需要格外地做，它只需要做該它做的，所以政治是公平的、通情達理的。假如有的農民要離開土地，變成其他民，比如商民、工民，等等，那麼騰出來的土地可以上報登記，勻給其他無地或寡地之民，這也屬於官方應該做的方便民生的協調工作。當然，想一直保留土地的可以聽其自便。如果每一畝地都做私產貨品自由買賣交易了，那麼，民眾自己對土地不均的惡性形成其實也同樣是負有關鍵責任的。所以，國家對土地應不應該國有先不去扯，必要的是這個下限干預、協調、保障、保證、監控與制約，這是一個微觀的工作。可以說，保證土地的下限，就等於是保證每人有一碗稀飯。所以官方要立一個定制，就是「給民粥田」，這個稀飯地是要絕對保證、雷打不動的。但如果是民人自己把這碗稀飯折騰掉了，比如瞎生、亂生，等等，那麼，責不在國，則不論矣。所以，公平地說，因為自己生得多，而就要求更多的地土，這也是一種兼併──生育兼併、鯨吞蠶食。所以，生育是最要求中庸的。生

少了人不夠──人荒；生多了地不夠──地荒；惡性循環、偉大不了，治不夠──政荒。諸荒並作，國亡立待。因此，生育輕重、隨時上下，就是務實的。一句話，不是說土地問題都係豪強之責，更要包括無知貪小之民自己在內，所以我們不能感情幼稚地看問題。對顏元講的，正應該從這裏去理會。當然，土地平衡的破壞，最直接是來源於圈佔。「又或者謂畫田生亂。無論至公服人，情自輯也；即以勢論之，國朝之圈佔，幾半京輔，誰與為亂者？」(《井田》)可見，明朝的積弊，乃是最大的原因。

清代攤丁入畝，按照田地數量徵稅，而不是按人頭，這是一個非常妙的辦法。也就是說，土地佔有多的交納得也多，這等於是在用實實在在的辦法均貧富。經濟是一個最主觀、人為的區域，比如市場，所以它必然會以最快的速度整合、壟斷，這就是利的勢，逃不掉的。所以，國家接踵而來的干預勢不能免，而這干預也就是規矩平衡。顏元說：

> 且古之民四，而農以一養其三；今之民十，而農以一養其九；未聞墜粟於天，食土於地，而民亦不饑死，豈盡人耕之而反不足乎！雖使人餘於田，即減頃而十，減十而畝，吾知其上糞倍精，用自饒也；況今荒廢至十之二三，墾而井之，移流離無告之民，給牛種而耕焉，田自更餘耳。故吾每取一縣，約其田丁，知相稱也。嘗妄為圖以明之。
>
> 《井田》

這裏是顏元的一個構想，是以他自己的調查為依據的。因為顏元自己長期務農，所以說話有把握。簡單地說，只要具備了最起碼的土地數，老百姓就能自己耕種，不至於餓死，完全能夠自給自足。所

以顏元認為，田地的耕作技術固不可少，而田地的充分利用與合理化分配更為關鍵。比如有的土地荒廢在那裏，而有的農民卻無土地耕作。如果能夠把二者勻在一起，實際上可以解決很多問題。而事實是，從全國總的土地數量上來說，應該是夠的。這樣，顏元拿出來的方案、辦法就可望實現，即井田法。

要恢復實行井田之制當然有一些實際的問題，顏元說：

> 所慮者，溝洫之制，經界之法，不獲盡傳。北地土散，恒恐損溝（意夏禹盡力溝洫，必有磚炭砌塗之法）。高低墳邑，不便均畫。然因時而措，觸類而通，在乎人耳。溝無定而主乎水，可溝則溝，不可則否；井無定而主乎地，可井則井，不可則均。至阡陌廬舍，古雖有之，今但可植分草以代阡陌，為窩鋪以代廬舍，橫各井一路以便田車，中十井一房，以待田畯可也。

《井田》

從土地情況來說，各地很不一樣，亦不規則。但井田法只是一種分配原則，是一種指導原理，歷代儒家之所以有很多人看中井田制，也是因為這原理上的事情，認定其效果所致必佳，並不是糾纏土地情況。所以，儘管田地情況各異，但是本以井田的原理指導之，仍然可以對國人做出最合理的劃分。井田、輕重、鹽鐵，構成了中國歷史中的三大核心經濟思想。因此，顏元倡井田，也是這一傳統的繼續。顏元認為，具體的劃分辦法，可以根據各地的情況靈活做出安排，比如技術上的很多事情，這個容易解決。實際上，井田之所以重要，就因為它包藏著一個最基本的原則，即：國家與國人之間如何分配？答案是必准公田、私田之二分法。而分配的比例，就是

八對一。井田就好像九宮格一樣，中間的一格是公田，周圍的八格都是私田。從顏元的具體設計來看，他講編制法講得多。井田制的重要，就在於它把國家與國人之間的分配原則、本分名分完全界劃清楚了。這一總則遂成為後世的精神取法。

顏元謂：

> 有聖君者出，推此意而行之，搜先儒之格議，盡當代之人謀，加嚴乎經界之際，垂意於釐成之時，意斯日也，孟子所謂百姓親睦，咸於此徵焉。遊頑有歸，而士愛心臧，不安本分者無之，為盜賊者無之，為乞丐者無之，以富凌貧者無之，學校未興，已養而兼教矣。休哉，蕩蕩乎！故吾謂教以濟養，養以行教，教者養也，養者教也，非是謂與？
>
> 《井田》

顏元想，井田推行之時，就是天下修睦之日。遊民會安分，而乞丐、盜賊都沒有了。即使沒有學校，而井田實際上已經起到了教化的作用，也就是達成了教、養的合一。由此，國民的貧富也呈現為均勻態。關於學校，顏元說：

> 嗟乎！學校之廢久矣！考夏學曰校，教民之義也。今猶有教民者乎？商學曰序，習射之義也。今猶有習射者乎？周學曰庠，養老之義也。今猶有養老者乎？
>
> 《存治編學校》

顯然，這是感歎學校之古義不存，甚至於連古代的養老之義也喪失了。實際上，老人對安穩、教化一方，歷來都起著至關重要的作用。這筆資源如果不能合理、充分地利用，社會便漫無收檢了。在古代，

主要是老人起著傳遞教育的作用，因為他們經歷豐富，可以把累積的人文消息遞送下去。所以養老實際上也就是要發揮這種歷史作用，起到一個蓄積學問的、蓄知的功用，包括典章、掌故，等等。前代舊的禮俗怎麼操作，以備顧問，同時亦可以幫助研究。老人的價值在於頭腦，聞見多。中國的學制開始得很早，夏代已經有了很大的發展。顏元說：

> 且學所以明倫耳。故古之小學教以灑掃應對、進退之節，大學教以格致誠正之功、修齊治平之務，民捨是無以學，師捨是無以教，君相捨是無以治也。迨於魏、晉，學政不修，唐、宋詩文是尚，其毒流至今日。國家之取士者，文字而已。賢宰師之勸課者，文字而已。父兄之提示，朋友之切磋，亦文字而已。不則曰詩，已為餘事矣。求天下之治，又烏可得哉？
>
> 《學校》

顏元在這裏講的，乃是根本的歷史癥結問題，所謂文字而已，就是語文政治。晉、唐以來，政教失統，流毒無窮，遺害天下，有文學而無儒學。所以，與其說宋、明學者做的是排佛辟老的工作，不如說理學做的是恢復儒學、排辟文學的工作，這個更重要些。畢竟，文學與玄學是天生的一對。娛樂生活離不開文學、玄學，但政治絕對不能文學、玄學化。現代人類的悲劇，就是因為缺乏實學政治及素質。其實政治就是學治，這一點顏元講得很明白。他斷言，語文政治是絕對不能平治天下的。所謂語文治國，國家只尚文字，越來越表面化。這就不能不提醒我們一點，自晉、唐、宋詩文以下，如果是政治批評、政治輿論也語文化了，那麼，各朝各代的歷史意見，還有多大的可靠度就很難說了。而泛語文化已經成為了歷史。簡言

之，語文政治最大的弊端就在於培養了一批輕躁的人，所謂文人輕淫，而樸厚、沉實不足。這種語文政治人才，最終導致、造成了民初的主義路線和對「負思想」的歡迎。正如章絳所說，道學家偽，文學家淫。二十世紀的政治，就是星火燎原的文學淫政。

明倫就像一個輻射源，把一切統在一起。顏元說：

> 有國者誠痛洗數代之陋，用奮帝王之猷，俾家有塾、黨有庠、州有序、國有學，浮文是戒，實行是崇，使天下群知所向，則人材輩出，而大法行，而天下平矣。故人才、王道為相生。倘仍舊習，將樸鈍者終歸無用，精力困於紙筆；聰明者逞其才華，詩書反資寇糧。無惑乎家讀堯、舜、孔、孟之書，而風俗愈壞；代有崇儒重道之名，而真才不出也。可勝歎哉！

《學校》

顏元的方案，完全是走古代傳統的路子，就是將語文還歸實行，由辭章到考據再到義理，這是近代中國走的一個回程路。顏元的意思很明白，王道生於實行，王道是不二法門。同時，顏元也說出了普遍學校化的主張。

> 周禮大司徒，以鄉三物教萬民而賓興之：一曰六德，知、仁、聖、義、忠、和。二曰六行，孝、友、睦、姻、任、恤。三曰六藝，禮、樂、射、御、書、數。

《學校》

照顏元的構想，人才的選拔就要根據這些標準，所謂「則是能遵大司徒之教而成材矣」，「以賢才之生，乃上天所遺，以培植國家

元氣者也。」(《學校》)學就是國家的元氣,這是不煩贅言的。所以國人向學就是培養共同體的元氣。

有人問,封建之難也,你為什麼還要主張它呢?《封建》曰:「以公治之而害伏」,這就是指明,歷史社會中,要養成公共共同體的意識和認同,要養成這種自覺是很難的。但是公共性、公共治理發育起來以後,很多問題會解決。封建的問題點,其實也就在這裏。所以顏元也承認,「善哉問!此不可以空言論也。」足見,這根本就不是一個概念化的問題,不是單純書面理論的問題,其中實際的牽扯太多。所以說,「先王遺典,封建無單舉之理,大經大法畢著咸張,則禮樂教化自能潛消反側,綱紀名分皆可預杜驕奢,而又經理周密。師古之意,不必襲古之跡。」可見,「單舉」是不合適的。因為封建牽扯到綜合配套設施,所以是牽一髮而動全身的事情。後人學前人,是學他們的精神神髓,不是拘泥於僵死的形式、簡單的制度軀殼,所謂神似與形似之別是也。而且顏元看得很清楚,沒有紀綱,政治是治理不好的。這個我們已經說了很多,不再贅言。

從防務上來考慮,「有事則一伯所掌二十萬之師,足以藩維;無事而所畜士馬不足併犯,封建亦何患之有?」「第妄謂非封建不能盡天下人民之治,盡天下人材之用爾。」我們說,顏元的這一考慮,乃是歷史中的考慮,是從實際經驗中來。他的初衷,還是在關切一個組織動員的問題。事實上,我們說還有更好的辦法,比如學軍制、省際分工合作、地情民情理論,等等,我們說得已經不少了。有辦法,就用不著封建了。顏元為什麼會考慮封建呢?顯然,這裏面有一個公天下的思維,包括公共性、合作性,等等。他說:「後世人臣不敢建言封建,人主亦樂其自私天下也,」「而甘於孤立,使生民、社稷交受其禍,」「以天下共主,可無藩蔽耶!

層層厚護，寧不更佳耶！」「如農家度日，其大鄉多鄰而我處其中之為安乎？抑吞鄰滅比而孤棲一蕞之為安乎？」這就是隔艙原理，「況此乾坤，」「遞為締造而成者也；」「凡諸大義皆不遑恤，而君不主，臣不贊，絕意封建者，不過見夏、商之亡於諸侯與漢七國、唐藩鎮之禍而忌言之耳。殊不知三代以封建而亡，正以封建而久；」「使非封建，三代亦烏能享國至二千歲耶？」「以視後日之一敗塗地，歷數日短者，封建亦何負人國哉？」「守此不替，」「而仍有千萬年不亡之國也。」

　　不管顏元怎樣講封建，我們先只看他關心什麼？因為封建確實是大問題。如下：

> 政治穩定——且君非桀、紂，誰敢犯天下共主、來天下之兵耶？侯非湯、武，誰能合千八百國而為之王耶？君非桀、紂，其亡難也；侯非湯、武，王之難也！故久而後失之也。
>
> 自足、民安——即君果桀、紂而侯果湯、武矣，本國之積倉自足供輜重，無俟掠人箱囷、炊人樑棟也；一心之虎賁從王之與國，自足以奉天伐暴，無俟挾虜丁壯，因而淫攜婦女也！
>
> 絕內戰、弭兵禍、時間短——南巢、牧野，一戰而天命有歸，無俟於數年、數十年之兵爭而處處戰場也！耕者不變而市者不止，不至於行人斷絕而百里無煙火也；王畿鼎革而天下猶有君，不至於聞京城失守而舉世分崩，千百成群，自相屠搶，歷數年不能定也；
>
> 長治不亂——王者綏定萬邦而屢有豐年，不至於耕種盡廢，九有蕩然，上幹天和，水旱相仍，歷三二世不能復也。蓋民生天地，咸沐封建之澤，無問興亡，皆異於後世如此。
>
> 久存不亡——守此不替，而仍有千萬年不亡之國也。

十分清楚，顏元就是嚮往公共社會的種種好處。但是有一點，就是封建之久，乃是拖得久，並不是久安、久富、久強──是幾百年不解決問題，要死不活的，而不是享福久遠，也就是說──長痛！這一點，顏元不能有很好的解釋，所以終究是個難題和麻煩。儘管顏元的本意是反擾民、反內戰。他說：

> 而秦人任智力以自雄，收萬方以自私，敢於變百聖之大法，自速其年世，以遺生民氣運世世無窮之大禍，祖龍之罪上通於天矣！文人如柳子厚者，乃反為公天下自秦始之論，是又與於不仁之甚者也，可勝歎哉！

後來清末、民初的學者論中國歷史政治與英、美之比較，說西國治了就不再亂，中國則是治亂循環、永無解脫，種種比對。實際上，我們看黃宗羲、顏元那個時代的學者，早就表達了各種思考，只不過他們用的是明、清時代的話語方式。前後對照聯觀，義理昭然。為什麼說對秦統一的評價很麻煩呢？因為兩千多年前秦就完成了武力整合；如果不這樣，中國什麼時候能整合？到底是共主政治更公、還是直接整合更公？因為共主是名上的大一統，而直接整合是實上的統一。這是歷史力學問題、還是歷史意願問題？種種問題、種種牽扯，歷史還需要從頭清理。原來，一切還是個名實論──名實歷史。

顏元認為，應當適當恢復肉刑，否則法不嚴厲，則人易犯。從這裏我們可以看到一點，就是經歷了明亡，學人中多有森嚴化的傾向，比如王夫之就很明顯。顏元講的，其實就是嚴厲原則、從嚴原理。但是到底要嚴到什麼度，就像估價學一樣，有其難度。《宮刑》曰：「勢也，即理也。」這句話，具有標誌性的意義，因為它鮮明

地將力學與理學聯在一起、合一了。我們知道，性即理，心即理，等等立辭，已經不稀奇了。現在顏元給出了勢即理一義，勢當然是力學上的事情。看來，顏元論封建、論宮刑，種種論述，都是從力學去思慮的。

顏元說：「且漢之除宮刑，仁而愚者也。」「不能除婦寺而除宮刑，是不忍宮有罪之人而忍宮無罪之人矣。」（《宮刑》）又說：「小民何知？惟知利耳。」這是他對歷史國民性的認識和總結，也是實情。像歷史中的太監，是「惡自君矣。」「故封建必復宮刑，不封建亦必復宮刑也。惟願為政者慎用之耳。」明、清時代，墨、辟等肉刑還在用。顏元既然是實學家的思維，他講肉刑也就不奇怪了。顏元說：「王道無小大，用之者小大之耳。」「是在為君者。」（《濟時》）並且提出九典、五德說：

> 九典──除制藝、重徵舉、均田畝、重農事、徵本色、輕賦
> 　　　　稅、時工役、靜異端、選師儒
> 五德──躬勤儉、遠聲色、禮相臣、慎選司、逐佞人

顏元認為，科考對士氣有一個奴化、盜化的作用，就好像女人私奔似的，「宜道義自好者不屑就也。」（《重徵舉》）考試不再是人才平臺，而成了人精平臺──都是鑽空子，天下能無壞乎？

> 而更異其以文取士也。夫言自學問中來者，尚謂有言不必有
> 德，況今之制藝，遞相襲竊，通不知梅棗，便自言酸甜。不
> 特士以此欺人，取士者亦以自欺，彼卿相皆從此孔穿過，豈
> 不見考試之喪氣，浮文之無用乎？顧甘以此誣天下也！觀之
> 宋、明，深可悲矣。竊嘗謀所以代之，莫若古鄉舉里選之法。

仿明舊制，鄉置三老人，勸農、平事、正風，六年一舉，縣
方一人。如東則東方之三老，視德可敦俗、才堪泣政者，公
議舉之，狀簽某某深知其才德，兼以事實之，縣令即以幣車
迎為六事佐賓吏人。供用三載，經縣令之親試，百姓之實徵，
老人復躋堂言曰：某誠賢，則令薦之府，呈簽某令深知其才
德，亦兼以事實之，則守以禮徵至。其有顯德懋功者，即薦
之公朝，餘仍留為佐賓三載。經府守之親試，州縣之實徵，
諸縣令集府言曰：某誠賢，則府守薦之朝廷，呈簽某守深知
其才德，亦兼以事實之，則命禮官弓旌、車馬徵至京。其有
顯德懋功者，即因才德受職不次，餘仍留部辦事，親試之三
載。凡經兩舉，用不及者，許自辭歸進學。老人、令、守，
薦賢者受上賞，薦奸者受上罰，則公論所結，私托不行矣。
九載所驗，賢否得真矣。即有一二勉強為善，盜竊聲譽者，
焉能九載不變哉！況九載之間，必重自檢飭，即品行未粹者，
亦養而可用矣。為政者復能久任，考最於九載、十二載或十
七八載之後，國家不獲真才，天下不被實惠者，未之有也。

　　　　　　　　　　　　　　　　　　　　　　《重徵舉》

這就是時間原理——時間煉出真金，何其沉痛也！層層遞送、歷
練，基礎就穩、就實，便杜絕了偶然、僥倖。公舉的切要，不言自
明，私託自然絕跡。政治、經濟與法，咸被語文之害，語文可不去
乎？具體辦法，顏元講得很明白。古今思想家，認死語文之弊的，
何止一人？又《靖異端》曰：「古之善靖異端者，莫如孟子；古之
善言靖異端者，莫如韓子。韓子之言曰：人其人，火其書，明先王
之道以教之。善哉，三言盡之矣！」「考古謀今，靖之者有九：

一曰絕由，四邊戒異色人，不許入中國。

二曰去依，令天下毀妖像，禁淫祠。

三曰安業，令僧道、尼姑以年相配，不足者以妓繼之，俱還族。不能者各入地籍，許鬻寺觀瓦木，以易宅舍；給香火地或逃戶地，使有恆產。幼者還族，老而無告者入養濟院，夷人仍縱之去。皆所謂人其人也。

四曰清蘖，有為異言惑眾者誅。

五曰防後，有寫佛、老等經卷一卷者誅，獻一卷者賞十兩，許寫者賞五十兩。

六曰杜源，令碩儒多著闢異之書，深明彼道之妄。皆所謂火其書也。

七曰化尤，取向之名僧長道，令近正儒受教。

八曰易正，人給四書、曲禮、少儀、內則、孝經等，使朝夕誦讀。

九曰明法，既反正之後，察其孝行或廉義者，旌表顯揚之；察其愚頑不悟者，責罰誅戮之。皆所謂明先王之道以教之也。

如此，則群黎不邪慝，家戶有倫理。男女無抑鬱之氣而天地以和，兆姓無絕嗣之慘而生齒以廣。徵休召祥，蔑有極矣。且儉土木之浪費，杜盜亡之窩巢，驅遊手之無恥，絕張角等之根苗。風淑俗美，仁昌義明，其益不可殫計，有國者何憚而不靖異端哉！若惑於禍福之說，則前鑒固甚明也。

我們說，從這裏能夠看到什麼呢？就是：歷史中的學者往往缺乏社會學思維。簡言之，社會是可以用管制辦法來治理的嗎？比如說，消費管制，這都是很違情悖理的，不知從何說起了！社會生活，

永遠是公開競爭的，是攤到桌面上來的事情，根本就不能用管制的思維。歷史中的種種失敗，正足以說明這一點。你競爭不過別人，比如流行歌與學術著作，就開始用強，這只能說明什麼？即使一時有效。文化社會上的事情，本來就是看誰更有讀眾，這是沒有辦法借管制來翻盤的。文化生活、精神生活、經濟生活，莫不如此。儒家沒有為小民提供內心安頓，這怪誰？這些可以單靠簡單化的行政化方式來解決嗎？所以，顏元等歷史學者的思路如何、當否，也就不言自明瞭。宗教不存在是非、對錯的問題，僅只是一種人類需要，如此而已，也僅此而已。所以顏元的辯妄論，完全是白費心力，是概念性錯誤。可以說，一切社會競爭，都取決於民性之構成及特質，無一例外。所以只能在民性的改進與締造上想辦法，而不是居高臨下、自上而下的管制。

第二節　海　國

毒品戰爭時期，魏源的思想最值得關注。他說，《海國圖志》一書，何以異於昔人海圖之書呢？就是：彼皆以中土人談西洋，「此則以西洋人譚西洋也。」（敘）這就是說，《海國圖志》是直指向、還原西洋之本身的。此一致力意向，表露得相當明顯。又說：「是書何以作？曰：為以夷攻夷而作，為以夷款夷而作，為師夷長技以制夷而作。」（敘）實際上，這就是重申了孫子知己知彼、孟子萬物皆備於我、荀子君子善假於物也的意思。知情與不知情，利害相百焉。

那麼，是否一書在手，就可以馭外夷了呢？可以，又不可以。因為書只是有形的，還不是那無形的根本。明朝人說，要平海上的倭患，先平人心的積患。那麼，人心的積患是什麼呢？就是昏睡。憂患發憤，可以袪寐。去除虛浮，講求實學乃可。「以實事程實功，以實功程實事。」（敘）實際上，魏源已經簡要地道出了根本之關鍵，那就是：中國民族是一個缺乏決斷力的群體，容易荒怠。因為短少精神威力、沒有決心和韌性，所以做什麼事都不容易成功。一個，中國共同體沒有組織性，所以動員力還談不到；另外，現代國家意識尚未形成，國民是散的。由此，要想在短期內解決問題，幾不可能；倒是很容易在短期內滋生大量的問題，從而導致整個基礎的崩潰。應該說，歷史中的思想家，永遠是悲哀的個體，就因為「看到」與「做到」，這兩者之間的跨度太大，而這是無可奈何的。

魏源說，自毒品戰爭以來，非戰即款、非款即戰，未有專主守者，未有善言守者。不能守、何以戰？不能守、何以款？以守為戰，而後外夷服我調度，是謂以夷攻夷；以守為款，而後外夷受我指揮，是謂以夷款夷。實際上，魏源是在探討和研究——怎樣讓彼就範。他說，自守之策二：一曰守外洋不如守海口，守海口不如守內河；二曰調客兵不如練士兵，調水師不如練水勇。攻夷之策二：曰調夷之仇國以攻夷；師夷之長技以制夷。款夷之策二：曰聽互市各國以款夷；持鴉片初約以通市。

我們看魏源的意見，就可以知道，歷史中的人們，其認識是有一個過程的。中國人一般還是習慣於守勢、習慣於防守型思維，不是富有進取性和攻擊性的人群，這個從民族性格、從思維習慣就可以一目了然。所謂守外洋、守海口、守內河，其實這三節任何一節

都不能偏廢。所謂節節貫穿，如肩、臂、手之關係，古人早講過了。但是很清楚，道光那個時候，華人還不可能具有遠洋作戰、全球佈局的前瞻性眼光。實際上，地球考慮早已經不是什麼前沿、而只是起碼和必須了。練水兵是最基本、最起碼的，關鍵是要正規化。中國其時還沒有軍校設置，這在制度建設上就是空白。沒有軍校，戰鬥力是不可能升級的，永遠只停留於原始的、自然的水平。但是，我們也可以清楚的看到，魏源指出的兩點確實重要，一是合縱連橫，一是技術朝貢。

以夷攻夷，這當然是縱橫術。但是具體怎樣調度，學問就大了，它關係到萬國外交。至於師夷長技，則是現成的技術朝貢。只是這筆資源，清政府根本就沒有利用之。焚燒圓明園時，夷人發現，西洋送給中國的槍炮，都被鎖在倉庫裏，根本就沒有仿製，裝備軍隊。這是不行的，送上門的尚且如此，要它自己去取，根本是更不可能了。在清代，有很多外國人想攜自己的發明，在中國謀個一官半職。比如發明機關槍的，就是這樣。假如當時的官方政府有見識，賞個幾品，命其不斷改進，並帶中國徒弟——古代研究生，則中國製造不難上路。只要形成了制度、配置常設機構——奇器研究所，再佐以神機製造局，直接隸屬軍機處、神機營，那麼，裝備重機槍的清軍，就是打世界大戰也夠了，何況是平常防務呢？所有這些，就是所謂的技術朝貢——他人現成地送上門的，不要拒絕，也不要荒廢，只要不排斥，就是贏得了一切，並不需要自己終日辛苦、淒淒惶惶，喝著功夫茶，而世界和平。比如西國有皇家科學院，中國只要現成地掛一塊牌子也就行了，如法炮製，根本用不著急。先弄幾個老朽在裏面，則新人、少壯派來矣。頂多吵幾架，也就無形中變革了。凡事主要還是看人。

魏源的意見，是有非常細緻、具體的考慮為基礎的。他說，今議防堵者，莫不曰禦諸內河不若禦諸海口、禦諸海口不若禦諸外洋，不知此適得其反也。為什麼呢？制敵者，必使敵失其所長。夷艘所長者，外洋乎？內河乎？吾之所禦賊者不過二端：一曰炮擊，一曰火攻。夷之兵船，大者長十丈、闊數丈，聯以堅木、澆以厚鉛，旁列大炮二層。我炮若僅中其舷旁，則船在大洋，乘水力活，不過退卻搖盪，不破不沉；必中其桅與頭鼻，方不能行駛。即有火輪舟牽往別港，連夜修治。惟中其火藥艙，始轟發翻沉，絕無洇底鑿沉之說。其難一。

若以火舟出洋焚之，則底質堅厚，焚不能然，必以火箭噴筒，焚其帆索，油薪火藥，轟其柁尾、鼻頭，而夷船桅斗上常有夷兵遠鏡瞭望，我火舟未至，早已棄碇駛避。其難二。

夷船起碇，必須一時之久，故遇急則斬纜棄碇而遁。夷舶三、五為幫，分泊深洋，四面棋布，並非連檣排列。我火船攻其一船，則各船之炮皆可環擊，並分遣杉船、小舟救援。縱使晦夜乘潮，能突傷其一二艘，終不能使之大創。而我海岸綿長，處處防其闖突，賊逸我勞，賊合我分。其難三。

海戰在乘上風，如使風潮皆順，則即雇閩、廣之大梭船、大米艇，外裹糖包，亦可得勝。鄭成功之破荷蘭，明汪鋐之破葡萄牙，皆偶乘風潮，出其不意。若久與交戰，則海洋極寥闊，夷船善駕駛，往往轉下風為上風，我舟即不能敵。即水勇、水雷，亦止能洇攻內河淡水，不能洇伏鹹洋。其難四。

我們看這些分析論述，能夠得出些什麼呢？兩點：當下具體情況與歷史長遠情況，一頭都不可偏廢，更不可混淆。不能籠而統之，這是一定的。就當時的情況來說，魏源的看法，在海戰、水戰之戰術上，絕對有道理，畢竟前人也不傻，都是事實。如果

行之，效果可能還相當好，甚至於宏偉。那麼具體怎麼打呢？其實，只要用萬曆時中、朝抗倭之朝鮮龜船，就能擊敗英軍。因為龜船就是古代的海上坦克，外蒙鐵甲，不懼炮火——跳彈；而擊敵之船，則無不沉沒，非常輕巧靈活，可以於海上佈陣、集群作戰，而又分合自如。日本往往損失百多艘船，而龜船毫髮無傷。所以，歷史資源都沒有利用，被人遺忘了，自然就被動。當然，朝鮮的摺扇沒有被遺忘。

其次，就長遠來說，中國非建立龐大的海軍不可，要能全方位作戰才行。因為英國很快也遠離了木船、土炮的階段。1840年那個時候，你可以一時的戰術湊效，可是數十年後呢？一個世紀以後呢？所以說，遠、近兩個方面是不混淆的——不是衝突，而是互補。我們不能因為一些概念定式，就連當下本來很有效的辦法也荒廢了，哪怕是（尤其是）原始土辦法，更不可輕率的就瞧不起它。二戰時英國大撤退，在渡海峽時，連小孩的澡盆都用上了，一下子消失得精光，大出德國人意料，這種精神，就是盎撒常勝的訣竅和法寶——就像蛇一樣，入草即沒，逃竄得無影無蹤。也就是，一切條件先充分利用了再說，只要現實可行、實際有效就好，一不怕醜、二不怕陋，先搞了再說。有了因陋就簡、取精用弘的務實習慣，一切必成。惟有這種精神勁頭才是可怕的。一個人是否足畏，不是看他的現成，而是看他身上的那股勁頭。

魏源說，觀於安南兩次創夷，片帆不返，皆誘其深入內河、而後大創之。則知欲奏奇功，斷無捨內河而禦大洋之理。賊入內河，則止能魚貫，不能棋錯四布。我止禦上游一面，先擇淺狹要隘，沉舟絙筏以遏其前，沙垣大炮以守其側，再備下游樁筏以斷其後。而

後乘風潮、選水勇，或駕火舟，首尾而攻之。沉舟塞港之處，必留
洪路，以出火舟。或仿粵中所造西洋水雷，黑夜泅送船底，出其不
意，一舉而轟裂之。夷船尚能如大洋之隨意駛避，互相救應乎？倘
夷分兵登陸，繞我後路，則預掘暗溝以截其前，層伏地雷以奪其魄，
夷船尚能縱橫進退自如乎？兩岸兵炮，水陸夾攻，夷炮不能透垣，
我炮可以及船，風濤四起，草木皆兵，夷船自救不暇，尚能回炮攻
我乎？即使向下游沉筏之地豕突沖竄，而稽留片時之間，我火箭噴
筒已爐其帆，火罐、火斗已傷其人，水勇已登其艙，岸上步兵又扛
炮以攻其後，乘上風縱毒煙、播沙灰以眯其目，有不聚而殲旃者乎？
是口門以內，守急而戰緩，守正而戰奇；口門以外，則戰守俱難為
力。一要既操，四難俱釋矣。

可以看得很清楚，魏源講的，多係戰術方面。而且可以肯定，
這些在當時是絕對有效的。只是有一點，世界的近代進程太快，
所以長遠、永久之計，還須從更大的方面著手。以魏源這位當時
頭腦最開通的人來說，還是這種格局、水平，可見，單純指責清
廷，也未必客觀、可靠。一時代之局面，與一時代之認識水準，
基本上是對應的。當然，清季腐敗是真腐敗。正像前面說過的，
當時就戰術上來說，意見分為兩種：一是認為，應該抵禦夷人於
外洋面；一是認為，應該誘敵深入於內河而殲之。當時中國所能
使用的手段只有兩種──炮擊與火攻。從魏源所舉的資料來看，
當時英國的兵艦並不大。中國的大炮，如果只是擊中英國船的邊
舷，那麼借助海水的活力，英國船隻會晃蕩，不會損壞，這就像
太極化勁一樣，所以是沒用的。一定要打中英艦的桅杆和船頭
桅杆，它才不能行駛，但是這樣一來，對準度的要求就高了。而
且，如果英國船連夜拖回去修理，又能恢復如初，繼續戰鬥。所

以必須擊中英艦的火藥庫，引起大爆炸，它才會沉，可是這太難了。這是炮擊方面。

如果用火攻，當時英國艦已有金屬裝甲，不容易著，必須靠得很近，攻其易燃部位；但是英國船上有瞭望員，所以很難得手。

另外，英國艦船作戰很有組織術，所謂排兵佈陣得法，協同作戰，訓練有素。海上開闊，很難逼死對方。而且英人狡黠，總是攻擊中國不及守備之處，所謂哪壺不開提哪壺，所以很麻煩。陸地上的蒙古、海洋上的盎撒，這是一對。

再一個，海上風向時常變化，而英國船航海經驗豐富，最善於轉逆為順，中國很難對付。所有這些，都是不利於中國在洋面上與英國交戰的因素。

但是禦諸內河，情況就完全不一樣了。英國船如果是在內河，就不能佈陣，而只能魚貫了。因為空間小，擺佈不開。我方只要選水淺處，沉物以阻之，再截斷其歸路，從兩邊用大炮、火攻擊之，或者黑夜奇襲，用水雷炸之，一定會得手。如果英兵登陸作戰，我早已經佈置詳備，而且英軍棄船則失去優勢，就如蒙古人失去了戰馬，我方用火箭噴筒、原始手榴彈等諸多作戰器具以擊之，不勝何待？這才是戰守要點啊！從魏源之所論，我們能夠看到什麼呢？就是：當時學人的考慮，相當程度上還是戰術性的。這表明：歷史的進程，經歷了一個由戰術到戰略、由小歷史到大歷史、由具體局部到全局的全過程。

或曰，門戶失守則民心驚惶，縱賊入庭則必干罪戾。倘賊方入口，即分夷兵登岸，夾攻我後，或進攻我城，則如之何？曰，所謂誘賊入內河者，謂兵炮、地雷，水陸埋伏，如設穽以待虎，設罾以待魚，必能制其死命，而後縱其入險，非開門延盜之謂也。奏明兵

機，以縱為擒，何失守之有？賊雖入口，尚未至我所扼守之地，何驚惶之有？然海口全無一兵，尚恐賊疑，未敢長驅深入，必兼以廢炮羸師，佯與相持，而後棄走，引入死地。即如粵之三元里，非內地乎？若非夷兵登岸肆擾，安能成圍酋截敵之舉？松江府城，非內河乎？尤提軍於上海失守之後，整兵二千以待夷船駛入，放炮相持二日而退。使先備火攻，塞去路，安在不可奏安南殄敵之功？傳曰：不備不虞，不可以師。易曰，王公設險，以守其國。夫險者，非徒據口拒守，敵不能入之謂。謂其口內四路可以設伏，口門要害可截其走，寇能入而不能出也。自用兵以來，寇入粵東珠江者一，入寧波甬江者一，入黃埔松江者一，皆惟全力拒口外，而堂奧門庭，蕩然無備。及門庭一失，而腹地皆潰。使捨守口外之力以守內河，守口外兵六、七千者，守口內兵不過三千，得以其餘為犄角奇伏之用，猾賊知兵，必不肯入。如果深入送死，一處受創，處處戒心，斷不敢東闖西突，而長江高枕矣。何至鯨駛石頭之磯，霆震金、焦之下哉！故曰，守遠不若守近，守多不若守約，守正不若守奇，守闊不若守狹，守深不若守淺云云。

實際上，魏源在這裏講的，乃是經驗之談。就是：內地的防護一定要加強。因為根據當時的教訓，中國的週邊防護一旦被突破、被攻破，後方馬上就不行，因為都是空的。英國正是窺破了這一層，故船艦多次進入長江，襲擾各地、各城。從這裏來看，魏源要求加固內地防務的觀點和意見是對的，符合當時的情況。而且他指出，如果中國組織動員得法，打擊有力，英國雖狡黠，必不敢再深入，內患自然就解了。所以，有人擔心誘敵深入會不會造成內地的破壞，這擔憂其實是可以不必的。

第三節　邪教

基督教的對華侵略由來已久，利瑪竇來華時即積極籌備。1851年太平天國之亂是必然的，對中國造成了嚴重的損害，死亡人口七千多萬，蔓延近 20 個省。其野蠻殘忍、內部傾軋，罄竹難書。太平天國的頭子洪秀全，通過改編基督教義，建立了一套自己的理論。《原道醒世訓》說，人心是彼此憎恨的，互憎是人類的本性——此國憎彼國、彼國憎此國；此省此府此縣此鄉此里此姓而憎彼省彼府彼縣彼鄉彼里彼姓，反之亦然。而這就是仇恨哲學的發軔——人類是彼此憎恨的（普憎、博恨、性憎論），這才是宇宙的真相；互愛只是一個大謊言。「世道人心至此，安得不相陵相奪相鬥相殺而淪胥以亡乎！」（《原道醒世訓》）這就是恨的哲學。洪秀全認為，這是因為人類其見小、故其量小造成的。像此國憎彼國、彼國憎此國，就是因為其見在國，本國以外的都不知道。所以同國則愛之，異國則憎之，其餘皆可類推。所以說，天下愛憎如此，何其見之未大而量之不廣也。

由此，洪秀全虛構了一個皇上帝，說是天下凡間大共之父，中國、外國都受其主宰。所以說：「天下多男人，儘是兄弟之輩；天下多女子，儘是姊妹之群。何得存此疆彼界之私，何可起爾吞我並之念。」（《原道醒世訓》）這種宗教性，把人類倫理完全打亂了，徹底重組。倫理首先是分類，即人際關係分類學。可是在這裏，只有男女之分：父子成兄弟、母女變姊妹。宗教性的劃分僅限於兩性、

性別——男性女性、男人女人、男營女營。應該說,在宗教性、神性下,只有所謂祂理,而不是什麼倫理;祂理學與倫理學是不同的。這一點,以前人類始終沒有澄清。所謂祂理是指神人關係、是神人關係的;而倫理則係人人關係,這是不可以混淆的。總體來說,歐西的人際關係,是作為神人關係而規定的人人關係;中土的神人關係,如敬鬼神而遠之等,是作為人人關係而規定的神人關係。二者源頭處不同,必須別同異,這是需要說明的,否則就永遠扯不清了。所以,但凡是和神性沾邊的,都應該用ネ字旁來表示,諸如:祂、禰、祔等等。

但是洪秀全的思想是雜湊的,他居然引了《禮記》中講大同的一段話,來宣揚所謂的廣愛,其實只是一種目的工具,是隸屬於目的論的愛。洪秀全說,暗極則光,如今夜退,太陽出來了。讓我們兄弟姐妹跳出邪魔之門,尊上帝之道,淑世淑身,天下一家,共用太平公平正直之世吧!並且還模仿摩西十誡,也造了十條規定。說,量大則福大、量小則福小,所以眾人都得要放開心胸相愛,這就是要大家都絕對服從他的太平天國。並作宗教詩一首云:

> 上帝原來是老親,
> 水源木本急尋真;
> 量寬異國皆同國,
> 心好天人亦世人。
> 獸畜相殘還不義,
> 鄉鄰互殺斷非仁;
> 天生天養和為貴,
> 各自相安享太平。

洪秀全在《原道覺世訓》中說：「天下總一家，凡間皆兄弟。」為什麼呢？因為從人的肉身來說，各有父母姓氏，這就是彼此的疆界之分。如果從人的靈魂去說，各靈魂都是從皇上帝生出來的，這就是一本萬殊的關係。洪秀全基於基督教的立場，大力批判佛教的邪說、攻乎異端。他說：

> 而近代則有閻羅妖注生死邪說。閻羅妖乃是老蛇、妖鬼也，最作怪多變，迷惑纏捉凡間人靈魂，天下凡間、我們兄弟姊妹所當共擊滅之惟恐不速者也。而世人偏伸頸於他，何其自失天堂之樂，而自求地獄之苦哉！
>
> 《原道覺世訓》

所謂閻羅王，就是佛教主管地獄的統治神。《聖經》說過這個嗎？沒有，所以這一定是異端邪說。那麼這個邪說是怎麼來的呢？就是因為佛教自陷於迷途、貪圖射利造成的。「誑人以不可知之事，以售己詐；誘人作福建醮，以肥己囊；兼之魔鬼入心，遂造出無數怪誕邪說，迷惑害累世人。」「此無他，好生惡死，慕福懼禍，恒情也。以恒情而中人心，則其入之也必易。是以邪說一倡，而天下多靡然信之從之。信從久，則見聞熟；見聞熟，則膠固深；膠固深，則難尋其罅漏；難尋其罅漏，則難出其範圍。皇上帝縱曆生聰明聖智於其間，亦莫不隨風而靡矣。此近代所以多惘然不識皇上帝、悍然不畏皇上帝，盡中蛇魔閻羅妖詭計，陷入地獄沉淪而不自知者也。」（《原道覺世訓》）

洪秀全談了很多，像挪亞方舟，就是鑿鑿可據；龍妖發雨，就是鬼扯淡。眾目所視，這就是真理。所以洪秀全感歎說：「甚矣，人之好怪也！」（《原道覺世訓》）這就是說，世人都喜歡溺於奇怪

的認同。所謂奇怪的認同，就是——越是歪理論，越被當成真思想。所以洪秀全說：「不求其端，不訊其末，惟怪之欲聞。」（《原道覺世訓》）這就是說，世人都沒有追問的習慣，而只有盲從。因此，洪秀全認為：予想夫天下凡間，人民雖眾，總為皇上帝所化所生。生於皇上帝，長亦皇上帝，一衣一食並賴皇上帝。皇上帝天下凡間大共之父也，死生禍福由其主宰，服食器用皆其造成。仰觀夫天，一切日月星辰雷雨風雲莫非皇上帝之靈妙；俯察夫地，一切山原川澤飛潛動植莫非皇上帝之功能。昭然可見，灼然易知。如是乃謂真神，如是乃為天下凡間所當朝朝夕拜。

由此，洪秀全進一步批評說：有執拗者說曰，皇上帝當拜矣，必然有幫皇上帝保佑人者，不知此幫者是皇上帝親手設立、調用。至若凡人所立一切木石、泥團、紙畫各偶像，且問爾是皇上帝旨意設立否乎？非也。類皆凡人被魔鬼迷蒙靈心，據愚意愚見，人手造出各等奇奇怪怪也。況皇上帝當初六日造成土地、山海、人物，已設有其神使千千萬萬在天上，任其差遣，何用得凡人所造各等奇奇怪怪者乎？且叛逆皇上帝實甚。考《舊約》，皇上帝親口吩咐摩西曰：我乃上主皇上帝，爾凡人切不好設立天上地下各偶像來跪拜也。今爾凡人設立各偶像來跪拜，正是違逆皇上帝旨意。爾凡人反說各偶像是幫皇上帝保佑人，何其被魔鬼迷蒙靈心、蒙懂之極乎！爾不想皇上帝當初六日造成天地、山海、人物，尚不要人幫助，豈今日保佑人，又要誰幫助？

且問爾，設使皇上帝當初造天不造地，爾足猶有所企立、且猶有田畝開墾否乎？曰：無也。

且又問爾，今荷皇上帝之恩，既造土地矣。設使皇上帝不造成地上桑、麻、禾、麥、菽、豆及草、木、水、火、金、鐵等物，又

不造成水中魚蝦、空中飛鳥、山中野獸、家中畜牲等物，爾身猶有所穿、口猶有所食、器械猶有所運用否乎？曰：無也。

　　且又問爾，今荷皇上帝之恩，萬物備足矣。設使皇上帝一年不出日照耀爾凡人，一年不降雨滋潤爾凡人，一年不發雷替爾凡人收妖，一年不吹風散爾凡人鬱氣，爾凡人猶有收成平安否乎？曰：無也。

　　且又問爾，今荷皇上帝之恩，既有收成平安矣，設使皇上帝一旦怒爾，斷絕爾靈氣生命，爾口猶能講、目猶能視、耳猶能聽、手猶能持、足猶能行、心猶能謀畫否乎？曰：斷斷不能也。

　　且又問爾，天下凡間欲一時一刻不沾皇上帝恩典，得乎？曰：斷斷不得也。由是觀之，天下凡間欲一時一刻不沾皇上帝恩典亦不得，此便是皇上帝明明白白保佑人矣。既是皇上帝明明白白保佑人，爾凡人卻另立各偶像，另求保佑有得食、有得穿，曰：我菩薩靈。明明皇上帝恩典，卻誤認為邪魔恩典，其邪魔敢冒天恩者，該誅該滅無論矣。爾凡人良心死盡，大瞞天恩，究與妖魔同犯反天之罪，何其愚哉！嗟乎，明明有至尊至貴之真神，天下凡間大共之天父，所當朝朝夕拜而不拜，而拜專迷惑纏捉人靈魂之妖鬼，愚矣！明明有至靈至顯之真神，天下凡間大共之天父，求則得之，尋則遇著，扣門則開，所當朝朝夕拜而不拜，而拜無知無識之木石、泥團、紙畫各偶像，有口不能言，有鼻不能聞，有耳不能聽，有手不能持，有足不能行之蠢物，抑又愚矣！

　　貪人功為己有，不要臉！所以，不信邪神，是第一個要求。因為只能信唯一者，那就是天父皇上帝。而洪秀全是皇上帝派到人間的唯一特使，所以全人類都應該信從、追隨洪秀全，否則就是魔，魔就必須誅滅。那麼，為什麼世人會罕有知謝皇上帝恩典者呢？洪秀全解釋說，此壞自少昊時，九黎初信妖魔，禍延三苗效尤，至秦

政出，遂開神仙怪事之禍端。「皇上帝，獨一無他也，」（《原道覺世訓》）後來歷朝皇帝多信邪神，比如漢文帝立五帝廟、漢武帝祠泰乙、漢宣帝祠後土、漢明帝崇沙門、漢桓帝祠老聃、梁武帝三捨身、唐憲宗迎佛骨、宋徽宗崇道教，等等。不信皇上帝，由來已久。

　　實際上，這裏有很多的二律背反。比如，雨是皇上帝降的——雨是東海龍王降的，這個問題實在不好解決。到底是東海龍君降雨、還是皇上帝降雨呢？抑或東海龍王就是皇上帝派來的？或者東海龍王就是皇上帝、皇上帝就是東海龍王？洪秀全已然將我們帶入了神學問題的追問。所以在這裏，我們必須提出一個重大的假設，即：統一宗教論。那就是：俗世的種種宗教，都只是別教；而真正的宗教，只有一個，那就是共教。即所謂的統一宗教——大共教。比如，在儒教稱為上帝的，在道教稱為玉皇大帝。在回教是講真主安拉，在婆羅門教稱為大梵天，在薩滿教是稱長生天，在基督教稱皇上帝，等等。所有這些，只是多名一實的情況，只是人類群體稱呼上的具體不同罷了，其實質只是一個。但是全人類都無一例外地共同意識到了那一個存在——最高者。所以說，上帝就是玉皇大帝就是主就是上天就是薩滿就是梵天就是長生天就是皇上帝……我們簡單列一個公式，就會更清楚：

上帝＝玉皇大帝＝天主＝薩滿＝大梵＝皇上帝＝上天＝長生天……

其實，洪秀全就專門談到了這個宗教名分的問題。他說：「至宋徽出，又改稱皇上帝為昊天金闕玉皇大帝。夫稱昊天金闕，猶可說也。乃稱玉皇大帝，則誠褻瀆皇上帝之甚者也。皇上帝，天下凡間大共之父也，其尊號豈人所得更改哉！宜乎宋徽身被金虜，同其子宋欽

俱死漠北焉。總而論之，」「至宋徽又更改皇上帝尊號，自宋徽至今，已歷六七百年，則天下多惘然不識皇上帝、悍然不畏皇上帝，又何怪焉？」（《原道覺世訓》）

　　總之，一切都是中國歷朝皇帝的錯，而他們也都遭到了報應。比如宋徽宗就被金人俘虜、客死在東北了。所以皇上帝的名號是不能亂改的，不能改稱玉皇大帝，這不標準。嚴格的說，還是應該稱大共天父皇上帝。誰敢褻瀆皇上帝的名號，宋徽宗就是例子。洪秀全歎息說，嗚呼！天地之中人為貴，萬物之中人為靈。人何貴、人何靈？皇上帝子女也。貴乎不貴，靈乎不靈，木石泥團紙畫各偶像物也。人，貴於物、靈於物者也，何不自貴而貴於物乎？何不自靈而靈於物乎？近千百年間，能不惑神仙怪事者，非無其人，究之，知其一莫知其他，明於此轉暗於彼，卒無有高出眼孔、徹始徹終而洞悉乎魑魅魍魎之詭秘也。世間所立一切木石泥團紙畫各偶像，皆後起也、人為也。被魔鬼迷蒙靈心，顛顛倒倒，自惹蛇魔、閻羅妖纏捉者也。所以洪秀全的信條就一個，「皇上帝之外無神也。」（《原道覺世訓》）這是典型的一神論。也就是──反對偶像崇拜。

　　最後洪秀全說，實情論爾等，爾凡人何能識得神乎？皇上帝乃是真神也。爾凡人跪拜各偶像，正是惹鬼，何也？爾凡人所立各偶像，其或有道德者，既升天堂久矣，何曾在人間受享；其一切無名腫毒者，類皆四方頭、紅眼睛、妖魔、閻羅妖之妖徒鬼卒，自秦、漢至今一二千年，幾多凡人靈魂被這閻羅妖纏捉磨害！廣西俗語云：豆腐是水、閻羅是鬼。爾等還不醒哉！及今不醒，恐怕遲矣。

　　這些惡魔、魔鬼真是可怕，誰不怕呢？它們會纏著你、折磨你，所以說，爾凡人何能識得帝乎？皇上帝乃是帝也。雖世間之主，稱王足矣，豈容一毫僭越於其間哉！救世主耶穌，皇上帝太子也，亦

只稱主已耳。天上地下人間，有誰大過耶穌者乎？耶穌尚不得稱帝，他是何人，敢覬然稱帝者乎！只見其妄自尊大、自干永遠地獄之災也。

　　噫籲！敬拜皇上帝，則為皇上帝子女，生前皇上帝看顧，死後魂升天堂，永遠在天上享福，何等快活威風！溺信各邪神，則變成妖徒鬼卒，生前惹鬼纏，死後被鬼捉，永遠在地獄受苦，何等羞辱愁煩！孰得孰失，請自思之。天下凡間我們兄弟姊妹可不醒哉！若終不醒，則真生賤矣，真鬼迷矣，真有福不知享矣！明明千年萬萬載在天上永遠快活威風，如此大福都不願享，情願大犯天條，與魔鬼同犯反天之罪，致惹皇上帝義怒，罰落十八重地獄受永苦，深可憫哉！良足慨已！案《太平天日》詩云：

　　　　有個千字少一筆，
　　　　在爾身上說話裝。
　　　　有個介字頂上頂，
　　　　財寶來裝就成王。
　　　　一長一短爾名字，
　　　　有刀無柄又無光。
　　　　爺爺生爾是乜名，
　　　　一橫一點不是謊。
　　　　有個鬍鬚五寸長，
　　　　彎彎一點在中央。

　　　　一個牛蹄有百五，
　　　　人眼看見酒中壺。

看爾面上八十丈，
有等處所實在孤。

吾儕罪惡是滔天，
幸賴基督代保全；
克勝邪魔遵聖誡，
欽崇上帝正心田。
天堂榮顯人宜慕，
地獄幽沉朕亦憐。
及早回頭歸正果，
敢將方寸俗情牽！

舉筆題詩斥六窠，
該誅該滅兩妖魔！
滿山人類歸禽獸，
到處男歌和女歌。
壞道竟然傳得道，
龜婆無怪作家婆，
一朝霹靂遭雷打，
天不容時可若何！

朕在高天作天王，
爾等在地為妖怪，
迷惑上帝子女心，
靦然敢受人崇拜。
上帝差朕降凡間，

妖魔詭計今何在？
朕統天軍不容情，
爾等妖魔須走快！

題詩行檄斥甘妖，
該滅該誅罪不饒。
打死母親干國法，
欺瞞上帝犯天條，
迷纏男婦雷當劈，
害累世人火定燒。
作速潛藏歸地獄，
腥身豈得掛龍袍？

迷途既返速加鞭，
振起雄心趕向前；
盡把凡情丟卻去，
方能直上九重天。

天父上主皇上帝以外都是邪神，犯天條就是指拜邪神，這個絕不允
許。但是這裏有一個問題，就是眾邪神是誰造的呢？難道另有一個
造者？太平真主洪秀全對此交代不明。洪秀全以太陽自比，他的妻
子都封「月宮」。而以太陽自比，可能是受了古埃及人的影響，因
為約書中講了很多古埃及的事情。說到這裏，我們就不得不又拿出
一個條律——甲乙律。

什麼是甲乙律呢？簡單的說，其基本的思維表現是這樣：因為
甲是渾蛋，所以乙是聖人；因為甲惡，所以乙善；因為甲壞，所以

乙好；因為這⋯⋯所以那⋯⋯等等。這就是甲乙律，是人類最普遍、最普通的一種思維習慣和特質。一般人的思維，通常只有兩步，即所謂的二踢腳、兩步走，這是思維的二踢腳，並不更多。像宗教思維，就最典型的符合、體現了甲乙律。比如大家最熟悉的思維定式：因為此岸是地獄，所以彼岸是天堂。因為東土無明，所以西天極樂，等等等等。這完全是一種情感趨向，是完全沒有驗證的，也不可能證實和證明。大家只是需要它，從而就信它。

其實關於邪教的問題，顏元早就專門講過。《存人編》說：「此篇多為不識字與住持雲遊等僧道立說。此項人受惑未深，只為衣食二字，還好勸他。譬如誤走一條路，先喚那近者回來。我們這裏喚，那近的也先聽得。故第一先喚平常僧、道。」這就是「喚迷途」。因為是為文盲開講，所以純用口語、白話。顏元總結說，凡人做僧、道者，有數項原因：

> 一項是本人貧寒，不能度日；或其父母貧寒，不能度日。艱於衣食，便度為僧、道。
> 一項是禍患迫身，逃走在外；或兵亂離家，無地自容，度為僧、道。
> 一項是父母生子女不成，信佛、道，在寺廟寄名，遂捨入為徒。
> 一項是偶因災禍，妄信出家為脫離苦海；或目觸寺廟傾倒，起心慕化，說是建立功果，遂削髮為僧或戴髮稱道人。
> 大約是這幾項人。

大致上說，或者是出於生計原因，或者是由於心靈問題，人們離不開宗教，需要它。但是應該看到，生計是一時的，心靈是永遠的，所以要宗教徹底退出人類生活，也不可能。宗教情結會永遠存在，

當然只屬於一部分人。而且，宗教屬於人類情感，是一種終極的情感，而非人類知識學問。情感與知識、學問是永不相找的，其關係劃分，其實至為明確、簡單，決不相淆。如果有什麼牽扯不清楚，那只是人們自己的問題。顏元對宗教，還是抱有民族國家的驕傲心理，這是明擺著的。但是要說僅僅是這個，也不盡然。「但你們知佛是甚麼人否？佛是西域番人，我們是天朝好百姓，」所以不可以信教。信教不如信自己！說白了，信教不如創教，做教徒不如當教主，跟屁蟲最沒意思，也最不值錢。這就是人的驕傲！人的驕傲高於宗教！所以真驕傲的人都不信教，凡是信教的，都是內心根子、靈魂深處假驕傲、真自卑，所以才需要、離不開精神拐杖，此絕無例外，不容狡辯。而且，有宗教神秘情結的人，無一例外的都有內心陰暗、內心暗區等眾多的特質，此是經驗規律，無可辯駁。

顏元說，「我們這世界，」是歷來聖王的偉績，佛有何功德，受人禮拜？其實從這裏我們就可以看到，歷代排佛，實際上都沒有搞清楚道德與社會兩者的關係。佛是靠社會標準、而不是靠道德標準去成立的，所以本著道德標準去攻擊社會賣點的佛教，其效果可想而知。道德怎麼鬥得過社會？根本無法相抗衡，兩者完全不是一回事。直到今天，社會與道德二者的糾結關係，還在糾纏中國人，故不可不澄清。儒家的根本問題是不下庶人，須知不下庶人，便沒有社會基礎，只是個漂浮物、浮游生物。儒家關心的是高端政治，但是普通老百姓、大眾，哪個個個有心成為偉大政治家呢？這是根本問題。絕大多數民眾還是只關心過家家、飲食男女、七情六慾、柴米油鹽、生老病死，等等吧。個體生命的安頓、幸福才是人們關切、注意的焦點。而儒家注意的是政治，不是普通生命。是佈置任務，而不是安排幸福。所以儒家留下的

真空，正好成全了佛教去填補，直到後來更有競爭力的基督教來搶奪為止。「思量到此，」「你們說，那有錢的僧、道像甚麼？」顏元這些話，其實白說了。

「我將此理與你們說明瞭，」老僧人、老道士，「無徒弟的，再不消度人了，誤了自己，又誤他人，」出家人應該還俗就業。顏元說，做僧、道的，好多都是遊民，這是中國歷史社會的大問題，所以應該早還人倫。而且還要給還俗正名，好像出家還是高雅事，在家反成了俗鄙了，這是大謬。所以應該正名為「歸人倫」。並且顏元說，僧、道不能為國家盡義務，這是顯然的。所以宗教與政治相衝突，乃是經驗之談。

佛說真空、道說真靜，這都不對。故以實藥空、以動濟靜，一語道破。實際上，佛教是一種態度論的東西，而對於態度論，本是不可論理的，這才是關鍵。佛者果「洞照萬象矣」，「方且照不及君父而以為累，照不及自身之耳目、心意而以為賊」，「人道滅矣！」「請問：若輩聰明人乎，愚蒙人乎？」「人雖賢智，只得遵朝廷法律而行」，「以受天子之法制」，而結果呢？「各省愚民呼朋引伴」，「號招士民」，「堯、舜、周、孔之道是我們生下來現成的道。」「無夫婦則人何處生？一切倫理都無」，「說到這裏，你們可知佛是邪教了」，顏元這些話，講得異常明白。

「心意受許多事物」，「是要全其一點幻覺之性也。」很明顯，顏元的天朝意識還是相當強烈的，所以總是罵佛教為西域胡，覺得吃了虧，這是文化意識的歷史顯露。到 20 世紀還會成級數的放大，當然那是後話了。接著，顏元又大談了一通性，既反映了他的性學基本功，又反映了宋、明那種時代談性說命的特質。總之，佛教講性，是空性；而理學談性，則是理性。空與禮，就是一個

空、實之分。「人心如水,但一澄定,」皆能照也。佛教「徒自欺一生而已矣。」顏元認為「實征」是關鍵,「天下之萬物,吾性之措施也。」

西域番僧,「為其習俗所染,邪教所誤耳」,「他既各具人形,便各有人性。」所以都應該歸教天朝。「若人無配偶,是禽獸的天理也無了」,「這便是人道了。」「將這《喚迷途》帶去,講解於你國人聽,教他人人知釋迦是邪教,也學我天朝聖人的道理」,「與你國添多少人類!」這大概是要教訓印度人了。顏元概括、總結了一下,認為外國人之來中國,有這樣幾種情況,曰:

> 或奉你本國王命進來,妄說做國師的;
> 或差來納貢的;
> 或差來觀天朝虛實的;
> 或彼處豪傑自拔,要到天朝顯才能的;
> 或彼國不得志,求逞於天朝的;

所以說:

> 吾知其必夫婦相配也;
> 必父子相愛也;
> 必兄弟同生者相敬也;
> 必鄰里相好也;
> 必上下有(名)分也;
> 這便是凡為人類者自然的天性,必有的道理。
> 無論男兄弟、女兄弟,都是兄愛其弟,弟尊其兄;
> 同志相愛謂之友;以實心相與,以實言相告。

「我天朝道理」,「都是要節宣這個、維持這個。」「若能醒解我的言語,把我天朝聖人的道理傳往西方,將《喚迷途》繙譯成西方的言語,使人都歸人倫、都盡人倫」,「你西方諸國享福無窮,只人也多生幾千萬,豈不是真善果!勉哉!」看來顏元相當自負、自信。

對僧徒是這樣,那麼,對好佛者又如何呢?顏元認為,儒學和文學是有區別的。像蘇東坡,文章之雄,但是否就可以目為儒呢?顯然這是問題。顏元認為,蘇東坡只能算是文人,不能算是儒者。「文人看書,可不慎哉!」而且顏元講出了一個很重要的情況,就是他指出,蘇東坡「必是自幼生長川、蜀之地,習見僧人,多讀佛書,入鮑魚肆不覺其臭矣。」這個情況,其實更可以說明朱熹,因為朱熹一生的活動主要是在福建,而福建的佛教環境與氛圍還要超過四川,所以朱子一生都在辟禪,不能自拔,便是三然的了。但是也正因為此,我們不能把歷史中具體時間、空間的情況誇大為一般,一時一地的歷史情況不足以說明普遍。所以對歷史中的儒、佛關係,其衡論須注意此等具體環節和情節,才算是有歷史的眼光和觀念,否則只是籠統、亂說話。簡言之,福建是南方一小塊很狹小的區域,不足以說明全國。顏元說:「老泉傳家,原是文人伎倆,雖好讀《孟子》,只要討出文法,不是明道。故其夫妻皆佞佛,並其聰明子亦誤之矣,豈不可惜!」這就是說,三蘇把實學當成語文讀了,顏元看得還是相當清楚的。這是一個總結。

顏元提到,歐陽修說聖人教人,性非所先,其識高於程、朱一派。這話與王夫之恰成對比,見《四書訓義》開頭。顏元的意思,聖人教人,六藝為先,不是性學,而是實學。顏元說,按照醫理,急則治標、緩則治本。今佛害,天下之急也,「遲治一日便多傳染幾人。」佛教戕賊民生,千歲之患,徧於天下。所以,「一面興禮

樂」，「一面立法禁」，「恐佛氏藉口」，「世豈有為僧之人而識道理者乎？豈有識道理之人而為僧者乎？」「習俗移人，賢者不免。」「此其人學識未大，未能洞見性命之本及吾道體用之全」，顏元篤信實學，「俱步步踏實地去做。」故曰佛教「僅足惑天朝之婦女」，「背叛」聖道。「脫離人群，不可以為人矣」，「只真心自新，便為君子」，「若聽信僧言，更為可笑。」「今有人，罪惡種種」，「若空言再不敢了」，會減罪嗎？今溺於佛，「罪不更加之耶？」

這就說明，懂得道理的，對宗教都不感興趣；信仰宗教的，肯定沒真正懂道理，道理上偏了。而且興禮樂去佛教，也被後來的歷史驗證了。當流行音樂發達的今天，佛教早已成昔日遺音了。顏元謂，儒名而心禪，為害極大。「吾觀當今天下，僧、道是大迷途。」「大是得罪神明。」「這善字不明，修字不講，是天下大關係也。」禍殃不絕，「是必然的了。」「有識者替你寒心」，「上一段是大概勸諭天下走邪門的」，「看是小事，卻犯大法。」「我們在萬物中做個人，是至尊貴的」，「你們怎麼不顧體面？」「我不忍細說」，「便成個仙佛，也是人妖」，「儘是無影妄談，你們從今莫信他了」，「作活計、過日子。只守王法，存天理，便是真正的善，便受真正的福，免得官府今日挈、明日禁」，「你看，世間有錢的」，「是好人否？」什麼大乘、龍華、黃巾、白蓮，「隨時改變名色以欺愚俗」，徒貽害國家、生民耳。「請細細思量，方知我愛你們苦心也！看來也與你們無幹，你們本心是修善，我們儒者不自明其道，無人講與你們聽，不知如何是善」，教化不力，「我們殊深可愧也！」

顏元說，世間邪教，「名目不一」，「一般都是犯禁的」，「大凡邪教人都好說三教歸一」，這是屁話、鬼話！儒、佛知識性質根本不同，如何一？最後，顏元痛心地說：

歷代帝王優禮儒生，做秀才時，便作養禮貌，一切差徭雜役，不以相煩。下自未入流，上至三公，皆用儒生做，而儒生不能身蹈道義，以式風俗，可愧一也。不為朝廷明道法，化愚民，可愧二也。不盡力闢辯佛仙二蠹，以救生民於荊棘，可愧三也。今日儒運，恐遭焚阮、清流之禍不遠矣！僕用是憂懼，輒為俚說，願凡為孔子徒者，廣為鈔傳，於以救生民、報國恩、回天意，庶僕懼心少下也。祝祝！

顏元這是一種社會憂患心，說白了，中國人才多、大才少，而且都是語文化的，無關實學，著不上力，這是歷史社會的大問題。簡言之，一切還是學人不力。用 20 世紀的話來說，就是欠缺合格的公共知識份子。所謂大才，就是具有偉大擔待力的人，天塌下來能夠托得住。所以說，大才難、而人才易。像顏元這樣具備自覺的公共意識的學者甚少。說白了，這是一種知識榮譽心。歷史社會利用宗教，為亂不少。其實像髮撚之亂這樣的，有沒有最好的平息辦法呢？說實話，只要有王陽明那樣的理學名臣，天子明詔，「勑王守仁大夫總領長江以南軍政，可便宜從事，不必奏報……」則不日克定，有何難哉？又不是什麼難以想像的事情。所以說教訓很多。

第四節　共和

清末的政治思想很豐富，如康、梁等要求變法的，其說更是為世人所注意。康有為在《救亡論》中說：「辛亥八、九月之間，舉

國行大革命，吾惴惴恐懼，懼中國之亡也。」可見，士人謀國的一個普通心理底線，都是害怕亡國；而政治上種種的投鼠忌器，也直接決定著各人之根本立場和原則。所以，中國士林只有顧慮（即怕）上的不同，倒不是根本的認同有何不同。目的都是為國謀，只是在後果的顧忌和具體辦法上產生了分野。康有為說，辛亥革命之大勢，如捲潮倒河，人皆畏避，「吾懼後患未已，頃二次革命，流血數省，人民生計益絕。今雖稍定，而伏莽於蕭牆，狡啟於強鄰，豈遂靖乎？法人亂 83 年，而後國粗安。今國人皆有震悔於厥心，雖假共和之美名，鉗壓人心，今或者言論自由耶？」（《救亡論》）

我們說，中國歷史的三大板塊劃分──邦國時代、帝制時期、民國時代，是總的趨勢，這是違拗不了的。所以，中國必然要跨出哪一步，其代價就是必定的。所以我們說，20 世紀以降，最壞的結果，也是中國最好的前途和局面，對此我們不要抱不甘之心，那是沒有用的。難道中國還能保存皇帝嗎？根本就不可能的事情。所以說，康有為的意見，我們只能是作為一種歷史中的意見來加以對待。當然，任何改時換代的過程中，都會有一個後坐力和反復。比如秦亡以後，漢代以下諸侯制、侯王制還存活了相當長的歷史時間，只是總體上根本就回不到帝制以前群邦共主的局面了。所以說，無論是沈增植、還是康有為，清末人士，無論他們怎樣想不開、擔心何種後果，邁出民國這一步乃是註定的。可以說，在世界萬國中，沒有哪一個民族國家，是像華人這樣不能容忍君主的了。在別國或者可以保留君主，但是在中國絕對不行。皇帝在中國歷史中沒有被廢除，乃是能力問題──做不到、冇辦法，並不是因為喜歡。散亡是不依人的主觀良好願望、意願為轉移的。因此，就這一意義

來說，清、民之交的這一段思想史，一定程度上就好像是某種意味的「誄詞」。

　　我們來看看單純理論上的事情吧。康有為說，革命軍所至，各地回應，以為類似明逐蒙古，可告成功矣。但是康有為卻擔心，這以後將變亂無窮。而且列國環伺，有五難可說。首先是外認難，像菲律賓就是這種情況。持革命說的，妄以墨西哥、葡萄牙、挪威、古巴、埃及、希臘、羅馬尼亞、保加利亞、塞維、門的內哥相比，真是愚而不知事理者也。於是，康有為詳細論列了萬國之勢。他說，挪威之所以能夠自立，以舊有議院，一切政權國會，如匈牙利、洲、加拿大亦相類。挪威不過以空名戴瑞典王，所以一日自立，乃迎立丹麥王子為王。但是立憲之世，王位不過名譽總理，故瑞典聽之，不動兵革。就這一點來說，與中國絕不相類，無可引比。而羅馬尼亞、希臘、保加利亞、塞維能夠自立，則是因為與俄國同教，俄國用大軍扶持之使自立。像埃及自立，則是因為與土耳其遠隔絕海，而列強要借埃及削弱土耳其。中國有異教而隔絕海的嗎？列強有舉大兵扶持的嗎？拿西藏來說，與列強不同教。所以援各國來比附，沒有一個是相類的。葡萄牙的革命，是因為教爭。葡萄牙王是舊教，不得不廢。海陸軍一朝舉事，所以能廢其君而完保其國，各國自然承認之。至於墨西哥革命，已經亂了三百年。南美洲如秘魯、巴拿馬、掘地、馬來、位亞基，無國不然——每幾年就大革命一次，死民過半，這樣的世界，怎麼生活？歐洲人有鑒於此，所以 19 世紀下半葉，歐洲有亂，寧可迎立他國王子為王，而不立民主，正因為此。但美洲的情況，最主要的原因是什麼呢？就是因為有美國在旁邊。如果是在亞洲、非洲，那麼諸國歲歲革命、內亂，列強分滅之久矣，能夠苟延殘喘到現在嗎？像古巴脫離西班牙，各國承認，就

是因為美國置之懷袖中。菲律賓也是這樣成為美國的屬國的。但是美國在列強中，算是姿態最溫和的；如果是百倍狡黠、陰狠於美國的，那又將如何呢？現在國人冀望於外人之認我自立，怎麼這樣幼稚、愚蠢？外國提供軍械，不過是借革命軍之內亂自殘，助長其野心而已，哪裡是要保全、愛護中國？

我們說，當時人們的論說，很難講各人是沒有自己的一套理由和思考的。但關鍵是，就算中國保存皇王，但是這個皇王已經早就失去了為國的功能和作用。不僅形同廢物，而且使中國遭受無窮的損失和拖累，真是磨死人，如何能苟且姑息、讓事情繼續爛下去呢？所以，歷史最終是公平的。歷史給過清廷充足的時間和機會，但是它已經死機，根本不可能自己重新啟動了。像孫文這樣的職業革命人，本來很容易受他人控制，國家稍有起色，他怎麼會成功呢？這是一個至為簡單的道理。不顧史實而妄找歷史客觀理由，本身就是「狂原」。康有為說的情況，其實就兩個要點：一、世界萬國遵循軍國本質，合縱連橫，係大戰國無疑；二、中國與他國沒有可比性。中國是孤立態，胡亂援引、連類，適足以自亂、自擾，於事無補。這就像魯肅對孫權講的，誰都可以投降，你不能，因為你是孫權。對各國怎樣的，對中國就不然，也是同理。由此亦可見，各國對華鼓吹民主，也是希望中國耗散，最好不要擰成一股、難得打理，並非真是為了中國民主、開明。美國對拉丁美洲，就是讓它一直亂下去，永遠在死亡線上，這樣當然便於控制，死不了也好不了。人類之陰暗，非愚者所能夢見。以南美洲來說，始終不能平治，所以說那裏只有一群生物。中國學人對人類是不負責任的，棄權者多、爭權者少，這是它缺乏思想巨人的根本原因。我們說，外爭國權、內爭民權，兩者都談不到，叫什麼政治呢？地球上原以拉丁世界為最

亂，無論是法國、義大利、西班牙、葡萄牙、拉丁美洲，無不皆然，根本就不能治平。政治、社會、文化、學術等等，悉以一個亂字當之，概莫能外。

康有為說到，各省軍隊皆變，政府必然要請外國援兵，內戰既起，漁人得利。這樣，中國就必然不能拒外了。因為中國正當列強極盛之時，百物不備，而為至弱之國，怎麼能夠自立呢？另外，即使有一時的割據，其勢也不能久。一方面，必然會亂爭於內，另一個，必然吞服於外，二者必不可免，而且相因。割據必然帶來相互攻戰，內爭的結果就是覆亡至速。即使割據有成、絕無內訌，而中國終歸於盡，這是革命黨的初衷嗎？所以說割據難，必無成也。

可以說，要不是因為兩次大戰，中國是回不過手來的。康有為說這些是在一戰前，其實他講的只是一個簡單的經驗事實，中國只要一分裂，任何一個區域，馬上就想統一，而且是武力的重新統一天下，只能是軍事解決，而不是政治化協商。包括新疆、西藏，無不想入主中原，這個梁啟超等學者都論列過，此處不贅。康有為舉印度為例說，印度自立，分為百五十六國，整天交兵。英國假惺惺開弭兵會，限制印兵，用英國兵監督，代收其稅，於是印度自滅矣。

我們不禁要問，退一萬步來講，中國一旦有內戰，怎麼才能迅速安定呢？有沒有歷史經驗可循、可資呢？其實最短程的辦法，就是「搶秦」──得秦者得天下。也就是，拿下西安，內戰便告結束。陝西雖然不是經濟帶，卻是戰略區。打下了西安，就宣佈召開全國聯席會議，借助國內的輿論力量，迅速搞定河北，和平解決，因為河北也是不願意內耗和內戰的。這樣，長江以南、整個南方就用不著打了，打也沒用。通過政治途徑，召開全國會議，迅速安定國內。

這樣，內地既安，蒙、滿、新、藏也就不煩解決了。通過西安、北京的連都，頒佈約法，集合全國各勢力，引導到共同的軌道、方向上去。所以中國即使打仗（內戰），也可以最少限度地打，只要事情做在點子上。

而且還可以允許各地方保存勢力（其既有的規模和實力），分區分工負責，只要是為國家共同體。因為只要時間到了，各地勢力會自行化掉，不用中央政府一一征伐。關鍵是在初期，全國會議要頻繁一點。開會是要點——弭兵。開會就不會交兵，不開即打。而最重要的是軍制方面，如果實行學軍制，三千萬軍直接對國家共同體負責，那麼，地方軍隊必然會歸心，因為人心都是尚同的，都討厭非正規。所以在統一編制面前，地區性最終都會被自覺地消化、同化掉。軍人都希望成為正式編制，沒有誰喜歡僅僅是「府丁」。政治氣魄越大，政治想像力越豐富，和平越是現成，這是一定的。官方政府靠民人的心理就能消化、整合地方軍隊，這就是大環境、大生態的認同法。通過營造大的必然趨勢和基礎，使天下歸心。而這就是政策的、政策性的不戰而屈人之兵，比混戰、流血高明得多。沒有任何一方勢力願意對抗三千萬眾的全國局面，制度一立，地方上的思亂之心也就死了。加入唯恐不及，亂由何起？這就是團結之道，也就是向心力。不要求你天下為公，而是要造成一種勢，使你不得不歸化、尚同。這個意思，古人屢講。也就是太陽系原理——太陽質量大，別的星就要繞著它行。自覺地把自身鑲嵌進共同體，加入、認同唯恐不及，還有什麼必要清除異己呢？都成了多餘。這大概就是異端化與同仁化之別吧。政治的同仁化，要靠胸懷與魄力去引導，達成政治的相容並包，兼收並蓄之寬容，也就水到渠成了。若爾，即使梟雄也要認真做事了。所以說清除性的思維根本就不能

領導、團結國內及各派，就因為狹隘。政治的建設在於正面確立，而非反面清剿。

　　康有為說，立主難。因為同起於草昧，誰也不服誰。君主是談不到了，那麼民主嗎？就萬國來說，民主只有瑞士才能夠。美國最初只有 13 州，300 萬人，州長、軍政之將都是清教徒，而用英國兩黨之舊，所以能立國。像法國已經大亂了 83 年，當初革命，日以相殺為事，也就是個斷頭臺的形象。南美諸國內亂無窮，之所以不亡，完全是因為美國在。歐洲國家有鑒於此，寧可迎立外國人做國王。中國舊政府全倒，新政府難立，這樣下去，絕對亡國。康有為說到了很要緊的一點，就是「吾國民閱歷太淺」，拾人唾餘，奉為至寶，故容易被牽著鼻子走。康有為講的其實就是政治閱歷，而且是人類總體政治格局的情況。這種盲目的政治援引性根，直到後來一直不變，從來就是不別同異。

　　再就是內訌之難。君主、民主，勢必立一；而當今之世，誰也不讓誰，常常因為金錢小利而相互攻殺，彼此謀害，因為人心風俗完全變了。爭來的江山地盤，哪有說讓人的呢？這是再簡單不過的道理。即使是一時地同利害，但那也不能長久，這就是勢。而且現在的情況與古代不同了，古代沒有所謂的外國在旁，無論是誰得了政權，總是華人。現在內爭一起，很可能得中國的就是哪一個國家。現在的人士總是不負責任地說，先要破壞，然後才能建立，這是謬論。須知破壞以後，中國將永無寧日，談何建設？那時豺狼入室，主人為奴，但作波蘭、印度而已矣。事理至淺，何我同胞不思之愚而不考之！並且康有為還打比方說，一座大廈要炸毀它，一下也就完了，但是要建起來，談何容易？這就說在了根本上，破壞容易建設難，華人太不尊重常識。而且最重要的是，列強能夠坐視你像古

人那樣十幾年爭天下，犧牲其商務利益嗎？怎麼可能呢？這是很顯然的道理。我們說，康有為在道理上說得都對，但是，君主制的可維性在哪裡？溥儀嗎？怎麼可能呢？所以這已經不是一個常識問題了，而是一個必然事實。

康有為說到革命以後中國民生的慘狀，這是一定的。這就是中國一定要支付的歷史代價、歷史成本。它沒有更好的前路——最壞的情況，也是中國最好的選擇方案，何其可慘也！這就是龍。君主制是絕對壞的，在中國，這個看看歷史，怎能強辯？所以中國必須走出關鍵的一步——民國，越拖越危險，所以當初的中國，是在和歷史賽跑。康有為談到，就拿兵禍來說，首先是生計破敗。因為中國正當奇貧之時，這時候應該獎勵工商業。結果廣東一驚，眾商業立敗。工業自隨之而衰。屋價、地價隨之而落，幾個月下來，損失已不知幾千萬。人民失養者不知多少萬，都是孤幼弱勢群體。武漢之亂，全國震恐，爭起存款，結果銀行大者緊絕，小者倒閉，經濟陷於癱瘓。那時民生憔悴，十年決不能恢復。外債 15 億怎麼還？就生計一項便足以亡國。其次，盜賊滋多。就廣東來說，盜賊紛紛以革命為名，到處劫掠，聯合千百，有同行軍，鄉紳畏避，員警根本不敢辦。加以銀行倒閉，饑民日眾，無可安養，遂成流寇。屆時各省殺戮之慘，已足亡國。明末張獻忠之亂，四川人民幾盡。洪秀全之亂，夜月所照，百里無人。文物損失殆盡。局部地區的慘禍尚且如此，何況全國革命呢？印度革命，死二千萬；德國教爭，死1800 萬。中國革命，會死多少？即使平息，恐怕已經是外國，而不再是中國了。

我們看這裏面的分別，孫文與康、梁都是廣東人，但政見卻相去懸遠。孫文演講三民主義時說，因為辛亥革命，世界認識到

中國是有自新力的，遂不敢再肆意欺凌，而有所收斂。這種觀點，與康有為處處說列強將乘勢如何，正好相反，形成對比。這是需要我們仔細思考的。也就是說，一種態度認為，中國正需要通過革命，向世界宣佈華民族是不甘沉淪、有崛起活力的，這與認為內亂一起、黃雀在後的觀點，恰可比對。這就是唯革命救國論與唯革命亡國論的二律背馳。康有為總結說，現在言革命的，或者是迫於外國人的激刺，而憾政治之大壞，思以易之；或者是有亡國的恐懼，而孤注一擲，思以救之；或者是因為民族原因，所謂驅逐韃子，思以革之；或者就是隨大溜，攪進了漩渦，等等吧。不管怎麼說，都是一個結果——亡國！很多發憤人士，多為熱心之才傑，痛中國淪亡，而思拯救之。這種萬死不顧的精神，固然可嘉。但是，如果世人都知道中國本不會亡，而革命恰恰會亡，那麼，即使是命令人們革命，他們也不會動了。所以說大家只有感情，而缺乏深識。

我們說，康有為這種看法是有問題的。正因為清室已經魚爛，不能再繼續了，所以才有革命代之，一切都是自然、當然而必然的。為什麼武昌一動就不可收拾？不是革命多麼強大，正說明清國何其脆弱！這樣的國家機器，能為中國帶來什麼？除了拖死為止。當初明亡的時候，也有人痛心，但是清比明好得多，如何否認？中國走無論哪一條路，都是代價之路，這一點必須認死。為什麼呢？就因為中國沒有知識——現代國家的常識！作為國盲的中國，包括清帝國在內，就足以讓我們堅定：康有為處辛亥革命期間，所發之論，當然是不對的。大家要的不是植物人的不亡，而是再起！並且康有為的邏輯也有問題，他總是拿土耳其、菲律賓、印度等國來比中國，這中間的歷史國家分類學的學理基礎何在呢？遠的不說，就近幾百

年而言，其國家情況是一回事嗎？相去之遠近多少怎麼估？所有這些，康有為有一個基本的統計、考核嗎？這是我們不能不問的。似乎康有為的理論基礎更多的是基於某種老土的歷史經驗，這一點我們看得很清楚，所以說他沒有把歷史的大趨向看清楚。歐洲各國，與中國的情況相去更懸殊，簡直不類，妄相比附，以為經驗、教訓，這種思路習慣，豈僅止康長素哉！像道光治下的清帝國，與維多利亞之英王國，二者之實力比，歷來就沒有人注意清楚。康有為說無識可以亡國，理固然耳。但是他自己的識又如何可靠呢？這才是問題的關鍵。

康有為說，就人類心理來講，感情上都有隨從性，這是一種傳染。天下總是智少愚多，而華人更容易為感情所動，所以總是盲從。康有為說到，百年來大地為新世界，歐、美去舊政、舊義而更以新政、新義，萬國風從，其第一要義就一條，為「國家公有」。無論獨立、半立；民族、同族、異族；君主、民主；同教、新教、舊教、異教，等等，所有的二分組，萬派不同，紛爭屢起，但歸宗都是一個「國為公有」而已。

我們說，中國能保守君主制嗎？絕對不能！這是顯然的，根本就不能說，對全體華人國民來講，君主還現實嗎？所以，革命就是當日的別無選擇。另外也可以看到，民主之名是相對於君主之名而立的，本來並不複雜。所謂的說不清，其實只是辯解的一種翻案形式。所以我們說，有同義詞、有反義詞，也有潛義詞。說不清的潛義詞，就是翻案。

康有為說，近代史就是一部百戰歷史。國為公有，既然成了天下公理、萬國公行，那麼人們便萬死不顧了。然後又說，中國之變最在萬國之後，所以一定要充分利用前鑒這一資源，不可自誤。但

是他說的利用，是怎樣利用呢？保君嗎？不革命嗎？這等於是說了一句空話。要不革命，可以，君主自退，這可能嗎？所以根本就無法利用，怎麼利用？當時的中國，說穿了其實就一句話——沒戲！康有為又說，國家公有一義，最早出於中國，如《禮運》如何如何。講這種話有個屁用！與其舉經典，不如就《明夷待訪錄》。他又說，既然是天下為公，為什麼會有君主呢？原來當亂世，不得不有聰明神武出來收拾，所以不妨暫時為國為君有，這也是亂世之不得已。這就好像小孩長大以前需要監護人一樣。我們說，這些都是鬼話，因為很多人就是執民愚論為充足理由、來實行專制的。他們總是說，國民的素質還沒有到那一步啊！所以還是讓我來代為管理管理吧！那麼請問，什麼時候國民、民智才長大呢？他會說，我願意和允許的時候，於是實行的就是愚民政治。孫文就是這種論調，何況康有為呢？不是民長大了才行民主，而是行民主才能長大。沒有成長過程，大個屁！政治就是人類成長的過程和場所。康有為一方面講政治進化，一方面又說君為代理人，而君並不就是國家本身，這樣，康有為就不能不瞎附會了。他說，中國數千年都是亂世，國為君有，也就是專制。那麼好，為什麼幾千年都亂、都長不大，這是不是說明代理人根本有問題？要不要撤廢、換掉？所以，康有為越來越轉不圓，而處處自相矛盾。那麼，康有為的底線想法是怎樣呢？他說，質而言之，立憲國者，國為公有，君民共之；專制國者，國為君有，一人私之。專制國為君所私有，舊世之義也；立憲國為全國人所公有，新世之義也。從舊嬗新，為之君者，上知天下之公理，在天下為公；下知萬國之趨勢，在國為公有，則舉國而公之，即無事矣。為之民者，但力爭國為公有，不得之則一切不顧，苟得之則君主民主種族自立，可不計也。若知此也，雖少有爭事，而中國必

保。最重要的是，康有為指出，百年來萬國之民，所爭者就在革私有而為公有之一事而已矣。原來人類終究脫不出一個公私之辯、公私之爭。

但是，怎麼回事？康有為說著說著，似乎彼所幻想者就變成了真的。想得固然是好，可清室、清帝是那樣的嗎？能夠做得到嗎？我們說，其實所謂辛亥革命者，早已是清廷破產在先了——這具無魂之屍，業已停放了相當長一段時間，所以革命不是顛覆，而是火化——恰恰是拖延的結果。現像是：它們好像是連在一起的因果，而實際上、本質是，中間有著一段時間差。所以，康有為像是在說夢話，就好像一個精神受了刺激的人，咕嚕呢喃著：它怎麼會亡，它不會亡，它不可能亡，它不應該亡，它沒理由亡，它沒道理亡……於是最後——它其實根本就沒有亡！我們說，歷史並不是沒有給清廷機會，但是清室一再拖延，它根本上就是不可救藥的，其名遲遲不立，這能怪誰？什麼九年立憲，既然知道非立憲不可，世界大勢洶洶，為什麼要拖，因為權力嗎？這是什麼道理？活該！當日之中國，尚有九年之限乎？而且天下民有，我為什麼要與你君主共之？你做了什麼貢獻？英王讓出部分權力，避免流血，那是不得已，說好了的。清室禍害國家有餘、政治寸功未立，還憑什麼要求享受權利？長素之言，實在無端。

民主是把劍，可是很多人卻偏偏要把它視作刀而期望之。刀與劍、單邊與雙刃，這是一比就清楚的。就像君主制也會有其優點一樣，但是有能夠說明什麼呢？是才是一切。規定性與有優、缺點，這是兩回事，康有為沒有別同異。民主自然也會有缺點和風險。專制君主視國與民為私產，比如路易十四說我即國家就是。康有為講立憲國，沒有顧到這個分別：立憲在中國不是應不應該的問題，而

是可不可能的問題。很多人在看、在論歷史時喜歡說回頭話（請注意，回頭話和事後話是不同的），這是不對的。須知，當時清廷不是不知道革命黨人越鬧越凶，那就應該儘早立憲，結果是不搶反拖，那就只有著死了。這是一個很簡單的邏輯，就是看誰跑得快，這是一個與時間賽跑的問題。歷史不是後悔藥，一切都是公平的。康有為因為一廂情願，於是他就以宗法比附共和，卻不看清室的濫相。而種種的廢話，我們就不一一具列了。總之，康有為就是沒有把應該與事實可能及進展分清楚。辛亥年的問題，不是道理討論的問題，而是事況如何的問題。不是論理，而是謀事。所以康有為說，立憲者，國為公有之名詞云爾，這是沒有用的。康有為的意思是想表達，奧、德諸國既為公有，復迎故君為王，可見諸國所爭止在國為公有一事，目的達到了，誰是君主，這個形式人們就不再關心了。照這個意思來說，那就是希望以（清）帝為形式了。有一個統一形式在上，中國便不至於散亂。但我們說，從根性來講，中國還是與君主徹底了斷為好，因為這個國家容易反復。名分不廢，實必隨之，政治的權力之爭執、牽扯、陰謀傾軋、反復是一定的，那樣就陷入了一種循環輪迴的夾生。所以說中國必有此一痛，決不能貪圖眼下切近的歷史小利。一句話，君主之形式，必須一朝永廢。

　　康有為說，立憲大義，君民同受治於法下，君主不負責任、不能為惡，但保存君統，而不保全君權。我們說，問題的關鍵須擺清楚。為什麼要立憲？不是大家喜歡君主、離不開它，而是為了通過妥協來達成事情，免得流血的代價。現在你完蛋了，我註定成功，你已經失去了談判的資本，還有什麼可說的呢？這就好比一個人對強盜說，你不殺我，錢都歸你。強盜說，你在我手裏，你的錢已盡為我得，還有什麼資格談。所以說，立憲只在一個很小的範圍內對

清室有意義，就是當革命與否還在兩可之間的時候，即一切都是沒把握、不明朗的時候。這就是中國的可悲：不走到一邊倒的地步、田地，任何協議、妥協都達不成；等走到那一步時，也不需要談了，單邊宣佈、命令就是。說白了，中國過去的政治，從來就沒有無辜者，無論是哪一方，只有成敗之別，並無道義之分，拖不下去了就下，如此而已，也僅此而已。所以任何話都是多餘的，沒必要囉嗦。這也就是只認結果、不聽解釋。查理斯種是一個沒有生命、沒有是非的民族。

康有為說，現在朝廷已經下召如何，我們說，即以政治延宕之罪，便當永廢！若此「無心唯勢」之軀殼，存之做甚？康有為肉麻地說，今朝廷審天下為公之理，為中國泰山磐石之安，既明且決，毅然下詔，行不負責任之義，而一切付之資政院，立開國會，公之國民，定憲法而議立法，聽民望之所歸，組織內閣，俾代負責任，是朝廷既下完全共和立憲之詔矣。此一詔也，即將數千年來國為君有之私產，一旦盡舍而捐出，公於國之臣民共有也。此一詔也，即將數千年無限之君權一旦盡捨之，而捐立法權於國會，捐行政權於內閣，改而就最高世爵，仍虛名曰君位云爾。國民曰：國者吾之公產也，昔代理者，以吾之幼少而代管之，今代理者，已願將公產交出，吾等可享此公產而無事矣。又曰代理者，昔總吾公產之全權也，今已將公產權，讓出公議公辦，代理者不過預聞而簽一名云爾。故昔之憤然爭者，今宜歡然喜矣。故夫立憲云者，以君有之國為公有，以無限之君權，改為最高之世爵之代名詞而已，云云。

我們要問，自清季以來，中國何時安過？憑什麼說別人是弱智兒、而必欲代理之？清室只是在其崩潰的時候才交出權力，這是沒

有意義的。它既然可以在崩潰之際交權，怎麼能夠保證不在還陽以後又要收回權力呢？緩過氣以後，修改憲法是很容易的事情，法律是受力學控制的。所以康有為之議，不值一文。康有為又論革命一字眼說，日本人用之為改革之通名，無事不可稱革命，意思是很泛的。在中國革命專指暴力改易，在現在專門成了排滿。歐美都不是這麼用法。但是，這能說明什麼呢？虛弱的字眼求助嗎？連語言都不同！這是自欺欺人的。中國只考慮中國的用法，康有為的這種思維就是不合邏輯的，這無異於說要以別人為標準。但是有一點，即使這個詞其義有問題，那麼人們可以馬上換一個，有何妨礙？所以這種說理方式不是解決式的話語，而是岔開型話語。就好像說別人都如何、怎麼，但是又能說明什麼問題呢？我與他人本來是無關的，構不成理由關係。人類思維都有此名理問題，這就是「狂援」，也就是胡亂、強行拉扯一些什麼來充作理由和根據，這就是「拉扯」與「理據」不分，混淆而不別。很多人不是舉出、羅列道理，而是陳列、拉扯，即東拉西扯，所以是非法的。打個粗魯的比方，我們能夠因為害怕肚子餓就不解手嗎？當然不能。屎在肚子裏幾天不排放是要腐爛中毒的，我們不能以憋為辦法、苟且拖延，而只能快想辦法覓食，對此別無選擇。

康有為又說，漢人議員占十之九，因為政權實際上都是漢人的了。不用流血，通過憲政，滿、漢問題也搞定了。中國現在應該虛君共和，為什麼呢？因為立總統、改民國，爭就多。像美洲，每爭總統，則死民過半。而總統與總理大臣，名不同，實質卻一樣，都是最高行權官。為什麼要爭一個無與實質的虛名，而使山河破碎、人民死亡、文明破敗呢？所以康有為認同虛君的理由在此。簡言之，總統導致爭端，總理大臣則不會。但問題是，總理大臣的實權，

又如何不會導致爭端呢？須知，任何小官，華人都是要爭的。康有為講話十分囉嗦，他說英王也是從德國迎來的，中國對滿人，只要把它虛擱在那裏，有什麼不可以呢？實質上還是漢人掌握政權。但是他忽略了一點，中國人是無論如何也不可能在心理上再接受君主了，即使是經過讓步處理的，除去一部分人以外。

那麼，什麼是虛君共和呢？康有為說，中朝允開國會，許資政院定憲法。憲法既為眾議員所定，出於諸將兵力所迫，舊政府不能不從。眾大臣為總理大臣所用，而總理大臣由國會所舉，君主欲用一微員而不可得，等於平民矣。軍隊須聽國會之命，等於將官。君主不過虛位虛名，實則共和矣。這就是虛君共和。由此，皇帝就好像廟裏的擺設。而滿人改姓易服，不過又多了一個同化對象罷了。一切問題均不存在，如此弭亂，不是勝強內爭多多嗎？而漢已興矣。康有為認定了歲易總統以相爭殺、死人過半之事，這就涉及到一個最簡單的常識問題：總統為什麼在中國就是歲易的呢？可見法律上還缺乏任期的有力規定。如果說朝立夕廢，政治豈不是成了兒戲？所以總統一定要有一定的任期，在任期以內不得廢罷（即便是擺設，也要擺滿時間）。從這裏來說，孫文一開始稱臨時大總統，在政治上就是不妥的，他這種不自信，說明其內心還是有帝王情結，所以怕人論議，而不能當仁不讓。當時的中國需要的恰恰是政要強橫，否則在初期如何能迅速安定之呢？該一言堂的時候，就不能討論耽誤事。如果牽扯到實力問題，就說明還完全沒有軍隊建設。總之，孫文做事情很不到位。

我們說，人們的思考方式大致上分兩種，一種是老百姓思維，一種是政治家思維。所謂老百姓思維，大概是這種話語習慣和方式：你看人家的民生搞得多好，福利待遇，你再看看你，算個什

麼東西？政治家思維不管這些，他有自己所堅持的應該的想法。
老百姓思維，通俗地說就是生活型思維，是過日子的思維。無論
婚戀、工作各個方面，都有特定的腦筋標誌，一下就能認出來。
比如兩個人等著理髮，一下就聊起了工資住房，長長短短。政治
家只從大處、從綜合理勢考慮問題，即所謂大思維（總體視角、
大視野）。康有為當然不是老百姓思維，但是高明的政治見解也談
不到。

　　康有為說，中國人已經習慣於君國現實，以為君與國是一一
對應的。但新世正好反過來了，君與國迥別，且不相關。惜乎國人
不識新義！我們說，這都是沒有道理的自悖的話語。須知中國根本
就沒有這一新義。你要建立、待建立的不就是此新義嗎？有此現成
新義，則一切問題早不存在了。要建立新義政治，我不知道選更好
的？何必一定要此不徹底的夾生新義呢？憑什麼犧牲4億5千萬人
之民生幸福，而作無底之企望等待呢？去成就、遷就一私之轉化
嗎？康有為總結了一下歷史中國的亡國情況，類型如下：

> 權臣篡位，比如曹瞞篡漢，司馬篡曹。
>
> 女謁易朝，武則天。
>
> 侯邦革命，湯武、李唐是也。
>
> 草澤革命，劉邦、朱元璋。
>
> 內國相並，春秋戰國。

以上為內亡型，實則內亂耳，非真正的亡國。胡人入主，真亡國也。
但是有一個是絕對例外的，那就是滿人。因為滿洲一直是大明的臣
屬，封號龍虎將軍，所以它不是外國性質。這一點康有為也說到了，
但他不是單從春秋標準去講的，他有自己的心理，就是反對革命，

所以找了很多理由為滿人脫解。比如說滿洲古為肅慎，亦出於黃帝後，其入主中夏，猶舜為東夷之人而代唐、文王為西夷之人而代商。教化守周、孔，政俗用漢、明，只不過具體民族是滿族罷了。我們說，康有為在這一點上並沒有錯，不過他沒有必要提黃帝等，因為僅根據春秋標準，理由就足夠了。

康有為堅持共和政體不能行於中國，他說，孔子為中國之教主，陳三世之治法，廣大畢備矣。然後又是一大通比附，不用細數了。但是康有為說到一條，就是只有小國才適合於共和，大國並不適合於共和，歷史上。這一點很重要，是經驗之談。為什麼呢？因為力學的緣故。人群量大了以後，不整合即亂，必然是要有一端居於壓倒的，否則不能平衡。爭的過程，就是重新造成的過程。那麼，美國為什麼能夠搞好呢？因為美國是個例外，大國共和搞得好的，歷史上也只有一個美國。康有為總結其原因說：首先，美國的開國諸賢都是清教徒，只有救民於水火之心，從來沒有爭權位之志。屬地 13 州已有議院自立，本來沒有君主。美國人本來是英國人，現成地移植英國憲法，就兩個政黨。建國之初，只有 300 萬人，還是小國。美國以外妄立共和政體的，沒有不大亂不已的。我們說，兩黨制最合乎陰陽律。

其實我們說，美國能治好，與盎撒種的性質有決定性的關係，就是高度的獨立自理的政治能力和切實篤行的政治行動力，這與查理斯人的知而不行、無決斷迥異。康有為說，美洲各國效法合眾國政體，結果除智利外，無一不大亂。爭亂彌年、殺人如麻。康有為遊歷美洲，故有此感受。我們說，這是什麼原因呢？為什麼在美國搞得好、搞得成的事情，在他國就搞不好、搞不成呢？其實原因很簡單，首先是人種的問題。歐洲三大支，條頓、斯拉夫，而拉丁最

亂。康有為說到的法國、義大利、中南美洲，無一不是拉丁。南美洲就是西班牙、葡萄牙兩種。所以墨西哥就搞不好。這正說明，如果美國是拉丁人，那麼也就從來就不會有什麼美國了，也就沒有美國了。正因為美國是盎格魯撒克遜人（居主），而盎薩民族最講條理，最喜歡勞心、動腦筋，所以人類的高端原創都由他們開出。梁啟超講過條頓民族之優點，正在於此。簡單一句話，就是這個民族技術含量高！而且很會充分利用，曉得集中整合。別人 8 噸難得搞出 8 兩，盎撒 8 兩能搞出一斤半，從這個利用率來說，怎麼比？說白了就是識貨、眼睛尖，與查理斯人對價值本身缺乏尊重截然不同──焚琴煮鶴、糟蹋東西是經常的事，也就是浪費資源、視而不見。就這一點來說，中國若不培養成相當之習慣，則美國套路亦不適合於中土。很簡單的道理，自律者對他律很不舒服，他律者對自律會很滿意，因為沒人管他。所以真民主的，都討厭不自覺，而不自覺的人，無不喜歡民主，就是這個道理。其實民主就像鶴與琴，享受民主，首先要不煮鶴焚琴。康有為說，墨西哥立國 300 年，無歲不亂，後專制 30 年，國家情況才漸漸好轉。「蓋民主之國，難托命如是，誠不能引美為例也。」（《救亡論》）民主歸終是人的問題，拉丁人不行。

　　康有為是在為滿清辯護，但是他講的一般的道理也須考慮，畢竟這些都是經驗，不是空洞的概念和空談。康有為說，立憲君主與立憲民主，其制同、其民權同、國會內閣同、總理大臣事權與總統同，名位雖殊，皆代君主者也。爭總理大臣的，不過兩黨人，以為筆墨口舌之爭，並非交兵，文爭而不武鬥，所以國人不以為意。爭總統就不一樣了，非打仗不可，反不如有君主而不亂。所以康有為說，不是愛君主，而是愛國民。

　　但是，還是那句話，當時的中國，已經不是道理上的事情，而是怎麼都搞不好了。中國的君主還行嗎？否則他也不會垮了。黨人、政要各懷私心、利心，根本就不可能造就英、美的局面。針對有人認為應效美國公舉總統之法，康有為嗤之以鼻。他認死了一點，中國只可能以兵爭奪，絕不可能聽民選舉自決，因為中國的民眾本來就是受控制的，根本沒有權，自什麼自？所以說，中國的國民是他民，不是自民，關鍵是在這裏。除非人人為堯、舜，總統只有一個，當然要爭了。所以康有為說：「故斷斷言之，中國今日之時，萬無立民主之理也。」（《救亡論》）康有為說到，董卓死了以後，部將相互爭殺。我們說，後來袁世凱死了，也是這種局面。

　　康有為的話總給人一個感覺，好像太極陰陽魚那樣轉來轉去，而且是在自身內循環打轉，其玄機究竟何在呢？原來是一個政治自悖論。正如康有為說的，中國沒有素質，所以不能效法美國制。但是，正因為沒有這個素質，所以中國不可能保留君主、效法英國制啊！革命就是素質類型的結果。如果能夠虛君共和，也就用不著費事了——君主、民主都一樣，行共和也同樣安全、一樣好，只不過一個是英制，一個是美制罷了。反過來，美制搞不成，英制就搞得成嗎？也搞不成。要就都搞得成，要就都搞不成。有了素質，一切也就都犯不著了。犯得著，也就沒那素質。有素質，搞什麼都一樣，也就用不著強分——非此不可；沒素質，一切就註定沒戲、都搞不成，搞也沒用，只能聽天由命。不需要搞的，順其自然；需要搞，只能知其不可而搞之，實在是裏人！這就像教育，有兩種學生，一種不用教，一種再教也沒用。學得出來的，不用教也能行，所以不用教了；學不出來的，再教也沒用，所以不必教了。需要的不必，不要的不用。所以康有為講應該問題，其實只是一個可能問題。不

必與不用，應該與可能，這些似乎都需要擺清楚。正因為所有這些統統地加起來，所以才註定了中國 20 世紀的革命，只能是完成一個形式——共和。所以中國現代的革命就一個任務——完成形式、形式完成！這就是形式革命的完成——共和制形式（歷史任務）。

我們說，正因為沒有共和素質，所以君主立憲註定了不成功、搞不成。也註定了只有一個任務——革命。而這個革命註定了只有一個結果——共和形式建立！而這個建立註定了只有一個結果——名存實殼！這個空殼註定了一點——完成的也只是形式！所以說這是形式革命的完成、成功！中國革命的道路，彼時還停留在形式成功，並沒有建立、建設實質，這個民族群體的命運，也是坎坷多舛！但是，它必須被形式之鞭策之使前，直到名至實歸，形式成真，所需要的還是時間。君主立憲註定不能成功，就必然會革命；革命，就肯定會建立共和制。所以，正是沒素質建立了共和形式，而不是有素質建立了它，這是中國現代的大諷刺。中國現代革命、現代政治，統一都是無素質的成果，滑稽哉！反者道之動。有嚮往、沒素質，這就是中國的實情，也是中國的玄機。帝國素質造成了共和國，所以素質類型決定了中國永遠、或者長期都是共和帝國。中、美的距離也在這裏。人家是共和素質成就共和國家，你是帝國素質成就共和形式。人家順成，你逆取，內裏的效果怎麼可以雷同呢？

政治是不能車船碼頭化的。中國是自然主義的，英、美是理想主義的。至於理性主義、現實主義，則有自然主義的理性主義、現實主義與理想主義的理性主義、現實主義之不同。人的氣質分類，決定了其政治氣質性。華人的情緒發達，是因為節氣多。

康有為說，政體最奇妙者莫如立憲國之立君主。立憲君主之制，創於英國，而遍於大地。康有為的理由是，中國積 4000 年君主之俗，一旦廢之，爭亂必起，甚非策也。所以與其日後干戈爭總統，不如立一土木偶之君，以無用為大用，可以弭亂。名分定了，人們就絕了爭念。接著，康有為說出了一個驚人的意見，要立一君，誰能當之呢？畢竟須大家心服才行，那就是孔子之後。這樣，漢族問題也解決了。因為中國人是不可能像歐洲國家那樣迎立外國人的，心理上無法接受，而國內只有孔氏最有資格。怪不得康有為要大談各國立君之事，看來他也清楚清帝是玩不下去了。這樣，康有為的提議，就把事情變成了純粹道理上的討論，而不是忠於清室了。他說可以遷都山東、南京或者蘇州，可見這個人完全不懂軍政，怪不得後來他住在山東，他是想讓中國完蛋還是怎麼的？這都是完全不能守的地方，考慮都不應該考慮的。從這裏來說，康有為完全就是混球一個。

我們說，很多人還在考慮、討論多黨制，華人之言此者，實際上還是不脫江山輪流坐之老土主義，而蒙以民主之虎皮。參以美國兩黨制，此多黨之議可出局矣。因為大國行多黨制，黨爭必多，國事必亂。從這裏來說，中國對各黨派有一個形式姑息。

第五節　新民

梁啟超是清末有名的通才大師，為清季頭腦第一健全之人，其思想以新民學說為代表。《大學》云，在新民。梁啟超的新民思想，

其實就是要中國民族與時進化，因為以後的世界是一個不斷升級的世界。其立義至淺，但所論具體，絕不空言。

梁啟超說，從有人類起，直到今天，地球上的國家不知出現過幾千幾萬了，但是真能留存下來的，地圖上不過百十而已。而真正具有強力的國家，不過四、五個而已。這是什麼緣故呢？因為地利嗎？那麼同樣一個美洲，為什麼古代的印第安人就原始，而盎格魯撒克遜一來就強了呢？可見關鍵還是人，但也絕不是個別英雄。古代蒙古有成吉思汗，後來沒有了，馬上就不行；馬其頓有亞歷山大，後來沒有了，很快就不濟。所以關鍵是在人群，也就是民。只有普遍都行，才能保證源源不斷。而民要怎樣才行呢？就是一定要新之，這就是新民。長生久視要靠養生術，國之安富尊榮，則須新民之道。

梁啟超說，新民是今日中國第一急務，這是從內治、外交來說的。梁啟超講得很滑稽，他說，人們動輒說某甲誤國、某乙殃民，這不錯，但是為什麼會這樣呢？難道甲、乙不是從民間來的嗎？所以政府之成、官吏之出，都源自國民，這就是國、民一體的道理。實際上，梁啟超點出了一條定律：國民一體論！什麼樣的國民，什麼樣的政府、官吏。指責腐敗，就是指責人民自己的素質，兩者一一對應，絕對相等。一群聾子，產生不出師曠；一群醜鬼，必出朱元璋。如此人民──如此官僚政府，所謂種瓜得瓜、種豆得豆，絕無例外。所以政治批評不能自欺欺人。國民都是梁啟超，魔鬼、獨夫就出不來。

梁啟超說，國民文明程度低的，即使有聖賢治理，可是聖賢一死，也就人亡政息了。人類生活又重新開始鬼混、又是洪水滔天。反之，國民文明程度高的，即使偶然有暴君、汙吏，國人也容易收拾。所以，真有了新民，何患無新政府、新國家、新制度？如果三者不能新，只是因為沒有新民。民眾是老的，民族國家就不可能新。

何以見得呢？清末變法幾十年，無非是東塗西抹、學步效顰而已，沒有效果。今天變一法，明天換一人，有個屁用？這都是因為沒有新民啊！我們說，梁啟超真是一針見血。

那麼，如何才能最快地新民呢？我們說，就是把普及教育、義務教育中的《語文》課教學儘快改成《法》課教學，當然這是後話。應該說，近代學者語言混亂而頭腦多障者，大不乏人，清晰明快如任公者少見。針對有人說，安得賢君相？梁啟超問：所謂賢君相，怎樣才算及格、達標呢？以現在的民德、民智、民力而論，即使有賢君相，也無濟於事。尤其重要的一點是，梁啟超說到他遊歐的觀察，得出了一條：即使是一省、一市、一村、一黨會、一公司、一學校、乃至一個人，其自治之法，儼然一國家也。這就是普遍國家、泛國家之義。「國家」只是一般，國家是一個共相，而省、市、村、落、黨、校、公司，等等罷，只是各別的具體，是殊相，唯有國家才是共相，而這就是一般國家（國家共相）論，即共相國家傳統。

梁啟超所言是不錯的，我們經常聽說某業帝國，其實就是作為國家而規定的行業集團，去經營運轉、運營、運作。人民與政府的關係，完全建立在此基礎上，一切事情哪有不可為的呢？而這就是政治有序性，政治秩序就在這裏面。由此來看，當初歐洲一國與中國戰，為什麼中國敗？就因為中國是一個國家，而且是私國，還不是公家；而英國呢？則像是無數個國家——每個人、每個團體就是一個國家，中國等於是在跟萬國戰，敗成那樣，還算好的。所以，中外的國家性不同：中國的結構，傳統上是家、國的，嚴格來說還不應該是國家，而是家國。所以我們以後需要把語序給正名清楚：中國是家國，英、美是國家，家國是幹不過國家的。所以，家國是同心圓性質的，而國家則是共相的、泛一般規定的。中、西之規定性不同。

　　這種一般與共相的傳統，正好解釋西國的歷史性質——國家是一個共相、作為共相而存在；而中國則是臺階型的，國家只是一個級別、輕重而已——可以上升，也可以下降。升的時候——蒙古汗國（亞歐大帝國）；降的時候，江浙一隅而已。界限不固定，也不是很明確。民族亦然——同化了：中華民族；異化了——我不認識你！都是輕重。

　　歐國的個人都是當成國家來治理、經營的，這叫當時的中國怎麼對付？彼時中國根本就沒有基礎建設，庶民這一底層是不管的。民為芻狗，與民為國家，每個人是一芻狗，與每個人是一國家，這是天上地下的差別。芻狗 PK 國家，如何能勝？所以歐國之君相，每每要倚仗國民；而中國之民，卻常常要乞憐於君相。不變過來，怎麼得了！梁啟超譬喻說，這就像鹽，每顆鹽都是鹹的，一大堆鹽就更鹹。但如果是沙土，再像泰山一樣高，也談不到鹹味。可見「是」才是最重要的，要必須「是鹽」才鹹，否則不行。「有」則是其次的。從梁啟超之所論，我們能夠看到什麼呢？能得到什麼啟示呢？那就是，中國的結構序列是：

修身／齊家／治國／平天下

而歐國則是：

修國／齊國／治國／平國家

國家就是團隊、團隊就是國家，公意識就容易發育、發達，只是一個共同體。每一個單位都是作為國家來規定、對待的，其國家認同實非他人種可比，其凝合力於此可見。當然，此傳統是從古希臘一直下來的。能否這樣說：現在天下無道，沒人管教我，所以我無所不為；上

一位皇帝是聖人，他命令我們大家：爾等必須守禮，安分守己、個個聽話，要為良民、勿為刁民，否則朕必罵之！那個時候我的素質可高了！哪像現在這個樣子，低得不像話……這是典型的草民懶漢思想，似乎人的質量不是靠自己，而要別人命令似的——就得有人罩著他。所以清一色的，學術、文化、生活、經濟、社會、政治等等，不行了，就統一的都怪上面，這是典型的、地道的中國式思維，亞細亞批評方式！就是從上到下。所以我們不得不問：自己是幹嘛的？

因此，人們的思維習慣必須倒過來：不是政治決定我們，而是我們締造政治！英國打敗中國，就是靠的「公必戰勝」。所謂公家，家都是公的，這與國都是私的——私國，恰成對比。所以公私、家國之間，這些個二分組，一定要擺清楚。由此，孝應該說是一個腐朽、沒落的觀念。因為很簡單的道理：有感情，不用提孝，孝自在其中矣；沒有感情，孝必殺人、摧戕生命！說穿了，孝是大私！如果是以禮治之，就更用不著扯孝了。所以從某種意義上說，儒家就是禮家，對兵家而言。所謂禮，就是在沒有感情的情況下的底線安全保證，因為仇恨是可怕的。所以劃一條線，人們不得越過，這線就是禮。越過此線，就是戰爭——兵。所以禮是什麼？禮就是弭兵！下行思維，不是首先求感情，而是首先防仇恨。因為感情不可期，而仇恨不能料。不明白感情、仇恨這個二分組，就不能理解禮思維！從這裏來說，現代國家的常識，在梁啟超那裏已經完成了，或者是初具了。後來到胡適手裏，又作了進一步的推進。所以梁、胡二人，是近現代的二老：梁啟超是舊常識革命——新民思想，胡適是新常識革命——美國主義。

就國民性之根源，梁啟超說，好比一家人，各謀生業，不願意為別人的拖累，這家人肯定興旺——這是有出息的人家；而指

望家長的，都是懶漢思想。家長不行，一家人就餓殍。即使家長行，退一萬步想，為了養活我而辛勞，我受用嗎？這才是根本。所以我們說，華人的劣根性也在這裏，就是甘為兒孫做馬牛，兒孫當然是不肖了——缺乏自尊心！國家也是一樣，下面望著上面，相互指責，而責望於人，自責必淺；我責望人，人亦責望我，「是四萬萬人，遂互消於相責相望之中，而國將誰與立也？」「而此責人不責己、望人不望己之惡習，即中國所以不能維新之大原。」「今之動輒責政府、望賢君相者，抑何不恕！抑何不智！」（《新民說》第二節）所以新民者，各人自新而已。也就是每天升級的改進論——越變越好。

梁啟超說，從外交來看，16 世紀以來，歐洲所以發達、世界所以進步，皆由民族主義磅礴沖激而成。那麼，什麼是民族主義呢？就是各地同種族、同言語、同宗教、同習俗之人，相視如同胞，務獨立自治、組織完備之政府，以謀公益而禦他族是也。這種主義發達既極，到了 19 世紀末，便成為民族帝國主義。

我們說，梁啟超的定義、界說是相當清晰、明確的，不容商量。民族主義，是優先的問題。對這一事實，我們應該怎麼看呢？正如前面說過的，在歐美「共相國家」的歷史性質下，與中式結構、中國構成當然不同，二者各有利弊。比如中國習慣說修身、齊家、治國、平天下；那麼按照共相國家就成了修國、齊國、治國、平國家，因為省、市、村、落、黨、校、公司、個人等等，都是作為「國家」來規定的，是國家的殊相與各別。由此，歐美政治必然會停在國家團隊這一級臺階上，那麼，對他們來說，天下也就成了我國。比如說，全世界都是為了我大英帝國、日不落帝國而應該如何如何的，所以不是我為人類，而是人類為我；不

是天下為公，而是天下為我。國家即人類、國家即天下，國家即英國、美國……。由此，共相國家所開出來的，就必然是殖民大歷史，這是三然的。它決不會把天下經營成為影響力制度的那種東西，這是顯而易見的。所以人類諸名只是一個國際政治、世界軍事的口實，是一個必要的理論利用和效果。至於在後殖民時代，公義之表演與兌現大勝於前，並不是因為（人類）善良，而是因為勢──不得不遠遠的更好一些，這就是「戲演一千遍、必然成真」的鐵律。所以，政治改良的道路在於演戲，而非造反。這也就是俗話說的假戲真做、弄假成真。弄假必成真，武術套路對練就是利用這一原理。「六四」的悲劇，就在於不讓戲收場。

梁啟超說，國民的實力，充於內而溢於外，於是擴張權力於他地，以為我之尾閭。其下手或以兵力、或以商務、或以工業、或以教會，所有這些，全用政策指揮調控。俄、英、美諸國皆然。今於東方大陸，有最大之國、最腴之壤、最腐敗之政府、最散弱之國民，彼一旦窺破內情，於是移其民族帝國主義，如群蟻之附：俄──滿洲、德──山東、英──揚子江流域、法──兩廣、日──福建，無不如此。

梁啟超說的，就是近代中國面對的形勢。尤其是，他深刻地指出，民族帝國主義與古代帝國主義是迥異的。古代帝國主義是一時的，比如成吉思汗等，不過是抱個人之雄心；而民族帝國主義則是由於群體之膨脹力（其實就是級數帝國），所以其腳步是停不下來的。因為那是一種集體定向行為，是持續性的，沒有止盡。亦即──滅國戰。

這也就是說，偶然出現一個人如何如何，無非是急風暴雨而已，驟雨不終朝。僅靠自然收成、年成似的搞法，那是不行的──談不到可持續發展。就拿成吉思汗來說，他再能，一死也就完了。

可是一旦學校化（成吉思汗學校）培養，成吉思汗們就會源源不斷地冒出來。誠如梁啟超所說，一兩個人前來，可以仗著英雄、豪傑對付之；可是一旦彼民族全體不得不來，就非集合我民族而不能禦之了。所以說，近代中國正好趕上了這個大漩渦——人類大歷史的漩渦，所以中國是逃無可逃、遁無可遁的，這就是命。彼以一時之氣焰而來，我可以鼓血氣之勇以抗之；彼以可持續發展之政策而來，我何以禦之？曰：非立百年宏毅之遠略，必無從倖存也！所以，今天抵擋列強之民族帝國主義，唯有我行我民族主義之一策，這就是廟算——只有新民。

　　梁啟超說，新民並不是簡單的盡去其舊，好的當然要保留。所謂新民是什麼意思呢？就是溫故而知新、君子擇善而從，迅速升級。梁啟超說：「凡一國之能立於世界，必有其國民獨具之特質。上自道德、法律，下至風俗習慣、文學美術，皆有一種獨立之精神。」（第三節）此獨立之精神一說，後來陳寅恪也強調。父傳子孫，然後群集而為國家，這就是民族主義的根底和源泉。中國能立於亞洲大陸，必有宏大、高尚、完美之特質，異於群族，這是我們應該保存並為之驕傲的。由此可見，梁啟超的新民論，是一種查漏補缺的思想及方法，而不是粗暴的否定思維。是先肯定、承認優點，而不是以缺點為本體。梁啟超的意思是——不斷作自我升級，而不是廉價替換。所以梁啟超說，人人以守舊為厭倦，但是我要說：患無真能守舊者！真要能夠守舊，就是淬厲其固有。

　　從這裏我們能夠得到什麼啟發呢？很多人都喜歡說認識你自己，但是認識自己首先是什麼？就是先要認識、知道自己的優點，然後再查找缺點，這也就是錢穆講的，正面的建設才是主要的，而非反面的破壞，所以人們恰恰是搞反了。我們看 20 世紀以降所謂

的文化批判，與解釋學相較有何不同嗎？解釋是上樓，批判是下樓。一個不斷地自我肯定、辯護，一個不停地自我否定、批鬥，像這樣搞，落差不越拉越大才怪！所以說華人不學無術。為什麼不學無術？因為不知世界，只盯歐西。不兼觀、只偏觀，貪圖現成、便宜和捷徑──知識上的勢利眼、知識勢利主義，所以其報應就是睜眼瞎，支付高昂的代價。

梁啟超說，以前中國只有部民，沒有國民，這是由勢決定的。為什麼呢？因為中國位於東亞大陸，周圍都是小蠻夷，沒有一個大國。這就造成了一種國民思維──以中國為天下。傳統上中國人的訓練，有可以為一個人之資格、一家人之資格、一鄉一族人之資格、天下人之資格，但是獨無可以為一國國民之資格。國民之資格，不是說它就如何優於其他各項，而是說處今之世，沒有這種素質不行──不能自立於世界。欲強吾國，必博考各國自立之道，而民德、民智、民力，實為政治、學術、技藝之大原。

梁啟超講的新民之道，不可謂沒有道理。但是萬國凡能自立之道，到底是什麼呢？比較到最後，就是一個簡單的答案──兵。沒有說任何一個發達、先進、強大的國家，兵是不行的。先進、發達、強大，首先就是兵行。人類的一切高端、頂尖技術，都要靠軍工拉動；人類要在宇宙中討生活，第一個離不開軍工。我們誇獎一群人個個拿得出手，總是說：像軍隊一樣整齊！即使是個體，比如男性，武藝好，別人對他就輕視不起來。所謂人無威則不重。而軟弱呢？別人對他肯定重視不起來，這是很簡單的道理，這就是剛柔、強弱。

梁啟超說，世界上萬事之現象，不外乎兩大主義──保守與進取。這又是一個二分組。人類對於此二者，或甲或乙，或者衝突，

或者調和（又是一組二分），而衝突是調和的先驅。「善調和者，斯為偉大國民，盎格魯撒遜人種是也。」（第 3 節）但是有一點，盎撒人只是對自己才不選擇流血，對於異類，總在流血，此其國民性，不可偏觀。梁啟超對毀滅傳統、抱殘守缺這兩種傾向，都是極力反對的。所謂小人反中庸，過猶不及。他說，當今是以民族主義立國的時代。民弱則國弱，民強則國強，這就是一一對應的形影關係。梁啟超列了一個地球民族的大勢表，曰：

黑色民族

紅色民族

棕色民族

黃色民族

白色民族　　拉丁民族

　　　　　　斯拉夫民族　　奧國

　　　　　　條頓民族　　　日爾曼民族　　德國

　　　　　　　　　　　　　盎格魯撒遜民族　　英、美

方今之世，白人最有勢力。而白人裏面條頓最有勢力。條頓中盎撒人最有勢力，這是一個淘汰賽、一個金字塔。人類一旦接觸、交通、爭競，這個淘汰賽就是必然的。由是，優勝劣汰之情便立見。歐洲各國之建，無一不自條頓人之手，為當今世界之原動力，而盎撒人尤為主中之主，英語遂進為人類通用語言。梁啟超說，這不是我講勢利話，這些已經成為史實了。於是，根據求上原則，梁啟超將目標所指直接鎖定在盎撒。

　　梁啟超說，盎撒的優點是什麼呢？一句話，天行健，君子以自強不息！也就是乾卦。所以，其他的人群只能發生文明，而盎撒人

能光大文明。其他人有開化、無進化，盎撒人老在進化。說白了，民族優勝乃是一切之源。盎撒人的政治能力極強，實非他種人可望。無論古今中外，咸推政治學為人類最高之學問。但是中國歷來，實際中只有權術而無政術，有實踐經驗、無真正政治。梁啟超說，古希臘人也有政治才能，但是只能集注於最小之公共團體，其缺點有三大不足：人民之權利不完、團體之間不相聯屬、無防禦外敵之力。故希臘人數千年不見天日，而斯拉夫人總在暴政下呻吟。此等人種，皆不足據、概不足論。至於拉丁人則大而無當，好虛榮、少沉實、反中庸。一下抱殘守缺、腐爛，一下狂飆突進、瞎胡來，法國最為典型，百年之內，變政體者六，易憲法者十四，純係瘋子，亦不足據。老子曰：多易必多難，其是之謂歟！名為民主，而毫無地方自治與個人權利。盎撒人則不然，其獨立自助之風最盛，說白了就是：一切靠自己。守紀律、循秩序之念最厚，常識最富，決不肯為躁妄舉動。所以法國大革命單單動不了英國，騙子黑格爾覺得不可思議。盎撒權利思想最強，最喜冒險，性質堅忍、百折不回。以實業為主，不尚虛榮。最保守，善窺察，應時而變。其以百里而霸，非天幸也，民族優勝也！

我們看任公所論，透徹明快，足為標準。盎撒政治能力最強，故大政治家不乏人。相形之下，中國的情況是怎樣呢？直言不諱的說，政治家少，政客多。但是到後來，就連梟雄、權謀之政客也少了，清一色都成了政治職工。而政治職工是很難為國家開出大局面的，他們只有底線自保的思維和想法，而絕無偉大的擔待。政客雖無德行，可還有能力；政治職工就連才力也是欠缺、貧乏了。像顧維鈞，我們看他的文字記述，不就是一個放大了的外交辦事員嗎？這種人是不可能為國家開生面的。

　　我們說，中國文化最致命的缺點、弱點、不足是什麼？就是它缺乏侵略性！如果有人覺得侵略這個詞太扎眼，那好，我們換一個說法——經略！孫子兵法曰，廟算高遠者勝！無廟算者恒敗——必亡！什麼是廟算？政策性！持續的政策！我們看古代的秦國，就最富於政策性——幾百年國策始終不變，就是要統一。一挫再挫，百折不回。真的是越輸越打，再輸再打，直到成功。這種特質、性質，很奇怪，自秦以降，在中國歷史上就再也沒有出現過。秦帝國成了歷來被猛烈批評的反面典型，所以是絕對不會有、決沒有一個王朝願意效法秦、步其後塵學它的。這首先是認識上的問題。而事實卻是，人類自近代以來，盎撒最像古代的秦國、最富侵略性——國家政策數百年持續不變，一定要有結果，一定要見分曉，完全是一種進取的國家哲學——乾卦（蛇）。由此，對查理斯民族這樣軟弱的群體來說，應該怎麼做呢？那就是——建立普遍量化標準。亦即——下等人經歷一百次失敗再放棄，中等人經歷一千次失敗再放棄，上等人經歷一萬次失敗再放棄。苟能此道，雖弱必強、雖柔必剛、雖愚必明。當然，這是指重要的事情而說。發明家往往要經歷千百次失敗才成功，所以失敗不算什麼，它是人類的本分。精神一下就崩潰的玻璃心，那才真是有問題。說白了，就是無韌性、受不起打擊。像什麼投降派、繳械派、南渡派、完蛋論者，都是這種貨色。可偏偏理論還「僭奪」在他們手裏，妨礙很大。

　　近代民族主義的宣揚是必然的，因為中國的民族主義實際上是緣於一種安全概念，說白了，就是不能再拖下去了，再等不得了！中國歷史上，在民族問題這件事情上從來都是顢頇的，民族之雜，漫無管理、控制，任其自流。漢以降，漢族形成；民以後，講中華民族。無論孫文、梁啟超，都免不了講民族主義，可見這是大趨勢，

逃不掉的。也是從這裏來說，近代以來，列國的民族帝國主義，加快了華民族迅速定型的步伐。這是一種自我定位的覺醒與自覺，也就是完成自我規定的理念具備，即族格。

梁啟超說，現在天下都憂外患，但外患可不是一憂就可以了事的。以民族帝國主義之頑強突進、堅韌遠大、百折不回，而朝廷上下還在商量果真為患與否，何其愚也！中國近代的失敗，說白了就是因為愚昧，即腦子不管用。尤其是士林，完全還是一副舊腦筋。所以梁啟超說，患在內不在外，這個內，就是華人本身的質量的問題。同樣是民族帝國主義，為什麼英、美、俄、德、日等國不彼此互相施諸對方頭上，卻都一股腦地施諸中國了呢？這是因為你自己有巨大的可乘之隙、空子罅漏。這就好比身體好的，風雪不能害之；體質差的，春風一吹就打噴嚏。所以中國的事情，不能恃一二英雄、賢君相，而要4億人皆強。民德、民智、民力，都能對抗一切強力，這雖然是迂緩之計，但是捨此別無他圖。再往下拖，就是今天的條件也沒有了。所以越晚越壞，晚痛不如早痛、長痛不如短痛。

梁啟超的話，其實說明瞭一點，中國的事情須分兩步走：兵是前鋒，教育要緩緩跟上，這是先鋒與中軍的關係。沒有兵，明天即亡；沒有教育，永遠是植物人，二者無非是速死與漸亡的關係，所以新民是必然的。最好的局面應該是，16億華人就是16億個獨立的思考單位，只用自己的頭腦去思想，只相信獨立自我，絕不盲從信教，因為與其信教，不如創教；與其做信徒，不如做教主。軍事建設來得快，立竿見影，而教育來得慢。有了武裝安全底限保障，教育就可以消消停停地做了。

我們說，咸豐夫婦統治的時期，是中國的魚爛期。針對歷史中人民素質低下、所以還不能實行選舉的論調，有沒有對治的辦法

呢？有，那就是選舉國民教育總長。比如說，蔡元培能夠團結大家，那麼，中國的教育的事情就全都交給他管，官方政府不問──教育是一個獨立王國。但是有一點，如果教育辦糟了，官方也不負責，一切都算教育總長蔡元培的，由他直接回答、面對國民的質詢。這就是普遍分權制度。按此類推，出版的事就都交給張元濟；胡適是美國通，駐美大使就是他了。等等罷，這樣就形成了一個百衲本的政治的局面──各行其事，分頭負責，協同努力，而責無所逃。百衲本政治，就是最理想的政治，真正是做到了行家用事、裏手治國，則國沒有不強的。這些人都是最優化的，在他們各自的領域。為什麼呢？就因為他們都是有著公認基礎的──人們一致肯定他們，除非有偏見。而且這些學者不會貪污，他們可以完全不要工資，於是，經濟腐化問題，都不存在了。這樣的政治人群、黃金團隊，這樣的不愛錢、不要錢、只要共同體的文官制度構成，再加幾個不怕死的武將，那麼，岳飛講的天下太平，也就輕鬆地達成了。而不怕死，比不愛錢容易，何以見得呢？俗話說，要錢不要命，其是之證也。由此，一旦實現了普遍選舉最優人選的辦法（比如教育選蔡元培、出版選張元濟、駐美大使選胡適之，等等），那麼，再去選舉更高的元領便都不成問題了──無非是如法炮製：幹得好就一直做下去。比如蔡元培，有什麼必要退休、換人呢？讓他為大家服務好了，人們不是很舒服嗎？除非蔡元培自己累了、病了或死了，連選舉的次數也省減了，真可謂四兩政治、劃得來也。由此來說，國家機器真正需要直管的是什麼？就是軍政。除了兵事，其他各種事務都是軟性的，完全可以鬆開。按照分工律，國家便可以無為而治，憑什麼？靠的就是政治共同體的素質。

於是，中國應該怎樣分頭改進、速造新國民，也就一目了然了。如下：

一、公德

梁啟超說，我國民最缺公德。那麼什麼是公德呢？人群之所以為群、國家之所以為國，它們所賴以成立的德，就是公德。人類的一大本性，就是它的群性。這群性必然有一個貫穿的東西，就是公德。道德分公、私兩端，獨善其身是私德。中國人的思維，一般是私德型的，只理解私德，而人人相善其群者，謂之公德。所以公德就是群德。拿中國的歷史政治來說，朝廷就是私德構成的──大臣們多是私德型的。沒有私德，人就立不起來；而沒有公德，人就團不起來。這是一個二分組。中國因為在公德方面不足，所以其歷史國家的組織動員力就成了根結性的問題，清末就是報應。梁啟超說，以語、孟為例，其中所教，十之九都是私德，公德不足十分之一。孔、孟盡在說自己怎麼樣。我們說，僅此一點，孔、孟足以當聖賢嗎？抑或，聖賢本來就是私型的？不過大同、天下為公等義又是他們講的，這應該是公了。

梁啟超認為，從《尚書》到《大學》、《中庸》，等等，私德發揮幾無餘地，所以歷史中國之知識人，是用私德武裝起來的，武裝到頭腦。我們說，道德天生是古代，而私德尤其是古代。傳統計程車子們，自己就不能說有多先進。梁啟超說，私人是相對於公人而說的。私德不足以造就完全人格，非合公德不可。梁啟超之說，可以說是對中國傳統道德論的正本清源。他對舉說：

> 中國、舊倫理：君臣、父子、兄弟、夫婦、朋友、私人對私
> 　　　人、私法
> 泰西、新倫理：家族倫理、社會倫理、國家倫理、私人對團
> 　　　體、公法

梁啟超說，道德全體，必兼合公德、私德兩者乃可。中國所亟待補充者，公德也。中國的歷史德育，範圍越縮越小，這個從理學就可以看得很清楚。稍微有講公益、公德、公利的，世俗腐儒們動輒以譏笑打壓之，馬上就拆臺，說什麼不在其位、不謀其政之類的廢話，純粹一群混蛋！而國民益不知公德為何物矣。最無恥的是，生息繁衍於一群之中，只享受權利而不盡義務，說什麼我獨善其身，我雖無益於群、亦無害於群，殊不知無益就是害。為什麼呢？因為群有以益我，而我無以益群，這樣我就成了「債客」。但是一個群體，其血本能有幾何？如果人人只是消耗、沒有增補，何可長也？「此理勢之所必然矣。」（第 5 節）方今中國所以衰弱，還不是寡過的「善士」們太多了嗎！一句話，中國傳統的讀書人除了假清高，沒個屁用！說穿了，他們只有一個優點——語文不錯。後來不犯錯誤的好同志就是這種人。梁啟超說，人人視對群體的承諾為無有焉，人雖多，其實沒人。

　　梁啟超打比方說，子女孝順得力，則兒孫越多家族越興旺；反之越為其累。國家之於國民也是如此，無群無國，則吾人無所託付、無以寄附，不能一日立於天地間。所以報群報國之義務，是每個人的本分，不能推的。放棄公德，則私德也談不到了。用梁啟超的話說，就是——名教罪人。「明乎此義，則凡獨善其身以自足者，實

與不孝同科，案公德以審判之，雖謂其對於本群而犯大逆不道之罪，亦不為過。」（第 5 節）

梁啟超指出，中國沒有一人視國事如己事，都是因為公德沒有發明。所以華人不知有國，只知有己。軍政首腦、官僚群體都是如此，不貪錢或者少貪錢就是最好的，就到頂了。官吏是利害型的思維習慣，而不是公眾委託型的。此中國政治不進化、無進化之大原。

梁啟超謂，道德之立、道德所由起，以利群也。要以能固群、善群、進群為歸。英、美以違憲為大逆不道，歐洲古代惡道德甚多，比如公妻制、奴隸非人，等等，至近代仍不變。但有一件，歐人雖係蠻族，要之，無非是：有益於群、為善，無益於群、為惡。「至其道德之外形，則隨其群之進步以為比例差。」（第 5 節）地球上，群體的文、野不同，所以其道德也就不同。因此，世俗道德是隨時升降、隨世升降的。可以說，私德變遷少而公德變遷多、變遷大，因為私德簡單、公德複雜。所以梁啟超說，處今之世，深察宇內大勢、吾民族之宜，當發明一種新道德，知有公德，而新道德出焉、新民出焉。公德的目的就是利群，這也是梁啟超一以貫之的綱。

他說，現在談維新的，什麼都敢言，就是不敢講新道德。「此由學界之奴性未去、愛群愛國愛真理之心未誠也。」（第 5 節）這句話真是一針見血，就是指出，中國的知識人其實是奴化的。知識人都已經奴化了，群性還能有什麼前途嗎？所以奴命、賤命就是必然的。尤其梁啟超說的愛三之心未誠，這是對大學誠意的最好注解。所謂誠意，就是要真的是這樣。比如說，我就是喜歡思考，除了思考，我對什麼都不感興趣。那麼好，你去思考好了；我就是喜

歡錢，除了錢，我對什麼都不感興趣。那麼好，你去賺錢好了，等等吧，都有其用處。所以，齊物論是什麼？齊物論就是最理想、最完美、最優化的分工、協作。所以教育應該是齊物型的。從這裏來說，誠意與克己是相對的，是一個對比二分組：誠意了就不需要克己，不誠才克。比如，我是真的只對國事感興趣，愛真理，這個意是誠的，誠就是真。於是，在此天性之下，自然就是——看不慣的、他就要說，哪裡用得著正義總動員呢？所以梁啟超說得沒錯，儒士成了奴士，他們根本就沒有這顆心（中國人習慣於說心，西人習慣說 idea；梁啟超說的此心，就包括西洋所謂 idea），哪裡還談得到其他呢？所以從這裏來說，我們可以把清季叫作真空時代。尤其梁啟超說到，現在正是一個道德青黃不接的時候，前後上下夠不著，兩頭輪空，所以人們或者彷徨，或者虛無，或者唾棄，或者等等，結果有些人又想端出理學來救急，這哪裡行呢？如果不趕緊發明一種新道德，我恐怕以後是智育益盛，德育愈衰；泰西物質文明盡輸入中國，而 4 億人率為禽獸。所有這些，不幸都被梁啟超言中了。他說，我只恨自己才力有限，不能完成道德革命；但是我不怕與世界決鬥，我要研究下去，以我的熱誠之心——愛群、愛國、愛真理！這種決鬥精神，就是以一己之力與整個生態相抗爭，孤獨之壯也。

二、私德

我們都知道，中國人的頭腦習慣，都是下意識私德型的。比如說誰不好，就講他亂搞男女關係，等等吧。從政客到平民，概莫能外。所以在私德標準下，道德＝性，被高度簡單化了。道德就是性、就是性德，這也許可以附會以文化人類學的解釋，因為初民都有各

種各樣的、天然的性禁忌，諸如塔布之類，等等罷。所以，私德乃是一種初民習慣的自然遺留。比如崇禎，就一直有人替他辯護，否認其為亡國之君。就因為崇禎雖然政治搞得亂七八糟，但他不近女色、天天熬夜、自律甚嚴，等等，所以仍然有著數不清的同情者。足見「私德結」在人心中的強大。可是我們說，私德再好，還不是照樣亡國，有個屁用？所以問題須進一步廓清。梁啟超說，他著《新民說》，原本是從論公德開始的。因為時人對公德、私德頗發生混亂，所以不得不說。

首先是私德與公德的關係，這無論如何是首當其衝的問題。梁啟超說，私德與公德不是對待的名詞，而是相屬的名詞。群與一的關係、團體與個人的關係在此。公德謂一團體中人公共之德性，即個人對於本團體公共觀念所發之德性也。聚群聾不能成師曠，所以沒有私有之德性，則公有之德性不能成。對自己都還不能守信，能夠信於人嗎？現在都說公德，而效果奇差，這是因為國民的私德低下啊！所以培養國民私德是第一義。

我們看梁啟超所言，第一個問題就是私德與公德如何劃分？所謂的私德，到底是私德、還是其實、實際上是公德呢？比如說不隨地吐痰，乍一看是自律好，似乎是私德，其實是公德。因為自我約束的人，他想到了：在公共場合應該注意。至於無信，這確實是切實的問題，怎麼辦？我們說，少（慎）承諾。不承諾，就沒有失信的問題，這是消極的辦法。

梁啟超說，公德與私德豈嘗有一界線焉？德之所由起，發生於人與人有交涉。像魯濱遜那樣置身荒島，當然無所謂德不德。所以東、西同認有益於他者為德，有害於他者為不德。所以公、私之名只是出於方便，其實德一而已。公德者私德之推也，知私德不知公

德，所欠只在一推字。蔑私德而謬托公德，則推之具也沒有了。故養成私德，德育之思過半矣。很明顯，清末人士不可能拋棄私德傳統。這不是單純論理的問題。

其次是私德墮落之原因，梁啟超說，私德墮落，以清季為極。他總結了五端：一、由於專制政體之陶鑄（政體關係私德）；二、由於近代霸者之摧鋤（強暴關係私德）；三、由於屢次戰敗之挫沮（兵關係私德）；四、由於生計憔悴之逼迫（經濟關係私德）；五、由於學術匡救之無力（學術關係私德）。暴政之下，苟欲進取，必以詐偽；苟欲自全，必以卑屈，否則不能取得社會優勢。遺傳相熏，日盛一日，即使有至誠之士，也不得不用彈性手段做事，何況是志意薄弱者呢？如果是自由國，則大政治家、大教育家、大慈善家，完全可以用溫和的手段，為人群服務。所以，單純指責人性，不如指責暴政。顧炎武謂，天下無不可變之風俗。三千年風氣之升降，可謂繁矣。如東漢尚節義，曹瞞用汙佞，而我民族之穢德，夐千古而絕五洲，豈偶然哉？「何意百鍊鋼，化為繞指柔？」實際上，君主真的是缺乏一種我即真理的自信和霸氣。

尤其是第三點，由於屢次戰敗之挫沮也。這說明，一個不善戰的人群，其品格定然卑曲，就因為人格偷苟，無藥可救，這是氣質性與義理性的固定關係。所以，不能打仗的民族肯定缺德，其缺乏英雄氣概是肯定的，因為道德絕對是英雄的專利，懦夫怎麼可能道德呢？道德是需要勇氣的——敢愛敢恨、道德是一個能力問題，對此有什麼好辯解的呢？比如，但凡做人不怎麼樣的，也註定了搞不出大學問，這些都是不用說的常識。我們說，華文化的根本不足，就是它缺乏侵略性，也就是偷苟、軟弱，即無能。華文化的缺點就是無能，無能怎麼可能道德呢？所以練兵就是練（道）德，戰爭最

是道德歷練。人類舉凡最崇高、壯美之德行，無不經受過血與火的洗禮，所謂可歌可泣，史乘昭然。故曰，德者，武事也、武道也，武必篤行之，非一文事耳。德役和兵役是一樣的——德役＝兵役。雖說不可主動挑起戰爭，那很危險，但是當別人挑起了戰爭，自己怎麼可以回避呢？這正是歷練自我的好機會——驗證吾人平生之所學。完全無事，人會軟化的——這是一個不自覺的過程。梁啟超說，國家之戰亂，與民族之品性，最有關係。他列了一個表，如下：

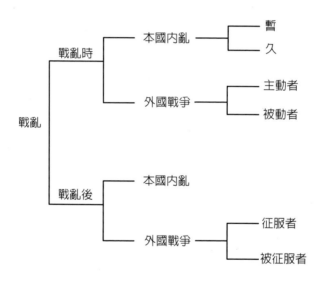

梁啟超曰，內亂者，最不祥物也。凡內亂頻仍之國，必無優美純潔之民。我們說，中國歷史中內亂最多，可以肯定，如果近代以來歐西不侵華，那麼緊接著而來的，肯定是朝代輪迴、循環；正是歐西的侵略，迅速使中國近代的共同體意識覺醒，開始出離互不認同、互不合作的格局。這是十分無情的事實。梁啟超總結說，當內亂時，其民必生六種惡性：

一、僥倖性

二、殘忍性

三、傾軋性

四、狡偽性

五、涼薄性

六、苟且性

多麼刻骨！比如司馬光說，閩人狡險，就是因為生存資料極度貧乏、極度無能造成的。有才智的人，不是想著利群，為公共社會謀，而是日思夜想動用心術，為自己謀一時之快，這就是僥倖。亦即利己主義者，自私自利、只顧自己。禽獸之行司空見慣，人們早就麻木了，見怪不怪，當然殘忍。都厭惡對方，人憎惡人，不傾軋才怪——傾軋社會絕不和諧。非狡兔三窟不足以自全，朝避猛虎，夕避長蛇，滑稽之至。一己尚且不能保全，何況親友？愛的教育當然是談不到了。故仁質斬斫殆盡，人人自危，無暇遠計，與野蠻人不知將來無以異。要之，前三性多為桀黠之民所含有；後三性多為柔良之民所含有。

又云，內亂後，其民亦生兩種惡性：一曰恐怖性，二曰浮動性。噩夢之後，膽氣全消，久失其所，難以恢復，秩序全破，民無依歸，所以內亂最最不祥。比如法國大革命，最為驚天動地，結果呢？全國之民，互相剚刃於其腹，以至於幾十年後，國民仍失其常度，像瘋子、神經病。法國至今不能成完全之民政，以元氣損傷太過也。

梁啟超說，內亂之影響，則不論勝敗，為什麼呢？因為本來就是雙輸。暫亂偶亂，影響希而補救易；久亂頻亂，影響大、補救難。但是對外戰爭就不同了，主動伐人的，運用全在軍隊，而境內安堵

焉，唯發揚尚武之魂。所以西哲說，戰爭者，國民教育之一條件也，是可喜而非可悲者也。原來在西學中，戰爭是一個國民教育概念，屬於教育範疇，而且是德育。難怪近世以來，中土之德卑，屢敗故也——膽氣死矣。故孟子曰，吾養我浩然之氣！這就是德、氣的固定關係。

但如果是被侵略，抗戰卻有其好處，就是變僥倖性為功名心、變殘忍性為敵愾心、變傾軋性為自覺心、變狡偽性為謀敵心、變涼薄性為敢死心、變苟且性為自保心。這些梁啟超講得很清楚。外患是滅國戰，沒有退路的。所以換一面來看，外憂對國家也是好事。多戰一次，民德即升高一級。日本敗朝鮮、敗中國、敗俄國，民氣便節節攀升。反之，被征服者，國民原有之性，亦可以驟變。像古代的斯巴達，一經波斯征服，便在歷史上永久性地沉淪了；燕趙古有慷慨悲歌之性，至今日遍插順民旗，何以故？歷代被胡族征服，而本能湮沒盡矣。內亂與征服，皆足使國民人格日趨卑下。況中土數千年濃血之歷史，遺傳之惡性，豈可復哉？近又遭洪楊之亂，及列國征服，國民之失其人性，由來有自。所以說，兵事決定公德。中國近代公德沉淪，兵敗耳。欲修公德，必先強兵。

至於受生計逼迫，無恆產恆心，又何辯焉？梁啟超曰，人格最完美之國民，首推英、美。當然，個別人能夠超越一切，單飛，但那畢竟是少數，不能說明大眾的情況。一般人民，沒有餘力，是絕難他顧的。文明、野蠻的標準首先是兩個：一、有無公共思想；二、未來觀念之豐缺。諸如貪鄙之性、褊狹之性、涼薄之性、虛偽之性、諂阿之性、暴棄之性、偷苟之性，恒由生計關係造成。故生計之關係於民德，如此密切。中國民受生計所迫、為生計所窘，已歷數十世紀。國民財富統計，平均每人七角一分錢；而外債已經 10 億兩，

利息在外。內外高壓，能不敗壞乎？全球生計競爭之浪潮，又席捲而來，怎麼辦啊？

　　梁啟超說，自古移風易俗之事，目的雖在多數人，而主動恒在少數人。像唐儒就是以詞章相尚的，而宋儒則以道學自勵。所以唐儒是語文儒，其所事者文學也；宋儒是理學儒，其所事者儒學也。故唐人之道，根本不能治國。六朝衰弊，清談半屍其咎。梁啟超斥清學為牛鬼蛇神，無氣骨。朱、王既非帝王所喜，乃獨尊漢學，無觸時諱，治士之術，莫此為妙。王鳴盛嘗語人曰：吾貪贓之惡名，不過 50 年；吾著書之盛名，可以 500 年。噫！漢學謬種，若是其甚也！直與八股同毒！不痛不癢之世界，既已造成，而今正食其報矣！梁啟超曰，五年以來，海外新思想，隨列強侵略而入中國。倡和日眾，以舊學簡單，不適應於時勢，而思補之。本欲思想自由發達，不意此久經腐敗之社會，非文明學說所遽能移，於是：

　　　自由之說入，不以之增幸福，而以之破秩序；

　　　平等之說入，不以之荷義務，而以之蔑制裁；

　　　競爭之說入，不以之敵外界，而以之散內團；

　　　權利之說入，不以之圖公益，而以之文私見；

　　　破壞之說入，不以之箴膏肓，而以之滅國粹；

這些總結，真是太有概括性了！梁啟超說，淮橘成枳，六朝清談、乾嘉考據、現今學子口頭禪（自由平等權利破壞等），同出而異名。於是梁啟超預言：

> 在理學時代，有偽善者，猶知行惡之為可恥也；
>
> 在漢學時代，並偽善者而無之，則以行惡為無可恥也；
>
> 及今歐學時代，必將以行惡為榮者，今已見於一部分之青年，將為洪水猛獸矣。

值得注意的是，梁啟超列了一個中國歷代民德升降表，可以作為參考座標。曰：東漢最高，為第一級；春秋——第二級；戰國——三；西漢末——四；三國——四；唐——四；宋——二；元——五；明末——二；清中葉——五；今日——六。總共 6 級。又配以原因表，不贅。

最後，梁啟超談了私德的必要。他說，私德者，人人之糧，不可須臾離也。梁啟超說，只有最少數的人才能理解他；但就是這最少數人，將來的世界屬於他們。現在凡有血性的人最喜歡談破壞，須知破壞是為了建設，而建設必須有一定的道德基礎。破壞本來是為了去病——社會之病；但是，如果連社會本身也破壞了，害處可就大了。群治必須德、智、力，而惟德為難。今欲草率建一新道德範圍人心，必非西學所能為力。道德者行也，而非言也。道德就是古今中外之同然。歐西道德傳統，得自宗教主線，這在中土能有之乎？是以知移植道德，必不能也。當此青黃不接之際，若舊道德而亦摧毀之，則兩頭落空矣。國民將百年為戎，故言論家應深長思之，勿毒天下。

梁啟超說，道德與倫理還不一樣。倫理是因時而變的，比如一夫多妻在現在就不適合了；而道德是超時空的同然，比如忠之德、愛之德，等等。所以，要說中國的倫理有問題可以，但是要說道德本身有問題卻不行。從這裏我們就可以知道，倫理是關係，而道德

是道理。關係是會變的，可是道理恒在——道德就是對道理的得到。尤其梁啟超指出，最重要的一點是，看一個人是看他這個人本身行不行，而不是看他與我的意見是否一致。而一個人如何，最終是觀其德行。瞎鬧派的革命熱是救不了國的。並且說，像曾文正那樣的，是真正能夠澄清天下的。

梁啟超謂，破壞家所破壞者，在我而不在敵。為什麼每每會事與願違呢？欲革新，而每效破壞，就因為各人在一起共事，性質完全不同，爭歧在所難免，所謂相見好、同住難。沒有道德感情，人群絕難維繫，可見道德之重要。但是破壞最賴機巧，與道德最不相容，這是身不由己的。但報應是，凡權謀機詐者，最終是不能成就一件真正的事業的。

梁啟超說，為什麼現在講德育的雖然有人，效果卻不著呢？因為他們講德育，混淆為講智育了。比如介紹西學再多，都只是見聞之知，與德何曾相干呢？現在的情況是，西國德育與智育成正比例，而中國成反比例——越智越壞。但是智育與德育混淆，有什麼惡名全都歸了德育，黑鍋由德背，這是小事情嗎？黃宗羲說，學問之道，以各人自用得著者為真。大凡學有宗旨，是其人之得力處，亦是學者之入門處。天下之義理無窮，苟非定以一二字，如何約之使其在我？這是不二法門。

梁啟超說，當今世界，全為功利主義所籠罩，即使是愛國，也成了借公濟私的工具。所以道德自問自審，應在清夜平旦，返觀內照。由此，梁啟超拿出了一些根本方法，就是正本。而這個本，還是人心。不誠無物，內在都不真，還談什麼成就呢？所以不是什麼性惡，而是其學未到。二曰慎獨。什麼是慎獨呢？說白了，就是當宇宙只剩下我一個人的時候。梁啟超對陽明學非常推

崇，他說東有王學，西有康德，若合符節。這就難怪後來的新儒家總喜歡把康德哲學與宋、明之學拉扯在一處了。所以梁啟超說，明代講滿街聖人，現在真是滿街志士，其實不過是「神奸」而已。神奸伏於吾人胸中而不能自克，則伏於國中而不能克矣。三曰謹小，也就是注意微觀，絕不苟且。志行薄弱，自治力就不強。古人講一細事而不苟，其實就是骨牌律——倒一片全倒，所以每一片都得小心。所以自恕者絕對不忠，因為人我關係在那些人那裏恰恰是反的。

可以看出，梁啟超實際上是導出了一種公私合一論，即普遍作為公德的私德，這一定位十分關鍵。還是那句話，辦法論才是一切。因為根據辦法論的主張，就是：有辦法，惡人變道德；無辦法，道德變邪惡。所以無論公德、私德，都需要辦法這一支點。否則，道德指責、批評都是多餘的，缺乏建設性——問題解決不了，還是解決不了。辦法論的對立面，就是泛語文化。

三、國家思想

誠如梁啟超所說，中國歷史中只有私德，沒有公德。私德的好，無非是有所不為，即不破壞公物而已；壞的則無所不為。所以中國歷史中只有破壞分子，沒有建設分子。如果聖賢充其量只是非破壞分子，那也是很可悲的。當然，這裏所說的沒有，只是很少的意思。梁啟超說，人群在初級的時候，有部民、無國民；部民進化為國民，標誌著人類的大進步。所謂部民，就是群族而居，自成風俗者；有國家思想，能自布政治者，謂之國民。世界上絕沒有無國民而可以

成國家的。其實說白了，梁啟超的思想，表現著近代中國怎樣轉為一個公共國家的歷程。

按照梁啟超的劃分，所謂國家思想，一是對於一身而知有國家，二是對於朝廷而知有國家，三是對於外族而知有國家，四是對於世界而知有國家。

人類異於、優於萬物者，全仗著群性。和平時期，分工合作，這是從內言；急難之時，群策群力，捍禦外侮，這是從外言。國家的出現是不得已，因為人們知道，靠一個人不行，必須互利互補。梁啟超說，這就是兼愛主義，也可以說是為我主義。因為天下之公例，利群＝利己，沒有群就沒有己。從這裏我們可以看得很清楚，梁啟超用不多的話語，甚至是隻言片語，就把歷史中的思想有效地整合統一了——楊朱的為我、墨翟的兼愛，十分自然地同出而異名，成為一回事。利群就是利己，兼愛就是為我，沒有群就沒有己，他人就是自我的基礎，所以為人、愛人與為我、愛己，本質上是一回事，所謂與人方便、自己方便。小只顧自己與大只顧自己，智顧與愚顧之間，其二分不是也很清楚嗎？他人都富了，我就不可能窮，因為富世界窮即非法，正如窮世界獨富非法（有問題）一樣，此二者同出而異名，又是一個陰陽太極魚。從這裏來說，梁啟超確實是清季第一思想家，至少他成功地解決了歷史中墨家的問題。對照來看，孟子批楊、墨，說明瞭什麼呢？是否表示著，孟子之學從性質上就有反現代的基因？梁啟超說，此為國家思想之第一義。

國家就好像一個公司，朝廷好像事務所，執政者就是總辦。是公司為了事務所而立、還是事務所為了公司而設呢？誰是誰的目的、誰是誰的從屬目的？應該是很清楚的。所以路易十四朕即國家

一語，至今人們以為大逆不道。歐美 5 尺童子，無不知唾罵之。總辦說我即公司，幹部說我即村市，還不都是一樣。所以，如果說西洋是共相國家，東洋就是共相帝王，人人一個皇帝夢，到處都是土皇帝──大皇吃小帝、小帝吃土王。老百姓最喜歡演和看的，就是帝王將相戲，這便是明證。意識決定一切，誰也別說誰。公司之股東、村市之居民，能容忍「我即」話語嗎？所以梁啟超說，國家思想的第二義，就是正朝廷；不是法定代表國家的朝廷，即為非法之孟賊。

梁啟超指出，國家這個詞本身就是對外性的，假如全世界就只一個國家，那麼國家這個概念也就不成立了，不存在。人與人之間，才談得到你、我；國與國之間，才談得到我國。人類之言語風俗、思想法制、形質精神各異，人與人哪有不衝突的？國與國亦然。我們說，真正的友好是什麼？就是對別國不存壞心眼，並不是行小惠。國家之名，立之以應付他群者也，所以國家是一個外向型（為主）的機器。梁啟超界定得多清楚！不像有的學人，越說越糊塗。梁啟超指出，真愛國的，雖有外國神聖大哲，而必不願服從於其下，寧可全國人流血死盡，必不肯以絲毫權利讓於他族。梁啟超言愛國，真可謂一針見膿，因為他自己就是這種人。說白了，中國只有斷頭國民，沒有磕頭國民，億兆玉碎、絕不瓦全。以此衡之，失教之民，多不知有國也。故梁啟超云：「知有我故，是故我存。」（第 6 節）觀中國之敗北，不知有我故也。此為國家思想第三義。

又說，宗教家動輒言天國、大同、一切眾生、博愛、世界主義，等等，這難道不是高尚嗎？而實際上，其落實於現實界呢？無非是要把別人變成自己的羊群罷了。像很多人信這樣那樣的宗

教，真可謂無自我之極。我們說，但凡是宗教，沒有不自欺欺人的，說白了就是內心暗區太多。就像一個女人，滿嘴純情，而做事難看。所謂崇拜神秘者，沒有不陰暗的。說白了，宗教就是人類內心的雜燴。凡言宗教的，習氣都重。古語云，寧為雞首，勿為牛後。絕對自我是起碼的，內心充實就是信。心靈薄弱，信又有什麼用呢？梁啟超說，競爭為文明之母，沒有競爭，文明立止。尤其是他指出，宗教主義乃「心界之美」，而非「歷史之美」，此可謂終極界定。一句話，宗教只是好聽。「故定案以國家為最上之團體，而不以世界為最上之團體。」（第 6 節）此為國家思想第四義。

　　梁啟超指出，以第一義衡之，中國人沒有國家思想，只有身家念頭。說白了，唯命與錢。好的高談哲理以乖實用，不肖的以他族為虎而為其倀，此人犬也。方今 4 億人，眼光能及於一身以上者幾人？苟有錙銖之私利，雖賣盡全國同胞，所弗辭也。而所謂的第一等人，獨善其身者，實鄉黨自好者流耳。梁啟超舉出了一個二分組——獨善與私惡。他指出，此二者同出而異名，過猶不及，都是反中庸。其招致亡國的效果是一樣的。

　　二、中國講忠孝傳統，忠於國則其義完，言忠君則其義偏。為什麼？若民主共和國，無君可忠，人類豈不是要被摒於忠德之外了嗎？可見忠之對象，更有大於君的。我們說，最高的忠，其實是忠於自己，因為忠於自己的人絕不會對國家、他人不負責。人非國家無自存，結果呢？中國的忠墮落成了家奴、走狗，良可哀也。尤其是，梁啟超深刻地指出，人們只知道忠君，卻不知道君忠。普通人民之忠，僅在報國之一義務；君之忠，又更有不負付託之義務。所以，首先頭一個要忠於國家的，恰恰是君主啊！

　　三、中國的歷史，恥辱居太半，中夏史就是一部屈辱史。中國的疆域，是少數民族打下來的；漢族只有語文比較好。但是梁啟超說到的黃帝，並不是漢族的祖先，而恰恰是驅馳於內蒙古草原的遊牧人先祖。我們說，孔子是哪一族？那時候漢族還沒有形成。秦也不是漢族，漢人不能打仗，打也不大。從本性來說，漢人就不是戰士。梁啟超說，古代學人動輒言平天下，全無國家思想，這是很危險的。須知國家是天下的必要條件，平天下須以國家為基礎。結果兩頭輪空——或者知有天下而不知有國家，或者只知一己而不知有國家，這就是中國人的內心情況。真是呈大（天下）、小（一己）二端。我們說，這個總結是深刻而終極的，直到現在還是沒有超出此概括之外。此二者同謂之私，私之又私，怪異之門！這個二分，或者就是極端自私，而倒向另一個反極，就是要求人人無私。由此，正當的私人權利、私有法權，當然是無從發達了。所以，國人總是把事情放不准，擺不到它所應該在的級階上。這大概就是過猶不及的反中庸吧！

　　梁啟超指出，中國人誤認國家為天下，有兩個原因：一是因為地理。歐洲地形，錯離破碎，所以勢必趨於分立；中國地形，平原磅礡、阨塞交通，其勢自趨於統一。古代中國知外間困難，所以天下、國家相混淆。而國家者，非對待無以成立，此所以中國國家思想較難發達，而歐洲國家思想則自然發達故也。但是梁啟超又說，中國自秦以下，唯三國、南北朝 300 年間，稍為分裂，則情況又不然矣。其實我們只要統計一下歷代的情況就知道，中國之大分裂實千年以上，居其太半（且以帝制兩千年為限），故大一統思想之發達，正以苦分裂之久且慘故也。所以任公之說，還須討論。

　　補充幾句，即以地理條件論，有人說中國得地理條件的好處，比如雪山阻隔，等等吧，故歷史上中國很難被外族入侵云云。其實我們說，這種說法，充分表現了歐西人士、尤其是盎撒人的一種心理，那就是——為什麼我們沒有征服到中國呢？比如亞歷山大遠征，要是征到中土就好了！同類的心理，人人都可以有，這算什麼呢？要是有人想，我們為什麼沒有征伐到英倫呢？怎麼說？所以說，心理之下的學說是一文不值的。古代征服中國的民族很多，只不過不是歐西民族罷了；不能因為不是歐西，就說條件得天獨厚，那是自欺欺人、厚顏無恥！其實真正條件最好的還是盎撒，西人的理論，往往提醒了別人。像英國，地處最西角落，又有海峽為屏障，其他民族征伐難至，除了近處的人群，比如丹麥海盜等。而美國更是有兩大洋護衛，絕海遠隔，可擊人而不慮人擊我，周邊又沒有可與之抗衡的對手，不像東亞，全擠到了一堆。所以從這裏來說，東亞政治之安排，即以地緣條件論，也必須是定於一尊的主導性構成才好。為什麼呢？因為根據人文力學，只可能有兩種情況：要麼定於一尊，大家都安定——名分定了；要麼永遠爭鬥、爭奪下去，總是停留在原始期。因為沒有一定的既定，所以大家都想搶先定下來。正像古人講的，菜場裏掛的豬肉沒有人去拿，只會掏錢買，這是因為所屬明確，名分是固定的。亦即，所有格清楚；而跑過一隻野兔，大家都要去抓，直到一最強者抓到為止。為什麼呢？就因為其歸屬未定啊！所以，要想天下安定，就一定要名定，否則是不能想的。人之好爭而必爭，這是由勢規定和決定的，是力學規律，這個意思梁啟超早就講過了。所以，歷史中國所一貫奉行的影響力制度還是明智而理智的，是明達的、理性的。很明白的一點就是：當影響力制度推行得最好、最得力的時候，地區性災難就是要少得多，就是

要平衡許多，明顯安定一些。可是為什麼古人以為三然的，現在人們卻對主導性這麼氣虛呢？這還是因為，平等之學說、概念已入人心。大家害怕概念，而乏追問。質疑之勇氣既消，當然就不敢疑問了。其實平等是一個禮概念，即尊重，是一個禮學概念，而不是勢概念、力概念，不是力學概念，那樣就搞成量的平均了。事實是，人類近世以來，平等恰恰是加入到侵略理論中了，為其張目——我要反對、打滅你的理由和口實。其實呢？人群與人群是不對等的，這是客觀事實。比如，島民就是小於大陸人群，總不能強行說要海南島與東亞大陸一樣大吧？所以說，平等這個概念沒有澄清。其實影響力制度是最寬容、溫和的，因為它是一種相容並蓄的思路，大家都有份額，這就是份額公平、份額公正、份額正義。其依據是什麼呢？依據歷史、依據傳統！影響力制度的缺席，必將意味著殖民制度的氾濫，所以必須明確選擇。這不是捏造的結果，是歷史比對的結果。事實上，主導性構成這一結果，最後還是由盎撒兌現了。

梁啟超曰，二是因為學說。秦以前，國家主義最盛，爭城爭地，殺人盈野。諸子欲弭禍，遂倡統一學說，蓋救時弊。梁啟超這種說法也有待商議。但人的天性是要分彼此的，大國界破了，於是小國界就生，4億人成了4億國。唯不知有國，所以視朝廷與我無關、非國民之代表。而改朝換代，無動於心。地理、學說二因相加，其無國家思想，又何怪焉？

古代的情況，在今天完全打破了，所以處全球之勢，國家思想就不能不講。但最難的卻是，只知有己、不知有國已經深入人心。於是，獨善其身的鄉黨主義、畏國事為己累的溜肩膀們，利害主義、羽毛主義、家奴走狗自詡為忠者、犬忠主義，更有自造一道德以飾其醜、而美其名者，遂橫流於中夏。歷代胡人入主，皆有漢人輔佐

之、助成之，漢奸傳統，亦何可撐耶？此又一歷史源流性。由此可見，漢人之不能獨任，而只能被用，此其性根之所在。亦即，漢民族是工具人，而非本體人。梁啟超說，嵇紹事不共戴天之仇而自以為忠，盲史們居然還肯定其為忠，高尚之忠德，被此等輩汙衊以盡。此無他，只知有己故也。富我者為之吮癰，貴我者為之叩頭，更有甚者，奴隸根性終不變。梁啟超說，八國聯軍入北京，家家張掛順民旗，戶戶高懸德政傘，我肉麻、我寒心！以後全球之勢利中心點，就在 4 億聚居地！在這裏，國家如何成立呢？梁啟超對歷史中之醜德，批判可謂不留餘地。

梁啟超說，我不是要大家去除利己主義（他曉得華人最自私），而是希望人人想一想，什麼是真利己、大利己、保己利永不失？非國家不可。不要說廣土之足恃，羅馬之衰亡又如何？不要說人多足可恃，印度之土人如何？不要說文明之足恃，希臘城邦又當如何？元代士大夫皆習蒙古文，斯文幾中絕。梁啟超所論，即便現在也是不易之總結。

四、進取冒險

梁啟超說，天下無中立之事，不猛進即倒退。人生＝憂患，一畏難即落險。方今萬國，退步之速、險象之巨者，莫如中國。西國強於中國者，進取冒險是一大端。性格決定一切。梁啟超說，進取冒險是一種浩然之氣，浩然之氣是由道義堆積出來的。一個不義的人總是氣虛、總是底氣不足，就能說明問題。從這裏來說，近代中國可謂國氣墜地矣。梁啟超說，進取冒險之性質有四端，一曰生於希望，二曰生於熱誠，三曰生於智慧，四曰生於膽力。

　　梁啟超說，人生莫不有兩世界，在空間是實跡界、理想界；在時間是現在界、未來界。實跡、現在屬於行為，理想、未來屬於希望。實跡都是理想的子孫，沒有理想就沒有這個世界，人類文明都是理想生出來的。有希望、有理想、有未來，這是人類優於動物的地方。希望越大，進取冒險心越強。王陽明說，人人有路到長安，其是之謂也。大丈夫都有一個第二世界作為故鄉，進取冒險就是希望的代價。動物只知道今天，但文明卻知道明天。明天就是億兆年，冒險之氣就是浩然之氣。說白了，華人慣於偷混這個意思，後來胡適又擴充發揚了。梁啟超講的理想，應該包括人類夢想在內。

　　梁啟超說，人生之能力，以熱誠之界限、程度為比例差。愛什麼，他就會專注於一，百折不回、無所懼憚。戰國時見金不見人的寓言就是講這個，一人直奔金而去，結果被拿，問他，說，我眼裏只看見金子，沒有人。這種境界，用愛錢不要命已不足以形容了。但是要錢不要命，不也正說明瞭愛力專一的偉大、可怕嗎？典型的盎撒利己主義不就是這樣的嗎？要是什麼正面的東西，諸如道義、國家、群體，等等，都能有一個金愛去愛之，何事不成？所以說一切唯心，內在精神是決定一切的。但是熱誠不止限於愛，哀極、悲極、怒極、危險之極，都可以逼發熱誠、暴發出能量。可愛、可悲、可怒、可哀、可危而不知愛、悲、怒、哀、危之，是謂無人性，也就是俗所云沒心肝。沒心沒肺，一切就全完了。

　　人有所畏縮，究之是因為見理不明；不明事理，沒有不怕的。但是任公的話反過來看，可不可以說，很多人因為不明理，所以

別人不敢做的事他做了呢？可見凡事都分陰陽面，有的人因明理而勇，有的人因為稀裏糊塗而無懼，這都是客觀情況。

所謂膽力，就是心氣高大，即，有一種唯我獨尊的氣概。梁啟超講到曾國藩，說他踏實謹慎，但內裏卻有一種冒險精神。其實這並不矛盾，此之謂理智的冒險，非出於盲目，實謀劃、規劃耳。由此可見，進取冒險之不可以已也。

中國民族無進取冒險精神已經很久了，而近代以來更是每況愈下，無復言矣。師法孔子者，遺其大體，摭其偏言，取其狷主義，而棄其狂主義；取其勿主義，而棄其為主義；取其坤主義，棄其乾主義；取其命主義，棄其力主義。任公此論最當，最為切中。我們說，使命與運命都是命，但是此二者相去懸殊。大人喜使命，小民熱運命。儒講使命，佛言運命，此儒、佛根本之別。若孔子，人文使命之導師也；釋迦，宗教運命之教主也。我們看儒家經典之言命，什麼窮理盡性以至於命、致命，等等，都是指使命而說的，即修齊治平之人文使命，並不是意在運命，那是次要的。這一點不澄清，讀者就覺得模糊。可見正名、別同異是多麼重要！

梁啟超說，孔子之言非止一端，言各有當，何嘗以一端盡律天下？但是俗人取便利己，以至於一部廿五史，鬼脈陰陰、病質奄奄、女性纖纖、暮色沉沉，痛哉斯言！人比人，知榮辱；事較事，曉廉恥。「一國之大，有女德而無男德，有病者而無健者，有暮氣而無朝氣，甚者乃至有鬼道而無人道。」（第 7 節）所謂女兒、聊齋之國，任公之言良允！

五、權利思想

人人對人對我都有當盡的責任，不盡責任，即為害群，與殺人、自殺無異，而其極就是群體自殺。人類的本能都是要自衛的，梁啟超說，人之所以貴於萬物，是人不僅有形而下的生存，更有形而上的生存。形而上的生存，以權利為最要。羅馬法視奴隸與禽獸等，就是因為奴隸沒有權利。所以形而上的自殺（棄權），是舉全社會而禽獸之。中國人形而上自殺者何其多也！

權利從何而生呢？生於強。沒有強，就沒有權利。華人行柔道，故棄權利如敝屣。人類的天性是無厭的，人人皆欲伸張己權，產生拉鋸力，達成制衡，這樣就產生了權利。權利的目的在和平，但是達成的方法則是戰鬥。權利之生涯，競鬥而已。權利的不斷在於勤勞，一怠惰，權利即歸於滅亡，所以權利就是自強不息。英國權利意識最發達，與它行健的稟性是一致的。梁啟超這樣一解，就都通了。

梁啟超說，權利思想的缺乏，是因為麻木不仁的根性。權利思想的強弱，與人的品格是成正比例的。品格高的人以精神痛苦為第一，俗人以為權利就是物質上、形骸上的事情，這是可鄙的誤解！權利是一個精神概念。所以法庭上的訴訟，爭的都是主權。華人對領土的主權都不瞭解，遑論其他呢？所以梁啟超說，權利是道德上的問題，不是算術上的問題。不是斤斤計較、爭利。所以權利是人格高下、垢淨的分水嶺。

梁啟超說，英國人在歐洲旅行，車夫要價不合理，英國人馬上就抗議，爭執不下，寧可延遲行期，不計損失。世人笑其太愚，殊不知大英帝國屹立於世界萬國之上正以此。說白了，英國肯做愚公

事業，華人純一智叟耳。英國立國之原，就是權利思想豐富、權利感情敏銳。我們說，斯即權利天性、權利習慣。英國人以此衡萬國之人，一旦它發現誰毫無權利腦筋，就會馬上下手，因為無權識者是不足論的，中國就是這樣下水的。這是龍蛇之戰，亦即權利戰勝——權利勝無權、權利勝棄權。

我們看盎撒行事，恰如蛇之獵食，一擊必中，出手無虛，而絕不妄動，收得很緊。盎撒真知機者也。那麼怎麼應對呢？就是法律，所謂解鈴繫鈴而已。比如中、美之間一個很普通的民間官司糾紛，就算打 230 年，又當如何？百年官司，並不比百年戰爭更難想像。訴訟完全可以消消停停的，要慢不要快、要長不要短，律師團可以細細地磨。盎撒既以權利立國，則天以此助我。我執天賜而馭之，抱一為天下式。以權利與之交涉，如何？英、美怕輕不怕重，不怕交戰、而怕論理。故我以法取盎撒，不以兵取，天經地義。現代法家、當代兵家，其辨不亦明乎！若爾，則其效神矣。重要的是要造成一種心理效果：盎撒一看見、一念及查理斯，頭都是疼的。總是事務不斷，彼已經形成了心理癥結，則我得矣。法大行，兵何由起？彼若妄動，是謂狂兵；狂不正，必敗之道也。不戰而屈人之兵，法律也。法尚往來，我以法律坐收盎撒，太極之道也——是謂法律防務。權利即防務！故天下不可一日無事。外行法算、內具素質。國民事務素質一高，必無堅不摧。這就是靠外部糾紛拉動國內法律素養，法律素質在於法律習慣，習慣即素質。事務習慣、法習慣者，國民教育所當優先致力培養者也。中國本來應該是玩得很輕鬆、愉快的，又不需要什麼慘痛的代價和成本，怎麼還搞得那麼累呢？可見缺乏想像力，低端。低端無優勢，高端主動、低端被動。一次做秀，而可坐收民譽兵實，不為此為甚？在國際上玩得費勁，都是因

為不得要領，落不到點子上去。所以查理斯人應該完成一個習慣革命，習慣革命才是真正的革命。也就是轉化——把怕事、了事、息事轉變成唯恐無事，即事情變事務。你不找他、他就找你，故被動不如主動。沒有事為載體，文章就不好做了。當然，這不是說無事生非，而是說，要把別人挑起、造成的事端、事件，當成可資利用的、現成的資源，而充分利用之。這是天賜上門的好機會，豈可輕輕失去、放過？包裝事者，人皆規避之，則天下真無事矣，此反者道之動。法律是弱勢的專利，用法者，弱勢之道也。老子講處弱、用弱，信哉不誣！中國既弱，曷不行法？比如收復領土，就是全民法權鍛煉——這是查理斯民族的關鍵操練。正如梁啟超所說，法律、權利即人格。法權的不完成，標誌著人格的未完成——在個體是人格，在共同體是國格。

梁啟超說到，但是奧地利人不會這樣，他們不像英國人，奧地利人會擲金拂衣而去。這說明瞭什麼呢？這說明奧國人比較溫厚、細膩，易交接，他們更期望別人自覺。維也納被評為世界最文明城市不是偶然的，這與民族特質直接相關，故禮樂之教易發達。我們聽奧地利的音樂，一般都比較清溫，是溫血型的，不像拉丁是躁血型、熱血型的。所以奧國之人在歐西民族中最精緻、最中和，相對最文明有禮，能克己以理性，此與德國人絕不一樣。德國人身上有蠻根，急了就發瘋，不穩定、不安全因素多，氣質中有憨蠢氣，像豬。所謂一地養一種人，簡單的說，相比較而言，奧國人秀氣，德國人不秀氣。所以奧國人的氣質類型很多都是內收的，偏於低調、討厭粗俗誇張、反感過分。要一個敏感溫和的人去和別人爭，這是困難的事情。因此，從歐陸外交來說，中國應該一步到位抓住奧地利，站在前沿看問題，萬不可貪圖小便宜，

取勢利態度。對奧聯誼外交就行，根本不費勁，成本還低。代價、傷害就小。可以明白地說，中國只要有了奧地利，就不必擔心盎撒，所謂一物降一物。技術合作，奧國人都能勝任完成，何須他國？還不好打交道，傷精神。佈局歐陸，莫此為捷徑。簡言之，奧國人心靈較歐洲其他國家為優雅。

但英國是一定要計較的，所以煩人。可是有一點，凡計較權利者，自己無理則絕難以立。所以用規矩節之，只要自己站得住，則英國人不能越雷池寸步。權利者，實借力制人之良法也。順逆只在一轉間，關鍵是看自己是否正好處之得法。中國以往外交上的失敗，皆緣於自己站不住。這些梁啟超說得很明白。

梁啟超說到了最重要的問題，比方：甲國奪了乙國一平方公里的不毛之地，被害國是默忍呢、還是起而奮爭？爭之不得即戰鬥，國庫空虛、民財耗竭，數十萬人戰死，等等吧，應該怎樣做？必爭！須知一方里被奪，就是十、百、千、萬、億方里被奪，能夠沉默嗎？所以說華人成了豬仔！如此，不至於滅國不止。因此，中國選擇的是喪國之原，而英國選擇的是立國之原，所以中國敗、英國勝，差之毫釐，懸殊千里。這就是射線原理──只要有任意小一個夾角，不是重合的一條線，就必然會形成鴻溝。中國既奉行偷苟主義，所以總是遭訛詐。被人訛幾個先令而忍受的，也可以對自己之死刑宣判，自署名不辭；被奪一方里地而不發憤的，也可以舉父母之邦之全境以予人，而不動心。看看國史，梁啟超之言可謂誣歟？

其實收復領土這個事情，在現代世界是一個法律、政治的事情，而不是簡單軍事上的事情。因為國際規矩已立，人類畢竟異於古代社會了。只要道理在我，靠談判即可解決問題，除非是談都不

談、提都不提。梁啟超說得算是客氣的，他說燒圓明園、割分中國諸事，而國民之感情如何，這都是因為缺乏權利思想。但是我們說，這種解釋太書面了，其實所謂的國民就是尚未開啟，他們太簡單了，根本沒有那麼複雜。要之，正如梁啟超所說的，中國為世界一不名譽之國也。所謂唾面自乾，其國家以自欺哲學立國千年，民化於此等思維，何棄之有、又何救之有？天下之頑鈍無恥，孰過是焉？率全國人為無骨、無血、無氣之怪物，奴隸之性，日勝一日，且傳為美談。梁啟超曰，我不知如何而可也！

梁啟超說，中國喜言仁，歐國喜言義。義就是該怎樣就怎樣，不許別人害我，以我權為本位。為什麼中國喜歡講仁呢？我們說，中國的歷史社會是上下型縱向構成的，所以，仁的本質其實是上對下，也就是說——仁慈一點吧！而普通人之間則講拉關係、搞人際。西國是橫向結構，我跟你，直來直去，醜話說在前頭，條約講話，故反而無事。其實中國以前也是字據社會。梁啟超說，所謂的仁，其實會使人格無形中日趨卑下，為什麼呢？西國百年前以施濟貧民為政府責任，後來發現貧民越來越多，於是改變政策，結果民反而殷富，可見人要自立。居一種高姿態——我來仁愛你們，不是把別人降低了一等嗎？所謂下己一等者，當然是無理。君子愛人以德，不聞姑息、行小惠。國人日望仁於上，君仁、則民為嬰兒，不仁則為魚肉。自古仁君少而貪暴多，故數千年國人以受人魚肉為天經地義，權利識想、斷絕於腦筋。所以雖然我們不願意說、也只得客觀承認，天不生英、美，萬古如長夜。

梁啟超說，所有權就是主權，反過來，主權就是所有權。梁啟超明言，楊朱就是中國的權利哲學家。從權利立場來說，部分即全部，因為道理無大小。所以說，真要能夠做到人人不損一毫，則天

下治矣，這是肯定的。一個由權利習慣的人群造成的國家，是不可能濫的。但是古代思想家不可能找到真正的出路，所以楊朱也只好是放任自己了。

又說，權利思想，最重要的是私人對公群所應盡的義務，否則無異於臨陣脫逃。因為權利會不斷受到外界的侵害，如果不從發自內部來維護，權利就無法成立。權利的多少，直接取決於抵抗力的強弱、厚薄。所以在公敵面前逃避者，無異於背叛全體國民的叛逆。權利的確保唯恃法律，所以權利思想必以爭立法權為第一要義。法律無論良、惡，都是由立法權制定的，以維護自身的利權。所以，富於權利思想的人群，其法律總在不斷的改進當中。權利思想越發達，人人務為強者，則法律越完善。而新舊法律交替之際，鬥爭也最激烈，因為利益的關係，等於是下宣戰書。這時候就不是看道理，而是看強力。雙方都將付出慘痛代價，歐洲史昭示了這一點。中國權利思想不發達，與腐儒們大有關係——儒是夾生民。權利的誕生，就像人的出生一樣，必有分娩之痛。正因為權利得來艱難，才能維護如同生命。

可以說，個人性就是現代性。如果說現代性是宏偉的建築，那麼個人性就是磚瓦。中國的歷史社會，就是個人性很難健全發育，而個體生命太過委屈。或者放肆、或者壓抑，總不能中庸。中國社會是鄉黨的、族人的、七大姑八大姨的社會，根本就不可能充分捶分。個體就是最小的單位嗎？一個人還會人格分裂——分成好幾個，何況是多個人在一起呢？不亂才怪！所以說，但凡是對私人性不尊重，不尊重私人空間、缺乏私人習慣的，都不可能開出廣遠的人類生活前景，就因為其所有性之發育及想像之發展是有限的——它的人就是根本的局限的。

梁啟超說，人類有權利思想，是一種良知本能，但是彼此之表現、表達卻如此懸殊，是什麼緣故呢？就是因為國家的歷史政治情況不同。官方不斷摧殘民氣，開始即便有抗爭的，歷經千百年也消磨殆盡了。政府之罪，何可逃焉？所以政府殺人，也就是它自殺。但政府是不足惜的，國民全體卻完蛋了。所謂國權就是團體權利、共同體權利。民強為強國、民弱為弱國、民富為富國、民貧為貧國，民有權為有權國、民無恥為無恥國。有權與無恥，這是一個二分組。有權利的人才會有恥，沒有權利的人從何談起？無恥國能立於天地之間嗎？沒有天理。民性總是一如的，能服侍閹宦的，也就能伺候外國；能被敲詐一錢的，也就能安然割一省；奴顏婢膝的，也就能插順民旗。國家是樹，權利思想是根。國民無權利思想，根本不能當外患。看來任公也深知法律防務！他說，權利思想之薄弱，除黑非洲、印度之外就是中國。「一國之大，而僅有四萬萬禽獸居焉，天下之可恥，孰過是也？我同胞其恥之乎？為政治家者，以勿摧壓權利思想為第一義；為教育家者，以養成權利思想為第一義；為一私人者，無論士焉、農焉、工焉、商焉、男焉、女焉，各以自堅持權利思想為第一義。國民不能得權利於政府也，則爭之；政府見國民之爭權利也，則讓之。欲使吾國之國權與他國之國權平等，必先使吾國中人人固有之權皆平等，必先使吾國民在我國所享之權利與他國民在彼國所享之權利相平等。若是者國庶有瘳，若是者國庶有瘳！」（第8節）

六、自由

梁啟超說，不自由毋寧死，這句話是歐美諸國近代立國之本。自由之義適用於中國嗎？絕對適用。因為自由是天下之公

理，「無往而不適用者也。」（第 9 節）但是，自由是要分類的：有真自由，有偽自由，有全自由，有偏自由，有文明之自由，有野蠻之自由。如今自由已經成了青年們的口頭禪，所以必須說明自由為何？

梁啟超說得痛快——自由就是奴隸的反義詞！「自由者，奴隸之對待也。」（第 9 節）我們說，對自由的分類概括，就沒有像梁啟超這麼清晰的，我們實在是不能不羅列於下：

> 綜觀歐美自由發達史，其所爭者不出四端：
> 一、政治上之自由——人民對於政府而保其自由也。
> 二、宗教上之自由——教徒對於教會而保其自由也。
> 三、民族上之自由——本國對於外國而保其自由也。
> 四、生計上之自由——資本家與勞力者相互而保其自由也。

政治自由、宗教自由、民族自由、生計自由，多麼清楚！又曰：

> 政治上之自由復分為三：
> 一、平民對於貴族而保其自由。
> 二、國民全體對於政府而保其自由。
> 三、殖民地對於母國而保其自由。

由此，我們就可以得到一個啟發，為什麼歐西近代以來言自由最著？就因為反者道之動。正因為歐洲歷史上有赤裸裸的奴隸制度和宗教壓迫，所以反而能夠激刺、催生出自由之革命；不像中土那種不痛不癢的夾生態，妙在似與不似之間，反而耽誤事。梁啟超說，自由之征諸實行者，不外是矣。可以說，以後關於自由的討論，都

應該以任公此論為座標,否則肯定不準確。從結果上說,也有六端,梁啟超總結說:

一、四民平等問題——凡一國之中,無論何人不許有特權,是平民對於貴族所爭得之自由也。

二、參政權問題——凡生息於一國中者,苟及歲而即有公民之資格,可以參與一國政事,是國民全體對於政府所爭得之自由也。

三、屬地自治問題——凡人民自殖於他土者,得任意自建政府,與其在本國時所享之權利相等,是殖民地對於母國所爭得之自由也。

四、信仰問題——人民欲信何教,悉由自擇,政府不得以國教束縛干涉之,是教徒對於教會所爭得之自由也。

五、民族建國問題:一國之人,聚族而居,自立自治,不許他國他族握其主權,並不許干涉其毫末之內治,侵奪其尺寸之土地,是本國人對於外國所爭得之自由也。

六、工群問題——凡勞力者,自食其力,地主與資本家,不得以奴隸畜之,是貧民對於素封者所爭得之自由也。

梁啟超對自由類型的總結可謂詳備,異常明晰。他認為,近三、四百年的歷史,人類所爭者不過此數端而已。一句話,皆爭自由一事而已。自由是近世史的原動力,按以上所述六點,中國的情況是怎樣呢?梁啟超認為,第一條四民平等問題中國沒有,因為自戰國以來,階級在中國就已經消滅了,中國只有等級。第三條屬地自治問題也沒有,因為中國無海外殖民地。第四條信仰問題也沒有,因為中國是非宗教國家,從來無教爭。第六條工群問題

也沒有，以後可能會有，因為生計競爭尚不劇烈。所以中國的問題，主要是參政問題和民族建國問題二者，這就成了 20 世紀以降的任務。

梁啟超謂，自由之界說曰，人人自由，而以不侵人之自由為界，此為自由之極則也。但是這樣一來，個人是太不自由了；所以，自由云者，團體之自由，非個人之自由也。這裏面的區別一定要清楚。野蠻時代，人都是由著自己來的，文明時代不許這樣，要立規矩。梁啟超說，團體自由與個人自由是有一定的比例的。當今中國就是享個人自由，所以總被說成是一盤散沙，而且還是人們相互欺凌，弱者無處申訴。所以中國的自由，是沒有規矩的原始自由，也就是沒有保障的自由，中國人把自由與規矩混淆了。以沒有法規為自由，這是一種原始自由。梁啟超說：「文明自由者，自由於法律之下。」自野蠻人觀之，以為不自由莫此為甚也。一個群體，內部不整，是不能競存的，所以，用個體無節制地侵害群體的，這個群體是沒有希望的，不是做奴隸就是滅亡。所以服從是什麼呢？就是服法律，這才是真自由。法律是保護我的自由的服務。近世以來，最具有服從性的是英國人，最享自由之幸福者也是他們。梁啟超說，今世少年喜談自由，但是不顧西學之原貌和真相，本來是要爭團體公益；國中少年言自由，是為了給自己的放恣張目。他們不求憲法、不伸國權，只知有己、不知有他，破壞公德、取便私圖。結果，自由成了專制黨的口實、中國前途的公敵。

愛、利、樂，這些本來都是好事，但是人們一講，就變成了愛己、利己、樂己，而非愛群、利群、樂群。殊不知個人是小，共同體是大。現在的人不考慮國家事，只考慮過日子，他們是在誤讀自由學說啊！

梁啟超說，哀莫大於「心奴」，這種沒有「我」的人，是沒辦法救的。真自由，就是要除去心中之奴隸。什麼是心奴隸呢？曰：

一、古人之奴隸──中國人此弊最深。

二、世俗之奴隸──從眾是華人的劣根性。

三、境遇之奴隸──中國人意志薄弱、精神缺乏韌性，是玻璃心。

四、情欲之奴隸──為軀殼所困。

受此奴役，自由當然是談不到了，所以不要壽自由以毒天下。任公之說，明白無疑。

七、自治

梁啟超說，就勢而論，不自治，必然治於人，這是無可逃的。若舉實例，則最具自治力之民族，當時莫如盎格魯撒遜民族。英國人曾自誇，一百個英國人，與一百個他國人，同時遷居一地，不過十年，英國人就能建立一個獨立國，統治他國人。梁啟超說，征諸事實，這種誇口也不過分。北美本來是西班牙、荷蘭捷足先登，但是後來都歸了盎撒人。又如印度，英國人不及萬，但是 2 億多印度人都成了羊群。英國人來華的不過 4 千，但是中國已受鉗制，為什麼？所有這些，都是因為英國最富於自治力的緣故啊！

我們說，梁啟超的觀察是極其準確的。組織力統治一切、君臨一切。完全可以說，一個人只要發展得好，便可以主宰世界。一群人一盤散沙，也做不成一件事情。梁啟超說，人為性是必不可少的。法律最終並不是誰的個人杜撰，而是源於人們心中良知

之所同然，即人道。一個人自治，就會從心所欲不逾矩；一群人自治，就會像軍隊一樣整齊。這樣而不強，未之聞也；不這樣而強，未之聞也。

有人說，中國就是被規矩、秩序束縛得太深，你還講什麼軍隊之類的，不是遺毒將來嗎？梁啟超作了詳細辯說，究其意思，其實就是說：中國並沒有什麼真規矩、真秩序，而只有潛規則，所以今後的法律之路還很漫長。個人應該從小節鍛煉起，比如每天讀書數頁，寫日記、練字等等，終身以為常。其實這樣說來，民間習武的，倒是有一種篤行的真精神，每日不懈，數十年如一日，真是做到了雖弱必強、學而時習之。所以，絜矩之道，莫如習武，此義對文人學者尤其重要，像黃宗羲就是武當派高手。因為一切規矩，實際上都已經打包在武道中了，這是只能體會不能空說的。王陽明、顏回打太極拳就不會早夭，當然現在說這些沒用，因為那時候還沒有太極拳。但是，太極拳比朱熹的靜坐確是強多了。

梁啟超認為，對中國來說，最切要的是群體的自治，比如憲法是國民的自治，等等。當今時局，不是散漫者可以收拾的。現在言新政治概念的人多了，官場上；但是各種政治理念之可能與否，無不系於自治力這一件事，而這即決定於每一個國民自己，是不能望人的。自治與自亂，沒有第三種可能。自由國、平等國、獨立國、自主國，全系於此。梁啟超的這一總結，有澄清之功。

八、進步

梁啟超談到了中國無進步之凝滯現象，找了很多原因。我們說，歸結起來，其實所有這些都是三然的，無可指責，因為農社會

只能到此為止。倒是近代有識者之不滿,這件事才是可喜可賀的。
讓我們來看看是些什麼原因吧,曰:

> 保守性質太強。

梁啟超總結的原因是:

> 大一統而競爭絕。
> 環蠻族而交通難。
> (此由於天然之原因)
>
> 言文分而人智局。
> 專制久而民性漓。
> 學說隘而思想窒。
> (此由於人事之原因)

很顯然,謂保守性質者,這無疑是書面的指責,這能夠說明什麼呢?
梁啟超說,英國以保守著稱,為什麼獨強呢?所以原因論必須避免
「狂原」的毛病。侯寶林有一段相聲,生動的說明瞭這個問題(狂
原)。中國在先秦時代,競爭力旺盛;秦統一以後,日趨消惰。西
國一直有競爭,但是中世紀又怎麼說呢?所以一時段之人,恒以彼
時段立論,此天意也,梁啟超亦不能免。其實他是要探討中國群治
不進之原因。

　　梁啟超指出,指導中國的向來是退化論,剛好與進化論相反。
比如人們總是說上古聖人之治如何好,越到後來世道人心越壞,等
等,這是極度荒謬的。但是梁啟超也坦承,中國歷史中確實有很多

前代之優點不見於後世的情況，例子很多，不勝枚舉。梁啟超說：
「競爭為進化之母」，因為落後便不能自存，這才是進步的原動力。

　　其次，中國周圍都是小蠻族，這就造成了中國只能唯我獨尊、
自保本而非共同研究的習性。說白了，在這個世界上沒有能夠與中
國對話的對象，所以缺乏一個根本的提醒機制。而這個提醒機制在
歷史中之造成，實是英國侵華始開。所以一切還是由盎格魯撒克遜
造成的。也是基於此，梁啟超認為：在自覺意識下，統一反而有其
好處；但是如果昏瞶未覺，那就不知道會有什麼壞處了。「然則統
一非必為進步之障也，使統一之於內，而交通之於外，則其飛躍或
有更速者也。」可見，一切最終都還是取決於自覺還是未覺。

　　梁啟超認為，語言、文字相合，則與時俱新方便，反之則阻礙。
言文合，則通語言者即可讀書，常識易於普及。實際上，梁啟超的
這一認識，就是後來白話運動的前驅。梁啟超說，中國的文言、漢
字太不方便，少則三千字，多則數萬，耗費精力太多。而得一二特
識，不如得千萬常識。中國的學問是文字化的，即我們所謂的語文
化，而不是實用、實戰的。因此新事物、新學理多所隔閡，所以人
們性靈不銳、思想傳播遲滯。

　　我們看這裏，正是因為梁啟超認識到了少數特識不如多數常
識，所以他才一生都致力於常識的工作，這是基礎建設，也就是國
民常識革命。因為人類的進展都是靠常識武裝起來的。很多人說梁
啟超淺，正是因為他們自己缺乏深識啊！儲安平就說過，英、美人
最富常識，較他國為優，看來有識者所見略同。因此，官方政府宜
及早編訂發放《國民常識手冊》，這是一定要做的工作──這是完
成現代國家所必須的基礎工作。每數年得改進、修訂一次，不斷加
工，形成傳統，不可間斷，則用力省而其效宏。所謂《國民常識手

冊》，就是把人類生活的一切方面、領域，凡須注意、具備的常識
內容（最新的常識知識），諸如自然常識、政治常識、禮儀常識、
日用常識、急救處理常識、育兒常識、性常識、事務常識、法常識、
旅行常識、防務常識、組織動員常識、小節常識……等等，全部打
包在一書中，分條別目，則一冊在手（不管多厚），天涯無憂矣。
就像外語幾百句、十萬為什麼之類，再配合法教育，就差不多了。
傳統的《增廣賢文》，就是古代社會的國民手冊──人生守則。怎
樣為人處事、生活做人，等等原則吧，交待得一清二楚。而且《增
廣賢文》的內容，經過了兩千多年的積澱，可說是不斷修訂、打磨
出來的精品，故是書顛撲不破，堪稱範本。《增廣賢文》是悲調的，
充滿悲情。所以，現代人編寫《國民常識手冊》，其實就是統一的
教材、注意事項。編寫可以先粗後精，只要持續下去，一定能打磨
得歷千世而不易。中國老百姓普遍缺乏閱讀習慣，故家藏一冊最實
用，這是根本的社會基礎建設、常識組織總動員。而且發行量大的
書，本身也是一筆經濟效益。

　　梁啟超是常識導師，但是他在這裏卻有一個不恰當的比對，那
就是，他把幾萬漢字比作幾萬字母，而西語只有二十幾個字母，我
們說，這個對比顯然沒有對整齊。因為漢字的筆劃更與字母相對
應，而字詞則是與單詞對應，直接拿漢字與字母放在一起，不妥。
漢字的筆劃元素極少，只有五下──橫、撇、豎、捺、折；而書法
的核心成敗就在一豎。要是學 20 餘字母就好，如梁啟超說的，那
麼外語學習就太容易了。

　　梁啟超說，專制的弊害，就是人民不以公民自居，而自居於奴隸、
盜賊，所以人們不顧公益，而群治不進。拿政黨政治來說，也不是說
每個人就如何高尚、不自私。但專制國是媚於一人，而立憲國則是媚

於庶人；其媚一也，但其懸殊卻不可以道理計。所以中國的歷史政治，是一種中彩政治，是個人不成氣候的政治。聖君賢相不一遇，桓靈京檜項背相望，所以每下愈況。學術思想為母，風俗政治子孫。中國當先秦之際，局面最活躍；後來孔教統一，靡靡消沉。這些都是不進步的原因。而中國今日的一切結果，就是這些原因的展覽。

　　那麼說穿了，現在應該怎麼辦呢？破壞！除了破壞，無法可想。所謂破壞，本身是不得已、沒有辦法的辦法，晚痛不如早痛。梁啟超說，中古以前的世界是一個濃血世界（中世紀羅馬教權最盛，則中世紀者，義大利紀也，文藝復興亦始之，可見）。英國近200 多年沒有破壞，也是因為歷史上曾經破壞得太狠。如果英國當初憚於破壞、害怕破壞，那麼將是又一個大亂的法蘭西。所以破壞者，其實是將擾亂之種子剷除，去其根源，便永遠不再破壞。武力、暴力破壞，破壞一次即傷元氣；腦力、智力破壞，人類卻進益無窮。比如新科學對舊學問的破壞，新社會結構對舊社會組織的破壞，等等。要之，破壞是以成全多數人的福利為歸。故梁啟超曰：仁哉破壞！

　　實際上，梁啟超所主張的破壞，是文破而非武壞。他說，不破壞的建設，未有能建設者也。現在人人談維新，但很多人是借維新鑽營，真正想維新的，實際上也辦不到──無法真新，因為源頭處不破壞、改變之，一切具體的技術枝節都是徒勞的。拿教育來說，各地辦學堂，但是都被老八股、善鑽營的候補人員把持，這如何能成為公共教育、養成將來之國民主人翁呢？實際上，梁啟超就是指出，所謂教育，就是要締造國民、現代人！梁啟超說，方今世界，民族主義競爭日熾，就拿商務來說，「生計界之競爭，是今日地球上一最大問題也。各國所以亡我者在此，我國之所以爭自存者亦當

在此，」所以，整頓、振興商務，盡人皆知，首先當然是要保護本國工商業之權益，這就必須要頒佈商法，並頒定各種法以輔助之。而推到最後，則必須制憲法、開議會、立責任政府不可。由此舉一反三，就可以知道，沒有根本的破壞，則所謂新法者，必定是不能成功、不能有效的。「何也？不破壞之建設，未有能建設者也。」雖然破壞必伴隨痛苦與利益損失，伴隨陣痛，但是，正如墨辯中說的，利之中取大、害之中取小也。

那麼具體是怎樣呢？就是取數千年的混濁政體「破碎而齏粉之」。但是達此目的之方法卻有二，一曰無血之破壞，二曰有血之破壞。比如英國是無血破壞，法國是有血破壞。梁啟超怕流血，這是根本。他坦承，他想不出其他的辦法。所以，雖然自己希望無血破壞，但卻預見到最終可能還是要大出血。這才是梁啟超的真實心境，並不複雜。

梁啟超說，中國幾千年來的破壞，都是天然破壞，缺乏規劃。他舉近百年來的內亂外患，共 25 起，包括太平天國、毒品戰爭等。所以梁啟超說，中國人都是戮民，「中國人之為戮民久矣！天戮之，人戮人，暴君戮之，汙吏戮之，異族戮之，」梁啟超指出，在法制國家，一個人非死，其名必見報數次乃至百餘次，這難道不是客觀人道嗎？看看中國呢？人就那麼不明不白的死了，沒人知道。那麼，從這裏我們又能夠得到什麼呢？就是人頭（管理）法，必須立法。所謂活要見人、死要見屍，一個不拉。現在有了網路條件，比清代方便得多，所以前人做不了的，以後都能辦到。也就是，國家元首直接對 16 億國人負責，而 16 億國人也直接對共同體負責，兩點一線，中間可以最大化的省略仲介環節，實行直接政治，而非間接政治。只要敲敲鍵盤，一個人的情況就都被調出來了，準備一個

詳細的資料庫就行。所幸者，「亦幸而此傳種學最精之國民，野火燒不盡、春風吹又生，其林林總總者如故也。使稍矜貴者，吾恐周餘子遺之詩，早實見於今日矣。」這就說得很本質，中國人無論自己怎樣活得像個鬼，照樣履行人生程式不誤，生孩子、娶老婆如故，毫無生命之矜持，說白了就是命太賤太硬，太便宜、廉價了，所以中國人很難在他人心中贏得尊敬地位。如果說盎撒人的命是英鎊，那麼查理斯人的命只是里拉。我們說，中國人就是缺一個苟利國家、六親不認的精神，就是少這樣一種勁頭。華民族是水，無論怎樣刀砍斧劈，哪留傷痕？

九、自尊

　　梁啟超因為國人缺乏生命的自矜，所以特別提倡自尊一義，也就是——要學會尊重生命。儒家老是講毋不敬，其實大不敬的恰恰也是華人，對什麼事和人都顯著輕慢，沒有禮貌、又勢利，總是冒犯別人。其實仁、禮、敬就是尊重生命。梁啟超說，自尊的反義詞是自賊、自暴、自棄、自汙、自戕、自鬻，也就是自賤。自尊是人的資格，中國人的資格在哪裡？這是要問的。是天民還是奴隸，就在這裏分。梁啟超舉例說英國人如何自尊、美國人如何自尊，其實澄清一下，我們就知道那不是自尊，而是自傲。比如英國人說日不落、美國人曰新世界，等等。像法國自稱為歐洲文明中心、進步之原動力，就是不要臉了。因為眾所周知，法蘭西乃歐陸禍亂之源，日死十數萬人。連日本人也說：「日本者東方之英國也，萬世一系天下無雙也。」這就是不講邏輯，你本身充其量只是第二個某某，還談什麼無雙呢？能做老二就不錯了。所以日本這個民族，不能叫

做善於學習，僅只是模仿。因為學習是原創意義的，日本無原創力，只有跟隨、追隨本能。就像犬隨主人那樣，否則成喪家了，終日悽惶。所以說日本屬狗，它一定要跟一個什麼才行，這個對像是少不得的，否則精神會出問題。在古代是中國，在現代是美國，外星人打敗了美國，它肯定馬上跟外星人，這就是日本——它是沒有生命的。所以對日本，除了徹底征服它，沒有第二種對待。國家民族也是有八字的，八字、血型、地方是三大玄機要素。說白了，八字、血型、地方就是現實版的齊物論，決不是什麼簡單的經驗偏方，此容當細論。有些種類，你想尊重它是尊重不好的，除非自賤。所以在這裏，解釋與批判二者不可不辨。

梁啟超指出，很多人淺見，以為英、美等國強了才自尊，印度弱了才馬牛奴隸性、自貶，其實正好相反——是因為自尊才強、奴隸性才弱，因果恰恰是搞反了。以至於君相官吏、匹夫蟻民，皆以中國為不可恃，而唯望某大國垂憐，以苟延殘喘、延續保命而已。當初一味狂妄，以後就必然孬種，這是肯定的，因為心氣虛浮。

梁啟超講自尊，首先是儒家的當仁不讓之道。就像孟子說的，方今能平治天下者，捨我其誰？所以說唯狂者可以為聖。其實我們說，謙虛、客氣就是擊鼓傳花之推諉，最害事。所以謙虛是醜德，自信才是美德，在現代。與其指望別人，不如指望自己，天降斯命於斯人，古人講得很清楚。所謂三十而立，這個立就是絕對自我，要有主見、主心骨。很多人一輩子什麼都考取了，就是考不取自我。沒有這個內在自我，一切外在都是四大皆空。

「凡自尊者必自治。」「凡自尊者必自立。」「凡自尊者必自牧。」「凡自尊者必自任。」這才是關鍵。自治的團體，就是人群之最，就能君臨天下。「我中國人格所以日趨於卑賤，」都是因為自尊之

念無發達。自尊當然不是倔強、跋扈，而是為了合群。也就是說，一個人群得指望一大幫人，而不能只是寄望於一兩個人，這個基數之大，就要求普遍的自治力了。自尊素質就在此，中國人總是自尊與抬槓不分。「人者何？人格之謂也。」梁啟超說，英國人喜歡誇口，比如他們講，他國學校只能造成各種材料（人才），而英國只能造成「人」。人與才，孰高孰優，是不言自明的。人是本體。凡是強者，都不會有各種小人的「慢人」之習，這是肯定的。所以那種充滿了疑懼、擔心「自我」會不會導致人性滑坡的人，都是因為不懂人格一義啊，其本人之無見明矣！梁啟超說，有一種笑罵派，他們是不能與自尊、自任者相混淆的。他們的伎倆與生活就是普遍笑罵，自己巧黠地站在不敗之地，不辦事、只旁觀，別人成功了，他就說豎子成名；別人失敗了，他就說吾早料及，這種人最噁心，可偏偏也最多。他們是偽自尊！

　　朱子有句話講得好，教人如扶醉漢，扶得東來西又倒。所以梁啟超說，自己拈出自尊二字，如果人們偏偏不從正面理解，也還是會產生巨大副作用的。

十、合群

　　梁啟超謂，自地球有生物以來，太半澌滅，為什麼？優勝劣汰。而此優劣之道，以能群不能群為「總原」。所以要想存，必須合群。否則，根據優勝劣敗律，四百兆人將同歸於澌滅。而究其原因，不群蓋由於四點：

公共觀念缺乏

對外界說不分明

無規則

忌妒

　　人類之所以合群，是因為互助分工律，公共觀念即源於此。其實荀子論「群」就很深刻。這裏面就有公、私之衝突，公益與私益總是很難平衡。只對公感興趣的人，常常不惜犧牲其私利之全部；而只知私利、不知公害者反是，其相去也如此。

　　如任公所言，吾群與他群相對，這是無可諱言的。謀求自我共同體的利益，也是天經地義的，用不著底氣不足、不好意思。所以朋友與敵人，有著清楚的分別——朋友就是朋友、敵人就是敵人，像盎撒說什麼沒有永遠的朋友、也沒有永遠的敵人，只是道德自欺、道德懦怯，這是利己主義的表達——他不想、也沒有勇氣做永遠的朋友或者敵人，只要是在必要的時候，就變。盎撒是最不邏輯的民族，也是最不是非的民族。只要是出於自己利益的需要，盎撒隨時可以改變、改編人類是非的座標。霍布斯的《利維坦》就表現了這一點。故盎撒的內心可鄙又可憐，只能說明它自己，不能說明人類一般、普遍公理，不足以為據。

　　朋友、敵人分別清楚，公敵與私敵亦然。這些，古希臘人分得很清楚。無論內部矛盾、衝突如何，一遇外敵，便一致對之，這是無二話說的。對中國來說，國仇為何？公敵為何？外敵為何？民賊為何？這些界定得清楚、明白嗎？似乎當時的國人並不清楚，所以內亂足以導致被外敵夷滅。「無他，知小我而不知大我，用對外之手段以對內，所以鷸蚌相持，而使漁人竊笑其後也。」華人總是爭

一些小意見，不識大體，就因為他們沒有明白的內外界定觀念啊，這是不能合群的又一個病。我們通過梁啟超的批評就可以看到，現代國家的意識和觀念，當時還沒有形成，至少在民眾中是這樣，少數精英除外，所以現代國家的成形尚在路途中。也就是說，中國在以前是一個輕重概念，而不是一個固定概念。是一個可大可小的地區社會。

從規則來說，法律的形成不外乎兩類情況，或由於命令，或由於契約。命令是上下縱向的，契約是左右橫向的。梁啟超顯然認同契約論，所以他說由契約出者謂之正、謂之善，由命令謂之不正、不善。梁啟超明言，有缺憾的法律也總比無法律強。有些講無法律、無政府的人，反而容易被人抓住藉口。少數服從多數，這是不得不然的。結果中國呢？往往因一兩人的意見從中作梗，而國事俱廢，其漫無規則可見。我們說，老子說聖人無常心，以百姓心為心，這是肯定的。如果人類同心向惡，那也沒有辦法。所幸人心、人性都討厭惡。梁啟超說，今之為群者，只知有自由，不知有制裁。不願意做多數的奴隸，結果到頭來成了他群的奴隸。自身不能組織團結，「人人對抗，不肯相下，人人孤立，無所統一。」結果必然是導致野蠻自由，就算沒有外敵，這樣的人群也不能自存、不能改進其生活，何況是外強環伺呢？可見，近代中國面臨的乃是一個重組的問題，組織法頭等要緊。

我們說，不制定公共遊戲規則，等於棄權。人類生活是爭權、不是棄權。所以非入圍、參加不可。而民主呢，是表現在產生權力的過程，而不是權力產生以後分散行權。梁啟超說，中國人最喜歡忌妒，都希望他人失敗、倒楣，這還有的好？這種惡質得幾千年的遺傳，已是深入骨髓。要想合群，難乎哉！要之還是己心太重，故

多忌。其實成功不必在己，這個世界事情太多，總不可能都由你做。只要目標一致，大家終有握手一堂之日。當然，公意的不發達，還有傲慢、執拗、放蕩、迂愚、嗜利、寡情諸病，皆是合群之大蠹。而上面所述四端，不過是撮其要而已。

十一、毅力

梁啟超說，人生宇宙間，就是逆水行船。一般人意志薄弱，遇數挫乃退，真能頂下來的，都是人傑。但是常人只看到別人成功而羨之，卻不想想他人所遭受和付出的。毅力是唯一可恃的東西。人總有希望、絕望、失望，梁啟超列舉了中外十幾個人物，都是百折不回的，而最後成功。他說，人的一生有限，很多事是自己來不及看到它成功的。所以，津津於成敗的人什麼也幹不成，就因為缺乏遠大之思、遠大之心。只要是盡天職真辦事的，時候到了沒有不成功的。偉大民族的標準，就是看它有無遠大的目的，數百年如一日。比如英國，其國家目的就是一條：通商、殖民。晏子說，行者常至、為者常成。所謂功不唐捐，只要幹就能得逞。

梁啟超說，就國民性而論，華民族毛病、缺點很多。但是最不堪的就是意志薄弱、無毅力。要言之，就是心術敗壞，心思都用歪了，只是看上面的意思行事。比如守舊，真能堅持守舊，像英國保守黨那樣也好。無奈事變一起，一個守舊派也看不見了，原來這守舊也是假的。餘可類推。當官就是為了吃飯。而最令梁啟超疑懼的，就是華人志力薄弱，沒有三年以上的國家目標，沒有百人以上的團結團體。如果僅僅是不知，還有可望；知而不行，則無可望矣；行而不徹底最絕望。所以得億萬個智叟，不如得一兩個愚公。梁啟超

這話其實說出了一個很簡單的道理，就是：真要有一兩個像樣的人才，就全賺了，並不需要所有中國人都如何。好比學問，比如說現在全國學風不行，其實這是廢話，沒有必要的。因為真要出一個大學者也就夠了，你管那麼多華人幹嘛？學問、思想的基本性質就是個人性。專案需要大家做，學問則是個人性的。所以真學者從來不考慮社會情況這一話題和問題，只考慮自己——自己應該怎樣一頭做去？而且學問本來就是極少數人、即絕對自我者的專利，讀書生活是昂貴、奢侈的。當然，16 億人人人像樣最好。

必須看到，中國近代以來由於遭受毒害，民族氣質性已經大大地毒化了。故志意薄弱，與此有很大關係，何故？凡身體不強者，意志必弱！關羽刮骨去毒，正以體力絕人故也，普通人哪熬得住？所以，華人要想強其志意，非行量化標準不可。就是：上等人失敗一萬次再放棄，中等人失敗一千次再放棄，下等人失敗一百次再放棄，或者十次。一般任何事情，堅持兩三次也就成功、得逞了，所以盡可以消消停停的。誠如《大學》所言，人一能之己十、百、千之，就是堆。苟能此道，雖弱必強、雖愚必明、雖下必上。華人再弱，執此道，無復憂矣。

十二、義務

梁啟超說，義務與權利相對，此無待多言。人生而有應得之權利、應盡之義務，這是一個二分組，無法偏廢的。尤其是文明之世，無此斷不能久。梁啟超辯證說，比如世襲君權，至不正也。但是考諸人類之始，能為群擔待者乃為首領，這在當時已經是優化了。只是越到後來，人文進化以後，世襲制越來越不適合，所以必須升級。

在暴君政治下，人群的義務與權利處處錯位，所以全亂了。英、美諸國，既然遵循進化律，將歷史中不正之權利、義務漸漸蕩滌乾淨，中國以後終有一天亦必循此道。就像水性，你可以堵它一時，但不能永遠，這是一定的。所以，義務是公共的基礎，「苟不盡義務者，其勿妄希冀權利焉爾。」

梁啟超認為，權利之初起皆得自義務，比如為人群擔待，等等。一個人群如果義務思想太淡薄，天下事沒人管，則異族很容易乘虛而入，魚肉該人群，這就是報應。說白了，權利不是天上掉餡餅，權利是人類慘澹經營來的。比較言之，甲如果稍優於乙，必然更為長久。所以一切最終都是公平的，即無不合乎天演公例。沒有義務的權利，必然是炊沙求飯，因為公共基礎的建設根本就不可能，所以人群的生活不可能好、無法改進。簡單的說，人類生活不是從天上掉下來的，全得靠自己營建。梁啟超說，如果人群中多一遊手之人，則該人群之實力即減一分，所以必須人人有業，否則就沒有充分可言。遊民問題是中國歷史社會的大問題。

從政治學來說，國民要盡、要履行的義務，有兩件最要緊，就是納租稅、服兵役。不納租稅，則國用無所出；不服兵役，則國防談不到。但是中國的國民，最害怕的偏偏是這兩件事，這是華人志行薄弱的表徵。自古歌頌君德，都是以免租、免稅、免兵役為仁政的標準，在古代自然社會可以，在現代就是笑話、無常識。像宋朝改徵兵為傭兵，康熙說永不加賦，這都是大笑話。須知傭兵則愛國心頓無，成無精神之軀殼爾；永不加賦，那麼公共建設都別搞了。法國大革命，就是因為違反權利、義務公例而釀成的。像英國，人民盡為國家之義務，同時以參政權為償。中國人對權利求索無厭，對義務逃之務盡，此何異於頑劣之童，榨乾父母？要之，以其無人

格、故無廉恥爾。公共意識不發達，自尊、自矜就成問題，國家遂無基礎可言。所以權利、義務思想，就是愛國心之所從出。寧可放棄權利者，無非是畏勞之一念使然。梁啟超謂，無權利思想只是惡果，無義務思想才是惡因。我國民與國家之關係日淡薄，就像親子形同路人，似乎國家存亡與自己漠不相屬，都是因為這個啊。

我們說，梁啟超批評得不是不對，但是更深地看，華民權利、義務思想淡薄，根本原因還是應該是失教所致；另外歷史社會中的權利、義務關係也始終沒有擺正、到位，是倒錯的。沒有公共教育，指望國民在國家常識上一步到位，似乎也難。華人聽話，只要教之得法，20 年內，民族可全面更新。問題既經任公指出，則亡羊補牢不遠。

梁啟超謂，七子之母，無一人養之，與無子同。且又不如者，無子者尚得逍遙，育七子者則並此逍遙亦無之，人生之失算，何大於此？問諸華民，無一人敢言已盡義務，是與無民同。「無民之國，何以能國？」梁啟超說，但是儘管如此，比較而言，中國人的義務思想實大於權利思想，只是那是一種不完全的義務思想。其弊有二：一是，無權利的義務＝無報酬的勞作，這只是要大家不斷奉獻、犧牲；二是私人對私人的義務，距離個人對團體的義務還遠，而國家是最大的團體單位。所以中國人有各種思想，不是沒有，只是不到位，須進一步引導、導正之，如此而已。比如講義氣，等等，當然這還不是大團體公心。有的人一下子跳到只講人類不講國家，這又是矯情了，過猶不及皆不可取。所以怎樣一步到位，在近代是一個大問題。說白了，華人什麼事都做了，但是什麼事都差一口氣，所以特別劃不來，搞夾生了。故後人要做的，就是把這最後一口氣吹上去。不痛不癢、不痛快無決斷，應該徹底結束了。

十三、民氣

什麼是民氣呢？梁啟超說，一國之中的大多數人，對國家尊榮、公眾權利，有凜然不可犯的顏色，這就是民氣。簡單的說，就是共同體之容。雖然民氣只是必要條件，不是充分條件，但是民氣這一要素是不容忽視的。首先，民氣必須與民力相待，否則沒有結果。這就是實力決定論。梁啟超舉中、日案例說，日本初與我通使，領事裁判權未收回，我最初之橫濱領事范氏，以最敏活之手腕，主張我國民之權利，往往有使日人不能堪者，至今老橫濱者，猶舉其佚事以為美談，彼日人豈樂受也？而忍之若干年。琉球事件交涉中，我北洋艦隊游弋長崎，為示威運動，我水兵與彼員警哄鬧，其交涉之結果，乃至勒使長崎員警不得帶刀，日本恥之，乃自下令全國員警不帶刀以解嘲，自甲午戰勝後全國員警始復帶刀，彼豈其樂受也？而忍之若干年，彼其忍之之時，正其汲汲焉於種種方面預備實力之時也，果也甲午一役，而二十年來對於中國之恥辱，乃盡雪也。

這是重要的案例，不讀任公之書，僅靠常規教育，如何能知歷史中還有這些節目？可見清帝國最開始也是強勢的。日本先忍辱，而後侮人。平心論之，中國既不喜人侵凌，當然也不要侵凌人。凡事該怎樣就怎樣，得正當權利即可，不必特權。外交只能論理、論法，不能論力、論強弱（有了實力後盾以後）。而最重要的是，這裏透出來的消息告訴我們，中國居於主導地位是完全可能的，關鍵是處事得宜。日本是一個很簡單的民族，我們說平等是一個禮概念，就是相互尊重。在二戰結大仇恨以前，中國對日本有很多機會，如果照顧其敏感之自尊心、領導得法，加之政略

長久、廟算高遠，不難得一忠順之牙爪。結果治事不當，反而滋生、造成一敵國。成事不說，以前輕易失去的，以後當重新努力，以期永久性解決。

　　梁啟超說，在日本忍耐的時候，說它沒有民氣，可以嗎？怎麼可以？它只是實力還不可以罷了。一旦實力可以，就都可以了。韓國最初與日本相去無幾，但是日本蓄力而韓國競氣，結果韓國日洩日瘡，日本日積日張，優勝劣敗，遂永定矣。所以，民氣必與民力相待，與民智、民德相待。沒有民智的民氣沒有價值。梁啟超說，凡語及氣之一字，「其中總含有戰爭的性質，無論為廣義的戰爭、狹義的戰爭，其性質固不相遠。」狹義的戰爭為用兵，廣義的戰爭指一切對抗行為。就狹義戰爭論之、毛論之，第一要有宣戰的理由，其次要有作戰的計畫，有理為義戰，敵愾力、自信力都非凡，輿論在我，不勝何待？仗打起來，損失多少，得到多少，都得計較。戰術、戰略不用說了。應該說，損失巨大的勝利其實就是失敗，比如抗日戰爭，中國死幾千萬人，名為慘勝，實則掃地耳。所以梁啟超說，氣不可挫，一挫，到要用的時候就沒有了，這最劃不來。而濫用其氣的，只能僥倖勝利，最不足恃。所以氣要在智識引導下運行，才不是盲目的。「能善其計畫，則非全體人民有水平線以上之常識不能也。」沒有智識基礎，對外之團結力、抵抗力必不持久，只是一時烏合罷了。近代以來，中國民連常識都還沒有配置，如何言勝呢？

　　關於民德，梁啟超說，沒有民德的民氣，不惟無益，反而有害。凡是多數人相集圖一事，必含權力，所以會有陰謀分子加入其間，以覬覦此權。比如中、日一鬧，就有早就學不下去了的人，藉口愛國志士回國，正好解脫。冠冕堂皇好機會，這就是利益和好處。所

以歐美政黨政治，最嚴於以私人原因而進入公共問題的分子，不能說不是來源於經驗。各分子各懷目的，必結種種之惡果，政治中的人性本來如此。所以無論哪種團體，絕不能無敗類。所不同者，民德越是高尚的國家，敗類數越少；民德越是汙下的國度，敗類越多。而敗類往往又更強勢，要別人讓他，所以經常得勢。借民氣為手段的多了，像太平天國就是。所以梁啟超說，這些都是偽民氣，不是真民氣。所謂真民氣，一須堅忍之德，不是三分鐘熱情；二是親善之德，團體越大，成分越雜，小處相左越難免，所以無親善之團體肯定分裂；三是服從之德，人人都想指揮，必不能也；四是博愛之德，破壞只是不得已，如果以破壞為能事，則法國大革命矣。濫用民氣，為害深矣。

於是，梁啟超總結出四條：民氣是輔助性的，不是唯一的手段；民氣易衰，故不可常用；善用收宏效，誤用食惡果，當慎擇之；因為民氣發生容易，故非其時不得煽動。梁啟超補充說，民氣生於自衛心，非常簡單直率，不需要其他條件。民力、民智、民德發育好，則民眾自能自覺其天職，不待勸矣。民氣如油，一點即燃，故洩之不如蓄之。擅動民氣者，是為犯罪。若日日以牛刀割雞，則非敢苟同也。

十四、政治能力

政治能力一事，所關甚巨。最常見的論調就是，中國民缺乏政治能力，故不宜行民主。論者鑿鑿，不容置疑。梁啟超說，中國人無政治思想，固然矣。但更大的患是無能力。因為思想來得快，通

過言論聽受等途徑，幾個月、幾年也就見效了；但是實際能力的養成就慢了。梁啟超這種看法，與孫文指出的知易行難的情況相類。

比如，朝鮮人的能力就劣於日本，所以日本能進展，而朝鮮不能。又比如，南美諸國民的能力劣於北美，所以北美有秩序，而南美永亂。再比如，法國、英國同樣大革命，為什麼英國能憲政而法國不能，就因為法人的能力劣於英人。如果說僅靠思想就可以，那麼波斯人、阿拉伯人、羅馬人、哥特人、猶太人、黑人、印度人都有思想，怎麼就不行呢？所以，梁啟超在這裏實際上是顛覆了唯思想論。所以，只有篤行才是靠得住的。「惟能力為足恃。」這大概就是能力論了。

我們說，能力來於習慣，所以國家教育當以養成國民習慣為第一和唯一。締造好習慣、優良習慣，汰除壞習慣、不良習慣。國民習慣，就在《國民常識手冊》中。梁啟超說，中國自炎黃以來，為什麼始終不能建立、組織起一個合式、有機、完全、秩序、順理、發達的政府呢？就是因為沒有政治能力，不是因為缺乏政治思想。有人說，因為君主制，所以能力不能發育。梁啟超說，這話不錯，但是君權不及處的地方，人們也沒有自組織力。所以中國只有改朝換代、拒虎迎狼的歷史循環，這是可悲的。最顯著的證據，就是自明以來，下南洋的華人有數百萬不止，但就是不能組建一個政府，連政治團體也沒有，這就可見其沒有政治能力了。英國人在上海不過四千，而有小政府；華人在美、澳幾十萬，只有黑社會，這又是顯證了。要之，華人只有政權意識，沒有政治意識、政府意識。在華人，政治總是混淆於權的。有權念而無治念、無政念，這真是關鍵的揭示和總結。直到孫文，還是個權力腦筋，他講民權主義，盡在談權力而不是權利。所以 20 世紀中國政治之走向，也不過如此。

即以教育一事論之，中國專制之毒雖巨，但專制力斷不至於及此事，可是呢？朝廷屢下明詔獎勵教育，各省之發展成績又如何？私立不如官立，「而吾民更何顏目以責備政府也？」這又可見能力低下了，沒資格罵官方。

梁啟超說，專制政體是毀傷政治能力的第一因素。中國專制既久，原有之政治能力慘遭摧折，豈朝夕能復？就好像女子纏足，一旦放之，驅其競走難矣，這是一樣的荒謬。現在說中國人無立憲資格，必須暴力革命的，正與此同。歐洲因為是貴族專制，是少數專制，而中國則是一人專制，所以東西情況大不相同。所謂少數專制者，就是少數人自由，多數人不自由。所以，由少數自由漸進於多數自由，還有階梯可循。而全體人民悉無自由，則欲驟進於自由，難甚。

家族制度也是毀傷政治能力的因素，西國以個人為單位，中國以家族為單位，所以西國人民直接隸於國，而中國人民間接隸於國。所以中國過去的種種制度，無不以族制為魂魄。故中國歷史社會是家先國後，不是國先家後，所以嚴格來講只能說是家國，還不是國家。每一朝代即一姓，教育是族制教育、講孝悌。西國稅制只計口，中國則戶口並計，六部之一有戶部，足見，中國經濟也是家族制經濟、族制財政。餘如族制的法律——滅門、族制的軍政——抽丁壯。至如閭里街坊，皆以族老主之。所以梁啟超常謂，中國有族民資格，無市民資格，可謂精當。直到後來的城市化，這些才漸漸打破，城市就是個搥分器。市民之長尚賢，要投票選舉；族民之長尚齒，講論資排輩。選舉當然更有利於政治能力優生，同樣是自治制度，中國的辦法在鄉間、鄉土社會還行，一入城市便玩不轉了。

　　另外，生計問題也是摧毀政治能力的因素。根據孟子律：恆產＝恆心。我們經常指責中國人無恆心，這是不對的，因為我們漏掉了元環節──中國人無恆產！中國就沒有恆產黨。所以，華人無法格。首先批評指責中國人無恆產，這才是合情合理、合法的，但是卻沒有人作這種指責。所以，中國的歷史癥結問題不是有產、無產、資產的問題，而是恆產的問題，這才是關鍵，這就是「產格」。名不正，則跑題、打岔。沒有產格就沒有人格，人無恆心，不可以為巫醫，遑論其他？所以其結果就是，中土無恒人、無恒民，故中華無恒國、無恒律，這就是喪亂頻仍的根因。無恒政、無恒治，惟有賭博政治而已。「太祖Ｓ」就是賭贏了的人，他們都是成王。怎樣才能有恆產呢？惟有規矩！但恰恰是，這個規矩是建立不起來的。沒有規則的制定，就不能遊戲。所謂規矩，就是財產業的絕對律。不在多少，而在於屬誰？是一個屬格問題。這100塊錢不多，但它一定要是屬於我的。它是屬於誰的，這才是關鍵。而中國的問題恰恰是：這100元錢隨時可能被劫奪，它是沒有絲毫保障性的，它不知道屬誰，其歸屬不明，沒有終極歸屬性，一切都是隨時說不準的。一句話──錢無名！

　　所屬沒有名分，這如何能想？名既無正，而劫奪的力量又是多重的──有形的與無形的、柔性的與硬性的，等等吧：收稅的來了──這100元錢是政府官方的；盜賊來了──這錢是老子的；改朝換代的來了──這錢作廢；皇帝來了──錢是朕的；可汗來了──錢沒有用；客人來了──買東西去；親友來了──夥計，我手緊；孩子來了──爸爸我要⋯⋯；老婆來了──錢歸我管；父母來了──你不孝順⋯⋯夠了！什麼時候這100元錢能夠搞定了，什麼時候再談現代諸問題。什麼時候建立了牢固可靠的產格保障制度，什

麼時候再說政治能力。所以，每一分錢都是政治全體，國民什麼時候養成了毋不敬、無小事的意識素養，能夠充分尊重、不破壞「小產權」，一切按規矩辦，什麼時候再談下一步。從這裏來說，女人破壞政治──因為她們把男人搞得毫無人格、產格。這就是我們為什麼必須下決心實行「三年性」的原因。所以家事決非小事，它關係到一個群體是現代還是前現代，這就是齊家的講究──齊家屬於現代政治學，不是簡單的私事，而應該是私事政治學、私政公共學。簡言之，就是充分捶分的社會，一定要建立、配設之，無分則無恒。一句話：人權基於、成立於錢權。公式曰：

  錢＝人

這就是我們尊重錢、而非愛錢的原因。尊重錢高端、愛錢低端，低端不可以為國、低端不可以為政。故錢即禮，人而無禮、胡不遄死。所以錢即法理，有錢有人、無錢無人。這就是崇錢論。而一般人除了曉得摟錢，根本不懂權錢。所以，我們說的錢是指一種人權，而不是說、指一種物，就是這個意思。查理斯人是一個「氣質醜」的民族，七大姑八大姨的搞不清，牽扯太多，怎麼上路？

地理學家說，完備政團的發生一定在溫帶，熱帶人太懶，寒帶人太苦，生計不發達，政治不可能進化。進步緣於慾望，比如忙生活還成問題的，當然顧不上忙不朽。所以低端國忙生活的比例高，文明國忙不朽的比例大，文、野程度視比例而定。「故政治、道德、學術一切之進步，悉與生計之進步成比例。」由此，我們又可以得到一個指標，就是文明比例，一個文明的程度，視它的生活之各項含量酌定。

　　孟子說救死惟恐不贍，可見先秦諸子早已指出，中國是一個在死亡線上掙扎的國家，這是很膩味人的。所以其政治能力總是溺於小我、不遑念及大我，有現在無將來。比如毛說一萬年太久、只爭朝夕。所以梁啟超說，慾望是分級的，完成、達到了 1 才有 2，才有下一步，1 還沒有達成，哪顧得 2？溫飽還成問題，哪顧得高級慾望？所以中國幾千年之精力，全消磨於低端事情，所謂急其最急者，即吃。吃人是萬吃之最後一步，即不得已，人只是吃的預備案。梁啟超說，欲求達下級之慾望而不給，則欲進高級，其術安在？這就指明，中國是一個低端社會，如果沒有西洋，中國連抽水馬桶也不可能發明，更談不到社會化普及。所以，唯一的高端社會就是盎撒，完全靠技術含量吃飯。應該說，人類最偉大的發明就是發明瞭「現代」，而現代是盎撒發明的。現代最偉大，說勞動最偉大，那是屁話，老驢轉磨也是勞動，勞心、勞力都不分，勞心才偉大，勞力只是必須。

　　還有喪亂頻仍，也是政治能力的摧毀因。梁啟超說，一個人要長成才、發育好，需要相當長的時間段，中間不能有滋擾，否則後果難料。我們說，起碼須 20 年穩定期。一般人很難成才，都是因為這個 20 年沒有保證。中國的歷史也一樣，中間歷經人間地獄，華民族能夠發育健全嗎？梁啟超舉了一個很可怕的例子，就是法國大革命時代，全國所產之嬰兒，大多數都有癲癇病。蓋社會現象，遺傳於人群所致。可見古人所說的積不善是多麼的可怕——戾氣重則天地失和，決非迷信。而中土且以法蘭西為效法對象，欲學癲癇乎？直可謂喪心病狂！華民族之惡遺傳，非止一重，實已多重。所以今後清毒之工作且任重而道遠。歷史中天下新定之後，上自君相，下自師儒，全力養廉恥，尚待一、二世以後方生效，何況不為

之呢？至於霸者陽植陰鋤，使永無發生之期，則未及一、二世，而喪亂輪迴又見矣——喪亂多一次，遺傳之毒就加一層，政治能力如何能不漸滅殆盡呢？任公之言良允。

我們看老朱先生元璋，整天發脾氣，就是因為他沒有知道，前元留下的生態太壞，故里面的每個人都是壞的啊！國家元氣須重新致力培養，一切都不現成，所以發火、懲罰是沒有用的，技術含量太低。官員的素質靠政治學教育、訓練，不是天生的，而須基礎建設。所以開國者要致力的是制度生態營建，為後人立法、垂範，而不是現成的糧食產量，物量只是一個時間問題，天下安定，時間到了就全面豐收、收穫，所當急者，生態也。沒有好生態，一切都是壞的，想好也好不上去，何況連想念都絕了呢？生態最大，生態大於系統、系統大於體系。體系是個人的，系統是部分的，而生態則是全部。比如說某個人的思想體系，而儒學是一個系統，非止一人；但生態卻是大一統。

梁啟超說，思想、能力不相應，這最可憂慮。中國的前途何在？以養成「國民能力」為急。國民者其所養之客體也，必更有其能養之主體方可。主體何在？不在強有力之當道，不在大多數之小民，而在既有思想之中等社會。此無待詞費。國民所以無能力，則由中等社會無能力，所以我們的任務不是怎樣推能力以度人，而是怎樣積能力以有諸己！這樣，梁啟超就明確警告了所謂的知識份子、啟蒙精英們，不是抱著啟蒙情結去教別人，而是要完善自己，就像胡適說的，把自己造成器就是最大的貢獻。簡單的說，恰恰是知識人這一層本身需要啟蒙和訓練。不是有所歆於能力以自私，乃是吾輩苟有能力，則國民有能力；國民有能力，則國家有能力。所以要養

成政治能力，必須從我做起。簡言之，中國的中間層太弱，故缺乏橋樑，兩頭夠不著。

梁啟超提出兩事，一曰分業不遷，二曰互相協助。文明程度的高下，與分業的精粗成比例。今日中國，無志於國事。故少數有志者，不得不雙肩荷天下。觀近數年，倡教育改革、實業改革、社會改革者，悉如是。以實業論，爭路權、礦權、工商業者亦此輩；以教育論，組織學校、編教科書、任教授也是這些人；政治呢，言革命、言暗殺、言地方自治，還是這些人。其他百端，大率類是。是熱心之人，恨不得百事一身獨任，其遇可憐，其志可敬。但於實際，則淺嘗而已。而國民可與樂成、難與慮始。所以，先做成一兩件小事，效果明顯，以後再做其他事，阻力就消去大半了。這樣形成良性循環，社會效應會越來越好。所以，方今欲用脆弱之民力，萌茁之民氣，以與千年積威之政府宣戰，舍此何由？現在人想同時做百事，結果一件事也不能成。所以社會上就產生了兩種傾向，一是說事多辦不了，奈何？一是說無事可辦，奈何？其實這都是因為中國人習慣一窩蜂，不談政治，不足云愛國；不投軍不足稱偉人，等等吧。但是一個社會的元氣，是靠各方面看似無關的事累加起來的，如果不分業，則基礎建設永遠沒有。梁啟超講的這個，其實就是老子說的事善能，即無聲無臭的微觀改進論，從能夠做的先實現起，則其效神、成本低、代價少、傷害小，不知不覺、潛移默化，而國民之習慣、能力造成矣。

至於協助則分積極、消極。積極的協助是主動幫人，消極的協助則是不妨礙別人。明白此義，則天下皆友。但是中國民性習慣於傾軋，比如晚明，士子先意氣後國家，如今革命、立憲之交哄，何

復相類也！所以這兩派人，是以我的主義先於國家。如果國家真能獲救，則我之主義消亡，又有什麼關係呢？尤其是梁啟超講出了一個重要的條律，那就是假必成真。假戲真做，到時必真！所以，作偽、做假是避免流血而人類進化的最佳途徑（捷徑），就這一個假真律，人類始終不曾懂得。梁啟超說，朝廷一紙偽改革詔書，勝過民間著書數十萬言萬倍。辛醜之後，就是靠諸般偽改革事業，而民間思想該進步多少？這就像假談戀愛，沒有不入戲成真的。所以，假裝做姿態就已經是一切了，剩下的只是耐心等待。梁啟超說，憲法如和約然，輕言革命，譬猶黷武。為什麼近年來政府屢有偽改革的表示呢？還不是因為民力壯大了，不得不應付應付，這在以前是可能的嗎？所以，立憲、革命實際上是相輔相成的，雙方都從對方那裏得到了實際的好處，對此哪一邊也不要否認。所以中國的事情，才能像猴子上樹一樣，一點一滴地往前蹭。天地之大、前途之寬，實有容此二主義並行不悖之餘地。結果相互傾軋，不予研究，故中國民間黨之不發育、政治能力之不前進，摧殘於官方者十之一，摧夷於異黨者十之九，這就是不明白消極的協助之義啊！可見，梁啟超講的乃是政治互助。

　　梁啟超自言，他的思想就是愛國、救國。有人說任公善變，現象變耳，本質不變——梁啟超是一個非常簡單的人。20 世紀喜言民主，案民主這個詞，《尚書》中屢見之，而其義與今天有別。古人說民主，系指國人、民眾的主公，所謂在某一人，而非人民作主，不是老百姓當家作主，意思完全不同，這裏面有一個一與多的區別：一個人與所有人。很多人把民主講得越來越複雜，正說明中國社會有病。

其實民主是什麼呢？所謂民主，就是相對合理的權力分配。權力是宇宙的本質，人是權力生物，無論硬權力還是軟權力。比如話語權、解釋權，就是軟權力，但是威力巨大。像經濟就是一個主觀領域，它只是最小化、最少限度地受所謂客觀規律的影響，主宰經濟的就是權力，權力即規律。這個《管子》輕重思想講得最透。馬恩想把這個主觀領域講成客觀範疇，正是其致命傷。我們說，查理斯與盎撒的差別就在於——盎撒有獨立政治能力，而查理斯缺乏。這就像兩個小孩，一個有獨立生活自理能力，一個沒有。所以，孔子作為培養政治能力的古代大師，他還是有經驗的。孔子畢竟是站在前沿看問題，所以《論語》先《學而》後《為政》。

十五、尚武

梁啟超說，歐美、日本人常言，支那歷史，不名譽之歷史也，何故？以其與異種人相遇輒敗北。他指出，世人總喜歡說，野蠻人尚力、文明人尚智，這是只知二五、不知一十的話，迂偏而不切於事勢。羅馬遇日爾曼，所謂之文明豈堪一擊？尚武者，國民之元氣，國家所恃以成立，而文明賴以維持者也。任公這話，就把文、武二道的關係，擺得清楚而透徹。又說，立國苟無尚武之國民，必無以自立於競爭劇烈之舞臺。贅言一句，日本喜歡說支那人，但盎撒則是說查理斯。根據名從權威原則，日本既為美國屬地，那麼就不應該稱支那，而應該稱查理斯人。所以今後得注意規範，尤其是日本。

這樣看來，民國武術大整理，就不是空穴來風了。要之，尚武精神而已。孔子有武，言儒而避武，純粹自欺耳。梁啟超說，

古代斯巴達，以彈丸之國、不及萬人，而能雄霸希臘，就因為生活軍事化、軍事生活化；德國近 30 年才崛起，就因為奉行民族帝國主義，全面軍國化。卑斯麥理念曰：天下所可恃者非公法，黑鐵而已、赤血而已。這就是其血玄黃。德意志遂為世界唯一之武國，與文國相較。我們說，彼雖敗績，但效果頗猛。任公以為，這都是因為尚武路線。俄羅斯，絕北苦寒之地，富於野蠻力，又服從命令，所以其性質最適宜於軍隊。且彼得遺命以侵略為宗旨，此主義深入國民心腦，人人皆有蹴踏全球、蹂躪歐亞之意。力蠻性忍，其鋒難折，為半開化之國。歐人既膽寒，而斯拉夫將奪條頓之統緒，為世界主人翁，何故？尚武。日本呢？武士道、大和魂，也欲一試。八國聯軍，日人戰鬥最勇敢，近 30 年崛起，純以尚武。要之，軍國主義者，欲國民人人具軍人之本領、蓄軍人之精神，所以梁啟超說：「此數國者，」「要其能馳騁中原、屹立地球者，無不恃此尚武之精神，搏搏大地、莽莽萬國，盛衰之數，胥視此矣。」

　　梁啟超謂，中國民族之不武，2000 年來，與他族相觸，無不挫折敗北，受其窘屈，這是中國歷史最大的汙點，我國民百世彌天之大辱，所以只好培養自欺人格以了事。「漢族之死命，遂為異族所軛制。」曆觀梁啟超所舉列，其實中國歷代之患皆為北方少數民族。不要說漢族，就是世界萬國，對之也毫無辦法。因為中國北方少數民族是地球上最兇悍善戰的，稍微熟悉世界史的對此都不陌生。如匈奴、突厥、蒙古等。僅此一點，也不能苛責漢族。說實話，漢族除了向北族投降，沒有出路。這是歷史所證明的，無可辯駁，是不可改變的規律。梁啟超所說的神州貴種其實是不成立的，因為我們都知道，賤恰恰是中國民族的劣根性，也就是便宜，從來就不

貴。君賤民、外賤內，中國從來就不是一個很貴的族群。華人在世界上的形象歷來、傳統上都是很低端的，做最苦的職業，從事最廉價的行業，這些都是事實。梁啟超總結其原因，就是武力脆弱，故民氣懦怯。古代遊牧民族尚且不能抗衡，何況現代白人呢？白種人是以帝國之主義、為民族之運動的。「中國以文弱聞於天下，柔懦之病，深入膏肓，乃至強悍性成、馳突無前之蠻族，及其同化於我，亦且傳染此病，筋馳力脆，盡失其強悍之本性。嗚呼！強者非一日而強也，弱者非一日而弱也，履霜堅冰，由來漸矣。吾嘗察其受病之源，約有四事。」

一由於國勢之一統，二由於儒教之流失，三由霸者之摧蕩，四由習俗之濡染。人是多欲好勝的動物，所以在地球上共處，侵略性是不免的。所以稍微讓步，即意味著不可收拾。但是觀古代中國，卻常常連國防的常識也不具備。和平本來是好事，在中國卻成了腐蝕劑，成了自欺的口實。舉國弱女病夫、溫順綿羊，重文輕武、民氣柔靡。應該說，中國文化首先要強調的，就是聽話。

宗教家的言論，多是世界主義腔調的，而事實卻不然。耶教視敵如己、佛教冤親平等，其實邪說而已。耶教之民，實則皆堅悍好戰；佛教之民，亦有輕視生死之性——不尊重生命。唯獨儒教，愛死怯懦，何也？以山東民性弱耳。後世賤儒，以文化揜其苟且而已。「不法其剛而法其柔，不法其陽而法其陰，」陰取老氏而奪孔，以奴隸之忍為教，忍牛馬之所不能，這已經不適合於生存競爭之世了。在過去是道德（止戈），在現在就是無恥，可見廉恥是一個時間問題、時代問題。道德當隨時代，豈虛言哉！

所以，歐西外宣宗教——世界主義，內行軍實——侵略，以為常事。在現代就是意識形態。梁啟超說，中國成了一個不痛不

癱的民族，這豈是前人所及料的呢？所以一切都是報應。就中國的歷史循環來說，弱是必然的。因為打天下的都怕別人奪他，私家思維壓過國家思維，共同體根本不能發育。所以一得天下的，馬上銷兵，宣稱文化，其實只是「鋤」而已矣。因此，一人剛而萬夫柔，一人強而天下弱，這就是霸者。其敢不柔弱者、殺無赦，此恒情耳。剪除功臣，以免為子孫患；慷慨悲歌，尤其犯忌諱。所以，中國其實是有鋤術、無文化，文化者，冒充耳。鋤之不及，就借柔術：詞章、書法，不遺餘力。只要筋骨、言論、思想、精神銷靡殆盡就好、就行。可是哪裡知道卻為別人做了嫁衣──別有猙獰梟鷙之族在後。

梁啟超說，人之生、國之立，皆視自主之權，而自衛權是自主權的保證。人以強力凌我，我以強力抗之，這就是自衛權──應對群鬼的立場。並不是依賴什麼公法，而是內有堅強之武力乃可，梁啟超看得很死。他說，我以病夫聞於世界，手足癱瘓，已盡失防護之機能。東西諸國，莫不磨刀霍霍，內向而魚肉我矣。我不速拔文弱之惡根，一雪不武之積恥，20 世紀競爭之場，寧復有支那人種立足之地哉？然吾國講求武事，數十年矣，卒歇絕而盡者何也？曰：彼所謂武，形式也；吾所謂武，精神也。無精神而徒有形式，是蒙羊質以虎皮，驅而與猛獸搏。故誠欲養尚武精神，不可不備具三力。

一曰心力，一曰膽力，一曰體力。西人有言，女子弱，為母則強。因為一心只在子，故不避艱險。可見心力為大。古今成大計者，皆緣心力。曾國藩說，官軍條條都是生路，唯向前一條是死路；賊兵條條都是死路，唯向前一條是生路，故官軍敗。所以梁啟超說，

今列國困我，捨突圍向前外，更無生路。有膽力則無畏，膽力由自信力而發生。

梁啟超說：「昔英將威士勒之言曰：中國人有可以蹂躪全球之資格。我負此資格而不能自信，不能奮其勇力，完此資格，以與列強相見於競爭之戰場，惟是日懼外人之分割，日畏外人之干涉，不思自奮，徒為恇怯。彼獰猛梟鷙之異族，寧以我之恇怯而輟其分割干涉邪？嗚呼！怯者召侮之媒，畏戰者必受戰禍，懼死者卒蹈死機，恇怯豈有幸也？孟子曰：未聞以千里畏人！吾望我同胞奮其雄心，鼓其勇氣，無畏首畏尾以自餒也。」

我們說，梁啟超的文筆是有名的酣暢淋漓。其實這裏面的事理並不玄妙、複雜。一個，中國不武，與河南有很大的關係。一是在河南定都太多、太久，一是河南人建立的政權（如宋）最弱。因為中國各省，河南最濫。在河北、陝西情況就明顯不同。這就是三大玄機要素中的地方機；另外，中國是龍象民族，而龍最無決斷力——優柔、弱、多病痛，身體很差（參閱英國藏敦煌卷宗）。龍者，為人做作、假之象也。這是三大玄機要素中的民族八字機。

且看梁啟超怎樣論體魄。曰：開拓世界者，類皆負絕人之異質。德國重體育（後金牌果多），務使舉國之人皆具軍國民之資格。中人不講衛生，婚期太早，以是傳種，種已孱弱；及其就傳之後，終日伏案，閉置一室，絕無運動。耗目力而昏眊，未黃耄而駝背。且復習為嬌惰，絕無自營自活之風。衣食舉動，一切需人。以文弱為美稱，以羸怯為嬌貴。翩翩年少，弱不禁風。名曰丈夫，弱於少女。弱冠而後，則又纏綿床第以耗其精力，吸食鴉片以戕其身體。鬼躁鬼幽，血不華色，面有死容，病體奄奄。氣息才屬，合四億人而不能得一完備之體格。嗚呼！其人皆為病夫，其國安得不為病國也？

以此遇異族，是猶驅侏儒以鬥巨無霸，彼雖不持一械，一揮手而我已傾跌矣。嗚呼，生存競爭，優勝劣敗，吾望我同胞練其筋骨，習於勇力，無奄然頹憊以坐廢也。

說白了，梁啟超講了這麼多，其實歸結起來就一條：練武！這是最簡單直截的──練武把一切都打包了。身體差，氣質之性就不能發育，很多理學家就是因為身體差而早死的。比如陸九淵，終身手足未嘗溫也；王陽明也是有名的病秧子。身體不好的，思想能好到哪裡去呢？所以王陽明一思考就昏倒，只能尋找簡易法門了。說白了，武道就是身體哲學、人體思想。唯一漢族認識不到這一點，而蒙族的武技又太簡單、粗糙。簡言之，漢族偏重讀書，大腦運動，身體活動少。像什麼歌舞、體育等發揚身心的，都不充分。所以漢民族思考、理解力高，而節奏感差，感覺力、韻味感受力偏低，這就是中國為什麼沒有出大指揮家的原因：味道不對。治國跟指揮樂隊，原理是相通的，這就是古人講的禮樂──政治在於節奏，樂感即政感，就是心靈！仁就是心靈發達！心靈像臀部肉，打多少針都無所謂，就完了！心靈靠音樂（締造、塑造、教育、陶養），故講禮樂。節奏感不好，就不容易落准──落不到點子上去，時位就差，治事就容易錯亂、顛倒。所以中國的社會總是不和諧、亂糟糟的，漫無章法、挺吵。有人說，我是不喜歡唱歌跳舞的，好像說起來還挺驕傲、自豪似的，似乎自己熱愛學習、不貪玩，一本正經蠻道德！殊不知翻譯一下他的話，那就是──我是不熱愛心靈的、無聊！這可喜嗎？還是可賀？機器啊！可以說，一個不貪玩的人，不會熱愛生活，也就不會尊重生命，他腦子裏的觀念、意識肯定就多，各種怪毛病、怪講究、習氣偏見就深。說穿了──他的人性就會有一些毛病和問題。不玩，人的想像力就低下，人類文明果實都是玩出來

的。玩就是動手——能力自在其中矣。經驗即學習，經驗貴在節奏。中國的學生，想像力被評為倒數第一，應試教育的大報應來了，可不深懼哉！如果政治無想像，則問題永遠不能解決，想像力就是創造力。今後之世界，想像力役使無想像，為主為奴，我們大家好好琢磨琢磨吧！

　　梁啟超說，當今世界，乃是「武裝和平」的世界。強權世界，能戰乃和平，美國亦易門羅主義而為帝國主義，蓋美國雖獨立他洲，而歐洲民族帝國主義四溢，故不得不預防也。中土膏腴之地，故一洩其尾閭於亞東大陸，柔脆無骨之人，豈能一日立於天演界？我國民縱缺文明之智識，奈何並野蠻之武力亦同此消乏也？嗚呼噫嘻！外人咸以無戰鬥力輕我矣。梁啟超講的這個，不僅是中國的報應，而且也是他國的報應。後來的朝戰，美國就嚴重低估了中方的戰鬥力，慘遭敗績。由此我們說，大武術家孫祿堂就是中國人現成的座標和榜樣，照著邯鄲學步就行了。而中國的外交則應該是一個二分法——英、美、德、法、俄、日六國是單獨的一撥；其他各國是單獨另一撥，這就是辦法。

第六節　天演

　　嚴復譯《天演論》影響了幾代人，這本不起眼的小書之所以產生巨大影響，主要是因為切中了時代的痛處，從此進化思想深入人心。嚴復在譯書自序中說：「近二百年，歐洲學術之盛，遠邁古初，」「夫西學之最為切實，而執其例可以禦蕃變者，名、數、質、力四

者之學是已。」「後二百年有斯賓塞爾者，以天演自然言化，著書造論，貫天地人而一理之。」「西學之事」，「不外象數形下之末，彼之所務，不越功利之間」，「討論國聞審敵自鏡之道，又斷斷乎不如是也。赫胥黎氏此書之恉，本以救斯賓塞任天為治之末流。」「且於自強保種之事反復三致意焉。」

這就講得很明白，功利主義是西學的靈魂。富強理念，為近世思想之核心，嚴復譯介進化論為此。物競天擇，適者生存，中國當時沒有退路和選擇。嚴復《原強》說：「達爾文者，英之講動植之學者也，」「而著一書曰《物種探原》。」「而泰西之學術政教，一時斐變。」「物競者，物爭自存也；天擇者，存其宜種也。意謂民、物於世，」「各爭有以自存。其始也種與種爭，及其稍進，則群與群爭，弱者常為強肉，愚者常為智役。」「物競之事，如是而已。是故每有太古最繁之種，風氣漸革，越數百年數千年，消磨歇絕，至於靡有孑遺，」「動植如此，民人亦然。民人者，固動物之類也。」「此所謂以天演之學，言生物之道者也。」

進化論原來僅限於博物學領域，後來擴大到一切人文範圍。這裏嚴復對達爾文學說作了簡要的交代，就是一點：萬物都是靠後天進化而來，歐洲近世在智力上進化，故能居前。嚴復介紹了斯賓塞的學說，謂其以群學為歸，但欲為群學，必先以數學、名學之訓練，否則人群未能有成者也。又須力學、質學、天學、地學以輔助合成之。古人言象、數、名，言理、數、勢，古今理通可見矣。嚴復認為，一個群強不強，關鍵是看它的構成單位，也就是人；如果單位不行，一切都談不到。所以，人群的比拼，說穿了就是單位的較量，

這就是為什麼一定要講教育的原因——教育就是對單位的訓練。政治優化與優生學是直接接通的。

具體說來，訓練的內容是什麼呢？一是身體，二是智力，三是德行。簡言之，民力、民智、民德三大標準，是判別「民種」之高下的依據。西學之大體，不過是求總體之強而已。我們說，嚴復的這一觀察乃是經驗之談。中國人就是不善於集合站隊、整編、充分利用自己已有的資源。比如說武學、武道，本來是最有利、最現成的身體訓練，但是東亞武夫並沒有出現，只有東亞病夫。民國時尚武思潮大興，是重要的時代思想，也就是要優化民種。所以，對今後的中國來說，最要緊的並不是什麼原創與學習，而是整合固有的資源、如何充分利用之的問題，說到底還是一個體用。

嚴復尖銳地指出，清季官方政府，從上到下皆不知兵，故每戰必敗。安徽佬李鴻章本來是個蠢貨，海軍半數以上都是無賴小人，只是等著領餉吃飯、食祿而已，無一人能為國家禦侮、折衝。所以清季的失敗，純粹就是軍事上的失敗。清季名將，唯一左宗棠而已。嚴復學海軍出身，當然不會說外行話。他說清季將成為千古笑柄，這已然是事實了。嚴復說：「夫人才者，民力、民智、民德三者之徵驗也。」（《原強》）然中土其為憂乃愈劇，何則？「民力已茶、民智已卑、民德已薄故也。」「吾輩一身無足惜，如吾子孫與四百兆之人種何！」（《原強》）

嚴復認為，自古中國雖然朝代更迭頻繁，但皆為黃種，人種是統一的。北方民族質勝，可以很強，但是沒有化；漢族文勝，可是偷生畏法，也就是苟且——治理好了可以無事，治理一差，就日漸惡劣、敗壞，無可救藥，而反為蠻族所制。說穿了就是一句話，漢族是一個缺乏威力的民族，不成器。尤其是精神威力，

根本地缺乏。故漢民族無足畏。說白了，漢族只適於為人臣、為人奴。是臣性的思維、臣性的習慣，而不是主性的思維、主性的習慣。所以他們批評什麼、企望什麼，也一定是站在臣性的立場、臣性的地段，而不是居於主性的立場、主性的地段，所以不能為宇宙開生面。這種臣奴劣根性是沒有辦法的，無藥可治。思想家必須是主人思維、主人個性、主人腦筋的；人臣性，將永遠自絕於一切。

於是，漢族便只能吹噓自己的同化力了，說所有的異族政權都被自己消化了，這又反映、表現了其自欺欺人的根性。但是，近世西洋以英、美為首的，卻有自己的文明法度，不再像古代胡族那麼簡單。為什麼近代以來，中國與英、美等國接手屢敗，其本質就是：古代鬥不過現代，就這麼簡單，毫不複雜。嚴復謂，如果華人甘為天之僇民，這樣的存在沒有價值，既非一等，更無自由可言。說白了，胡族亂來，漢族又不爭氣，所以共同體只能歎氣了。

但是嚴復又說：「二百年來，西洋自測算格物之學大行，製作之精，實為亙古所未有。民生日用之際，殆無往而不用其機，」「此雖有益於民生之交通，而亦大利於奸雄之壟斷。」「夫貧富不均如此，」「則不平之鳴，爭心將作，大亂之故，常由此生。」「故深識之士謂西洋教化不異唐花，語雖微偏，不為無見。」（《原強》）可見嚴復還是有很深的保留。他認為，政法都是民性之徵驗，絕無例外。一政之舉，一令之施，順應其性則行、則存，反之則廢。所以古今中外，有識者都認為，為政無法驟急，須慢慢來。「是故貧民無富國，弱民無強國，亂民無治國。」（《原強》）所以須教民使之成為有識者，這一共識，無論梁啟超，還是其他學者，多有堅持的，他們都是教民論者。而教民的順序，先是訓練，然後教育。訓練就

是先批量地解決基礎問題、技能問題，然後再用教育去精加工、昇華之，不這樣絕對不行。後來的中國之大學制度，實際上暗合於此。

嚴復談到了兩種態度，一是認為，中國的問題不在法制，而在奉行不力；二是認為，事事效西法乃可，比如建民主、通鐵軌、開礦功、練陸軍、置艦船，等等。但是嚴復說，官方設譯署、同文館、船政、出洋肄業局、輪船招商、製造、海軍、海署、洋操、學堂、出使、礦務、電郵、鐵路，拉拉雜雜，一下子也能數出二十多件，可效果呢？為什麼在歐西是富強之基的，在華卻淮桔為枳、變了味呢？說到底還是人不行。「是故苟民力已茶，民智已卑，民德已薄，雖有富強之政，莫之能行。」（《原強》）所以嚴復引達爾文的話說，物各競存，最宜者立。動植如是，政教亦然。一切都在宜與不宜而已矣。

照這種「地宜論」，很多人會說民主不適合於中土了。嚴復謂，所謂富強，不外乎利民，但這要從民能自利始。自利的條件是自由、自治，這就必須力、智、德誠優。所以當今必須要政統於三端──鼓民力、開民智、新民德。這才是治本。

其實我們說，事情並沒有嚴復說的那麼複雜，關鍵是看具體的個人。清季的統治者是誰？是西太后、李鴻章那樣的人，人太爛，國家怎麼搞得好？安徽人儉，像李鴻章那麼鄙吝的，政治怎麼可能好呢？梁啟超講李鴻章，說得很清楚，說李這個人，做一天和尚撞一天鐘，他是大官僚，不是政治家，李老於官場世故，根本就沒有長遠的大想法。淮人用事，中國政治真的是淮桔成枳了！所以地方、人非常重要。試想，晚清危局，如果是換了康熙、雍正，這些抓工作講效率的，那麼情況和局面會怎樣呢？所以問題沒那麼複雜，關鍵是看人。大笨蛋就是大笨蛋，並不需要找特別的、格外的理由和藉口，大笨蛋本身就是理由，就是因。所以說人類都被歷史

解釋家給忽悠了。當然，我們也不是說某些人就一定有多好，而是說，梟雄與無能者畢竟不同。

嚴復斷言，今論富強之效，必以其民之手足體力為之基，歐西諸國強弱，莫不於此肇分。周之希臘，漢之羅馬，清季之德國，皆以壯佼長大、耐苦善戰，稱雄一時。嚴復有一段議論甚精，他說，今人以為火器盛行，儒夫持槍，與壯士無二，此真無所識知之論也。不知古今器用雖異，而有待於驍猛堅毅之氣則同。且自心理學發達，莫不知形神相資、志氣相動。有最盛之精神，而後有最勝之智略。是以君子小人、勞心勞力之事，均非氣體強健者不為功。所以古人不忘武事，孔子就是魁桀，力大無窮。射御之教，所以練民筋骸，鼓民血氣者也。以歐國而論，尤鰓鰓然以人種日下為憂，發展體育，不遺餘力，不獨男子，女子亦然。蓋母健而後兒肥，中國自弱其種之禮俗，以吃鴉片、裹腳為兩大端。但是朝野諸公卻說此至難變，非難行也，不行者，以為無與國是、民生之利病而已。未知種以之弱，國以之貧，兵以之窳，是鴉片、纏足不去，變法皆空言耳。並且嚴復明言，如果天子不用煙鬼為近臣，由近推遠，人人相互督責，形成制度，那麼 30 年中，可使毒害盡絕於天下。至於纏足則更好辦，人性本不樂裹腳，以俗成難拗，只要天子下明詔，纏足者不封，則天下立去其習。

實際上，嚴復就是指明了一點，華民族壞習慣太多、習氣太重，小毛病不斷、大出息沒有，就是習慣不好、習氣化，所以智力都沒有用到正道上，全使歪了。心思用歪了，何棄之有？我們說，身體發育不好的人，性方面沒有吸引力。性方面不行，是不可能優生的。為什麼奧運會人人愛看？就因為展示人體美、健康美、健美，而樂在其中矣！像游泳運動員的身體發育，就是最好的，性感。還有田

徑、健美、冰上項目，等等，很多。從這裏來說，西洋文化更具活力與美感，是不用說的。小腳女人沒有性吸引力，沒人願意要。所以過去中國人生孩子，母子死亡率很高，這都拜身體差之賜。而中國武術，算是扔到糞坑裏了，根本沒有發揮優生、強種之效。像嚴復這樣認識到身體政治、身體論的，絕少。

所以說教育的本質任務是什麼？就是培養造就國民習慣，使每一個公民，存其好習慣、去其壞習慣，不是什麼硬體知識的灌輸。孔子說，性相近、習相遠，可見習慣才是人類的分水嶺，我們可以列一道公式：

教育＝締造習慣

有了習慣這一活水源頭，一切都會現成地流出。可以說，漢族是最不注重身體鍛煉的人群了。只要比較一下，就不難發現，漢族是歌舞最差的民族，就像它是唯一沒有史詩的民族一樣。歌舞差，節奏感就不好；節奏感不好，做事情就不容易做到點子上。這是一個必要條件。而且不愛歌舞，人格、心靈發育會偏於壓抑和畸形，不開敞、不明亮。但是上天最終都會配平的，漢族的武術是獨一無二的身體語言，這是所有其他能歌善舞的民族所不能、也不具備的。但是華人似乎並沒有充分利用、開發武術，就拿手搏來說，連奧運會也沒進。身體是這樣，民智呢？嚴復說，當今尚學問者後事功，急事功者輕學問，殊不知二者相輔相成、不可偏廢。嚴復舉出了西學的幾個關鍵人物，他們改變人類的生活至巨，清一色都是英國人——牛頓、斯密、瓦特、法拉第、哈威、培根，等等。這些人，都是學問、事功合一的。其實也就是知行合一，說了半天。電機之用，其效神矣。這都是學問變革帶

來的事功效果，所以說民智為富強之原。所謂知識即權能，權能是什麼、什麼是權能？上帝之權杖也！故朕即神！這就是西人之真理念、西學之真神魂。華人引述培根知識就是力量一語，輕描淡寫為天天向上，其不學如此、無識至此！圓軟化，民性之大弊也。

於是，嚴復提出了一個問題：為什麼中、西學問近世以來如此懸殊？嚴復的回答是：西洋之於學，自明以前與中土相埒；及至晚近，先物理而後文詞。其教子弟，貴自得而賤因襲。真學在實用之術。反觀中國是怎樣呢？就是——語文一統天下，民智從何而開？物理、數學，完全絕跡了。結果，讀書人變得最不懂事，反不如農工商賈。農、工、商還有實際經驗，還能實幹。

其實說到這裏，我們就可以根本地解答老百姓的一個千年難題和困惑了：為什麼讀書人最沒用？所謂百無一用是書生，越讀書越糊塗、迂腐。老百姓瞧不起讀書人，民間曲藝老拿書生取笑，其原因有二（嚴復已經說得很清楚了）：一是身體原因，所謂四體不勤、不能勞動，沒有動手能力，不能創造。二是因為，所謂的讀書人，他們學的都是語文，而無關實用，自然是不曉事了。人們總是說，識文斷字，這就表明：中國人的知識訓練，到頭來也只是停留在語文層面罷了，而無關實學。最典型的例子就是：《論語》原本是政治經濟之學，可是中國人都把《論語》當成語文課文來讀，所以不能用《論語》。中國人那麼多，可是千百年來，並沒有幾個人把問題說到點子上，僅只是互相笑罵，不停地鬧意見、糾紛罷了。可見，歷史眾生之不動用思考，而僅限於情緒好惡，這與腦癱何異？有情緒無思考，有意見無真知，人類生活只是無止盡的循環輪迴，根本就不可能改進。

　　嚴復指出，中國人讀書、治學一般都是功利型的，不是精神型的，所以非得以政府獎勵為原動力不可，否則人們不會願意投入。比如說八股文這樣的東西，人人嫌臭，可還是有那麼多人從事之，為什麼？科舉用得著。如果西學也能得到政府官方獎勵，那麼一定也能興旺發達。否則治西學的，同輩知之則相忌，門外不知則相忘，何人從事之呢？這是大實話。就拿現在來說，只要是搞翻譯的，幾乎沒有兩個人是彼此承認的，怪事！而且，搞西學的如果沒有一個國故皆狗屁的想法，也不可能孜孜矻矻地投身西學。所以，他們對中學的看法，本身也是一種天意，對此最好是不要打破，否則就沒有西學服務人才了──翻譯家就是學術服務員，為人們提供大量的讀物，功不可沒。其實從事西學的人多是有信仰的，他們最迷信。嚴復說，欲講實學，非另立選舉之法、別開用人之途不可。從這樣的話語就可以看出，中國人是基於實學的立場去歷史性地接待西學的──西學被納於實學範疇之中了。

　　其實我們說，嚴復的問題，答案只有一個，就是西學得到了外部拉動，並沒有太多的玄妙。嚴復說，新民德尤其難，他專門談到，西洋是因為有羅馬教宗收拾人心，所以人心得以不散不墜，這是宗教的力量。至於中國，凡民老百姓，其實從小到大並沒有誰去教他們、引導他們、管他們，更談不上從教內容了。等於說，華民一盤散沙，是散放的、沒人管、沒人過問的。教育組織動員力，集合性、集體性根本談不到。這是實情，因為此類問題，黃宗羲在《明夷待訪錄》中早就論述過了。而西洋的宗教生活，比如禮拜日做彌撒，實際上是一種宗教集體生活，其組織性、宗教動員力比中國密集得多。而且這種宗教組織動員力早在中古戰爭中就得到過體現和驗證，比如十字軍等等。兩相對比，無組織無

動員的中國式野鴨子社會怎麼與之抗衡？其效率完全不一樣。所以中國的問題，包括儒家在內，不是管得太多，而是管得太少。或者乾脆不管，或者胡管亂管，所以優化管理必須進一步加強。中國自近代以來，就是要過組織動員關，此卑之無甚高論。盎撒就最善於組織總動員，即行動力，這個儲安平專門講過。組織動員就是行動起來。

最令人髮指的，是嚴復說到，昔者甲午之辦海防，水底碰雷與開花彈子，以鐵滓、沙泥代火藥。洋報議論，謂華人以數金錙銖之利，雖使其國破軍殺將、失地喪師不顧，則中國之敗，他日之亡，不可謂為不幸矣。其所以然何在？蓋自古及今，為治雖有寬苛，而皆奴虜斯民，民亦以之自待。主人如何，民不與共，未有愛於其國。一旦形勢既去，法所不行，則獨知有利而已，共起而奪之，此其所也，復何怪乎？我們說，嚴復說得很對，就是彼時中國人還不具備愛國意識、共同體榮譽感及認同心，還沒有祖國這一概念，少數人除外。這也就是魯迅講的看客。現代讀者都知道古希臘蘇格拉底，其實蘇格拉底的思想，其核心中心是什麼？就是愛國者（當然是城邦的）。這才是蘇格拉底的精神魂魄、中心主題，一切都圍繞著此點展開。所以他的祖國無論怎麼邪，蘇格拉底絕不背叛、違反其法令，仰藥就仰藥，死得其所。他說自己是與城邦結緣的人，是城邦締造者，這些都表示，其一生的理想，就是要把雅典城邦建設到至善。而這一祖國意識是華人普遍缺乏的，其原因並不複雜，就是嚴復所謂的自小失學、失教所致。所以近代以來，中國漢奸最多，常為幾塊錢而不惜使國家損失幾百萬平方公里的領土，這些不是什麼不幸，而是報應。所以嚴復說，不可謂為不幸矣。一句話，中國少義民。

　　從玄機來說，華民族屬龍，而龍是最貪財、愛錢的，子虛烏有、不實，問題很大。其實華人不懂得，錢是人類經濟倫理。嚴復舉例說，中國人罵人畜產，這算是最屬害的了。歐西則是罵人怯夫，經常決鬥，可死不可辱。但是在中國，言必信、行必果，卻被孔子視為小人，並不尊尚。若求其故，西教平等，以公治眾，而尚自由。中土以孝為治，尊親故薄信果。但其流弊，上下相詐，忠孝轉不若信果。西人之國與己相關、為一體，中土不然。要言之，中國的倫理類型是縱向的、上下結構的；西國是橫向結構的，主平等。所以效果懸殊。

　　所以，嚴復所講的民德，其實是指國家公德，即共同體之向心力，用以代替歷史私德，這是一個重大的人群倫理類型之轉變。嚴復說，有一件事，是治標最急迫而不容稍緩的，那就是：朝廷除舊佈新，必須有一二非常舉措，內敷眾望，外破敵國，否則瑣瑣碎碎，雖百舉措而無益也。但是具體是哪一兩件，嚴復並沒有具體明說。

　　嚴復認為，救時就如治病，找到了病因，才能標本兼治。甲午之敗，係因清廷腐敗，諱言改革，寧願亡國；等到事發，一幫不負責任的人只知道起哄，不顧實際情況已經到了何種地步，卒致慘敗，不可收拾。於是就開始自欺欺人了，說什麼一定是有大國暗中幫助日本所致，或者就是有漢奸，不然日本怎麼能贏呢？這都是愚昧的昏話，也不看看大清國已經到了哪般田地，還自視頗高，無聊又無恥！妄人必然是懦夫，不堪一擊，這是肯定的。他們也不想想，日本窺伺、覷覦中國十幾年，早已經把中國的山川形勝、軍政界的一切腐敗情形探查清楚，知道中國有三大不濟——政治無組織、人心唯自私、人才極消乏，此時不動，更待何時？不要說日本，如果有陳勝、吳廣之輩，組織幾萬人訓練有素的軍隊，大清國就垮了。

後來的辛亥革命，印證了這一點。可以說，中國歷史的總病根，其實就是一個私字，什麼時候「公」進化充分了，就得救了。原來一切就是一個公、私二分組。

嚴復說，湘淮平髮撚，不過是以匪治匪，不值得僥倖。其軍制之苟且，斷不可以為法。清廷至此，其實已經掃地盡矣！中國近百年的不幸，都是因為兵事上的原因。內部呢，遍地烏合土匪；外部呢，西洋偏師虛張聲勢一恐嚇，得到利益就行。而滿朝的人員都是文人，除了語文訓練，完全不解軍政之事。恁麼一個破爛國家，不敗才怪。中國歷史的最後語文化，是大悲哀。直到整個的 20 世紀，社會上的一切政治批評，還是語文化的。歷史痼習，有什麼辦法！

並且嚴復預言說，人類都是愚蠢淺薄的。打敗中國的，它不會說中國是如何腐敗，而會覺得自己是多麼強大，舉國都像瘋了一樣，跟中了蠱似的。那麼好，螳螂捕蟬、黃雀在後，新戰爭還將不斷──它以為個個都是北洋水師，誰不信，就等著歷史驗證吧！實際上，嚴復這話，已經給出了世界戰爭的根本原因──就是因為中國垮了，所以列國全坐不住了，個個起而動作，不至於世界大戰不止。日本是怎麼自食其果的，觀其 50 年侵華史，還用贅言嗎？不要說兩次世界大戰，就是接踵而來的日、俄戰爭，就已經應驗了嚴復的話。

實際上，人類從來就不會深思，那永遠只是少部分人的事情。就像嚴復說的，只要開兩條大船到海洋上兜一圈，萬國就會恐懼你，所以是視覺效應在君臨天下，事情就這麼簡單，毫無懸念。所以，誰想做大做強，就把視覺景觀搞好，不戰而屈人之兵，視之視者也──唯視為能，也就是看一看、瞧一瞧的事，一切就搞定了、

結束了。人類是由印象來控制、決定的，而印象是由視覺效果控制、決定的，所以搞好視效才是一切。這裏我們又可以拎出一道公式：

視覺→印象→人類

這裏暫時以→表示控制符號，常人是由印象左右的，思想家是由思考主宰的。好在思想家少，所以只要致力於視效，就可以輕易擺平人類群體，但是清廷不可能認識到這一點。視效是什麼呢？就是乾淨、整潔、有序。只要齊整，就決不會給人落後的感覺和印象。反之，亂糟糟的、髒亂差，決不會使人覺得先進、文明。所以，一個國家只要做個大掃除，變漂亮了，就花一個月，就成了先進國家，這是最快捷的辦法捷徑。更具體地說，就是樹葉治國。通常，我們看見落葉都被打掃、焚燒了，這是資源浪費，很可惜。其實落葉是美化、綠化環境的現成資源，只要地上鋪滿了落葉，就不會起灰（中國城市到處都是灰土土的，又髒又醜，難看；故宮就到處都是灰，年久失修），大地還肥沃。像內蒙的草原，因為落葉長年無人去碰，層層堆積，比最好的地毯還好得多。東歐也是這樣，到處風光如畫。而且這樣去做（充分利用落葉），還省了大筆的綠化費用，並且節約水資源，不知道華人為什麼不去做？又不費力氣。只要把街道打掃乾淨就行了，落葉都傾倒、扔在土裏，這就是落葉治國。亦即旬月先進、美化生態辦法。

　　嚴復說，日本最是小丑，彼跳擲決躁，至今極矣。務勝好亂、輕浮苟且不終日之民也。但是就連這樣的人群，清廷也對付不了，想不出辦法。士大夫們，你們又安用讀書學道為哉？嚴復畢竟是高出於一般淺人，像日本這樣的跳躍小丑，這麼輕，還有什麼可慮的呢？其實日本民族的本質就是犬類，犬都是一定要跟一個主人的，

否則精神會出問題。但犬永遠不會有自主性，一旦它發現有機可乘、見空子可鑽，就會失去常態，平時則收得很緊，充滿疑慮，這是犬科動物的特點，它們是刺探出擊型的。所以，中國對待日本的態度，很簡單，就是要直來直去，切忌患得患失，一定要表現出主導性、決斷性、權威性。簡言之，日本是一個非常簡單的民族，只要看看黑澤明等人的電影，就能夠感受到這一點。其自尊心敏感而又怯懦，做事不敢認是常事，所以千萬不要被他們充滿疑慮的外表所騙。因此，全面招撫日本的時候到了，不能再拖。豐臣秀吉曾受明冊封，這就說明一切都是可為的。可是為什麼像日本這樣的地方，歷史上卻沒有人對它採取主動、去帶它呢？這是中國的問題。對有的人群需要尊重一些，而對有的人群則只能用權威態度，說話不二、命令式。你不征服它，它就作踐你，對此沒有選擇，就是決斷力講話，不討價還價——不容置疑、不打商量。

　　嚴復說得非常寒磣，日本自比為東亞英國，十餘年間，變服式、改制度，初自謂與西國齊列而等夷，而西人乃兒撫而目笑之，大失所望；歸而求親於中國，中國視之益蔑如也。於是深怒積怨，退而治兵，蛇入鼠出，不可端倪。說實話，中國老幹蠢事，這是多麼好的招撫日本的機會——自己送上門、將一求變為我之跟隨者，這樣的現成，自己卻不要，可見華人無戰略思想、無策略習慣！所以說，習慣先於一切、決定一切、主宰一切！查理斯人就是缺乏習慣，所以國家教育當以栽培國民習慣為第一務、唯一務，而不是什麼無聊的硬體知識。萬物皆備於我，一切都是我的工具，即便是一時。而中國不能用日本，轉資以寇仇，當初對夏威夷，也是這樣失去的。所以嚴復總結說，使中國而強，則彼將合我；使中國而弱，則彼將役我。經驗之談！怎麼呢？就是一點，中國處置日本，就是永遠要

讓它信仰我、跟隨我，亦即豢養之道。與其讓它跟別人，不如跟我，為我所用、所使、所驅。這就要軍事、政治、經濟、人文、社會等諸各方面，皆有自家法度，才能獨邁宇宙，則日本信仰中土不移，自在其中矣。清廷就是不懂得技術朝貢，所以致敗。現在中國自己還是個現世寶，怎麼能引領別人呢？嚴復的戰略認識與安排是這樣──為合為役，皆以拒歐。其拒歐之中，則拒英為尤甚，其次乃俄。何則？英固西洋之倡國也，其民沉質簡毅，持公道、保盛圖，而不急為翕翕熱者，故其中倭忌也尤深，而俄則亦實偪處此者也。故處今之日，無論中國之弱與強，倭之謀皆必出於戰而後已。蓋必戰而後有以示我以其強，去我蔑視之心，以後有以致其所謂合與役者。這樣看來，問題也是中國自找的。就拿韓、日來說，其去中國化，也只是迎美國化，何嘗有自化？韓、日如此，餘地皆然。所以與其他化，不如華化。當仁、不讓於人。

其實從生活中我們就能知道，一隻無主的小狗對你吠叫，並不是要發起進攻，而是希望你收留它，這是動物心理學。說實話，日本與英國除了都是島國（一東一西），並沒有多少相似。英國是蛇，日本是狗，國家八字不同。中國是龍，龍狗相沖。英與倭，一個自主──給我一點利益，我就小心翼翼；一個追隨──照顧我一點自尊，我就忠心耿耿。寰球資源，都是中國自己浪費掉的。為什麼華族盡幹傻事和蠢事呢？就因為查理斯人只見已然、不見未然，只看形而下，不看形而上。而且就連很多已然他也看不到，無勇氣直面之，所以總是錯失先機，而自居於被動。說穿了，華人只對日子感興趣，對不朽不感興趣──只忙生活、不忙不朽，這是一個洗洗涮涮的民族。孔子曰，邦有道穀，邦無道穀，其是之謂也。

嚴復有一大段論說，足可為後來之識。自來論日事者多矣，若嚴復者能有幾人？彼謂，倭之謀則大矣，而其術乃大謬。夫一國一洲之興，其所以然之故至繁賾矣。倭變法以來凡幾年矣？吾不謂其中無豪傑能者，主權勢而運國機。然彼不務和其民、培其本，以待其長成而自至，乃欲用強暴，力征經營以劫奪天下。其民才未長也，其民力未增也，其民德未和也，而唯兵之治；不知兵之可恃而長雄者，皆富強以後之果實。無其本而強為其實，其樹不顛仆者寡矣。

夫中國者，倭之母也。使中國日益蕃昌，興作日多，通商日廣，則首先受其厚利者，非倭而誰？十年以來，中國出入口之帳冊具在，可覆案也。顧倭狠而貪，未厭其欲。夫使物類之繁衍，國土之富強，可倒行逆施而得速化之術且不至於自滅者，則達爾文、斯賓塞舉無所用著書矣。華人好言倭學西法徒見皮毛，豈苟論哉！彼二子之所諄諄，倭之智固不足以與之耳。今倭不悟其國因前事事太驟以致貧，乃日用其兵，求以其鄰為富，是盜賊之行也。何西法之不幸，而有如是之徒也！故吾謂教頑民以西法之形下者（指科學技術器用），無異假輕俠惡少以利矛強弓，其入市劫財物，殺長者固矣，然亦歸於自殺之驅而已矣！害農商，戕民物，戾氣一消，其民將痛。倘軍費無所得償，吾不知倭之所以為國也。其與我不得已而起，民心日輯合、民氣日盈者，豈可同日而論哉！是故今日之事，舍戰固無可言，使上之人不早決斷，則國亡矣。且三五百年間中土無復振之一日。

夫倭之條款，眾所宜知矣。姑無論割地、屯兵諸大端，即此數萬萬之軍費，於何應之？倭患貧而我適以是拯之，以恣其虐我，是何異驅四百兆之赤子，繫頸面縛以與其仇，以求旦夕之喘息！此非天下之至不仁者不為。今日款議所關，實天下之公禍公福。嗚呼！

和之一言，其貽誤天下，可謂罄竹難書矣。唯終歸於和之一念，中於人心者甚深，而戰事遂不可復振。是故舉今日北洋之糜爛，皆可於和之一字推其原，唯有與戰相終始，萬萬不可求和。蓋和則終亡，而戰可期漸振；苟戰亦亡，和豈遂免！此中國之往事然，而西國之往事又莫不然也。唯始事而輕言戰，則既事必輕言和。僕嘗歎中國為倒置之民者，正為輕重、和戰之間所施悖耳。

為今之計，十年 20 年轉戰，以任拼與賊倭沒盡而已。誠如是，中、倭二者，孰先亡焉、孰後倦焉？必有能辨之者。言和者，其人可斬也。願諸公絕望和之一念，同德商力，亟唯軍實之求。兵雖烏合，戰則可以日精；將雖愚怯，戰則日來智勇；器雖苦窳，戰則日出堅良。此時不獨宜絕求和之心，且當去求助各國之志。何則？欲求人助者，必先自助。使我自坐廢，則人雖助我，亦必不力，而我之所失多矣。

嚴復作為閩人，還堅言戰、反對和，可見事理是多麼明白無疑了。日本是一個很糟糕的民族，但這還是現象原因，本質原因乃是中國太不像樣；稍微像話，那些皮毛現象原因哪裡還能持久呢？所以關鍵是看誰能發揮主導作用。領導得好，一切自消──帶領決定一切。領導就是教育──實教。日本走的，完全是軍國路線，想一朝吃胖，根本就沒有消化時間，其想法即根本大謬。實際上，日本從中國得到的商務利益至巨，如果失去了中國市場的供養，日本之國基將立衰。所以，中國越繁榮，日本在華所得的好處、利益越大，但條件是和平路線。嚴復說的，不能算不對，但是，上天把一切都規定好了，就是中國的賤骨頭根性，使它註定了永遠也不可能下決心怎樣日本。因此，中國是不可能動用自己的優勢地位、而終將反為日本所制的。因為變有利為有害、化神奇為腐臭，從來就是華人

的特殊本領。他們似乎和自己有仇、與自我有恨，專跟自己過不去。不僅近代史昭然，而且二千年之歷史，中國也總是養敵以自虐的（比如古代北方胡族），信非誣也。簡言之，中國歷來不僅經濟戰略、策略與軍政戰略、策略混淆不清，而且嚴重分裂，根本就不可能合一，這與盎撒之大棒、金元交相為用，恰成對比。所以客觀上是，盎撒充分，查理斯不充分。因此軍政效果、經濟成果截然不同。

嚴復說日本學西法皮毛固然，但是平心而論，西法本身也是必然不肖的。因為嚴復所處的時代，兩次世界大戰還沒有發生，所以其視野尚受到時代局限。及至戰後，很多虔誠派信徒，如張君勱、錢穆等，深覺痛苦，乃發生精神上之問題，這些都是必然的。因為以前所篤信之歐陸理性主義，實毀於無情之現實，乃幡然醒悟──所謂理性主義者，假象也；其真實本質，亦反人類、反理性主義而已矣。西人或曰，你可以在某時騙所有人，在所有時騙某人，但休想在所有時騙所有人。西法之不肖，正明效也，豈獨倭國為然哉？所謂軍費得償，後來日本以戰養戰即循此途。而不要戰爭賠款，又助其迅速康復，真孝子也！中國幸未淪於倭，否則豈止三五百年，亡國直不可以復存矣！中夏不亡唯天幸。

嚴復最反對的就是和字，我們說中華之根性即此。自縛與仇，何棄之有？後來蔣中正以德報怨，正嚴復所呵為至不仁者，係倒置中國之「公禍」。嚴復主張遷都抗戰，後來也被重慶驗證了。案嚴復之所言，不久即全部兌現、應驗。夫中國者，不為倭母，反為倭兒，事情之謬，亦有如是者乎？至於國民性之短長，我們說得也不少了，沒必要再重複。就拿組織總動員來說，其實非常簡單：參照成吉思汗法典，軍事動員至簡。就算在天安門前擺一張桌子，以報到先後編隊，國中青年，五人為伍，十人為隊，按十夫、百夫、千

夫、萬夫組織之，亦即十進位法，不日即可得百萬之兵。如果兵器暫時成問題（器雖苦窳），可以每人先發釘子一枚，又當如何？有了這種釘子精神，今日加一矛、明日添一槍，後日增一炮，則國安矣。三八槍絕對打不過秦俑弩，這是可以測算出來的。所以，歷史資源沒有用好。只要用成吉思汗法典，三月而事定矣！蒙古什麼也沒有，但是戰鬥力最強，可見白手起家不算什麼。關鍵是資源不能閒置，得充分調用。則號令所至，萬事大吉。國人從上到下，就是缺乏這種因陋就簡、取精用弘的氣概，缺乏一不怕醜、二不怕陋的精神勁頭。凡事首先講條件，而百事俱廢。倚賴延宕，苟且自欺。其實不是準備好了才打仗，而是只有打起來了才能準備好；凡事不是條件具備了才去做，而是只有動手做起來了條件才能到位和具備。嚴復其實已經說得異常明白。天下有兩種人：一種是不需要現成條件，他就能夠成就功業；一種是條件再好也沒用，他成功不了，還是不成功。正像有兩種學生，一種不用教，一種再教也沒用。古今中外，但凡大成功者，都屬於前者；大失敗者，都屬於後者。蔣中正之覆，正是明鑒。

應該看到，普遍進化論弄不好很容易滑入弱肉強食的侵略理論，而嚴復的無限期改良論也很容易墮入爬行路線。當然，中國在近代的衰弱，與毒品、不平等條約等各方面的綜合殘害有直接關係，因素很多，不是簡單的國民性一項就可以敷衍的，這個說來話長，容專門另論。盎撒是用毒品打敗了查理斯，而世界上沒有任何一個國家是可以戰勝毒品的。美國可以公開販毒嗎？如果那樣，幾個月就完蛋。這說明當年的清帝國還是很厲害的，必須再準確地評估。一個需要靠毒品才能去動搖的國家，是一點實力也沒有的嗎？所以說華人沒有琢磨。而且那時候沒有國際社會，

沒有世界規則。什麼國聯、聯合國之類，一概沒有，都還談不到。所以，一步到位要求建立遊戲規則，本身就是站在前沿看問題，而開會是弭兵的捷徑。當年道光皇帝會說「馬上通知聯合國、英國這樣搞不對」嗎？根本就不可能的事情！試想像一下，道光皇帝會這樣嗎？在接到林則徐等大臣的意見以後，經過慎重思考，道光皇帝終於決斷了——這不深謀遠慮還得了哇！必須制定全球規則：我們必須要建立一種最高的世界組織——地球帝國協會！就像工人有工會、農民有農會那樣，全球的君主們也得有帝協。於是道光皇帝致書奧匈帝國、奧斯曼土耳其等各大帝國君主，倡議發起全球帝國協會，申明帝國也得有自己固定的組織，並制定法規頒佈，每四年一次在北京開大會，維多利亞女王也來參加。通過表決，道光皇帝被選為帝協常任主席；維多利亞女王、奧匈帝國皇帝等被選為帝協輪值主席。美國因為不是君主制，所以列入旁聽席。道光皇帝和維多利亞女王共進晚餐、一起吃西餐，就在當年乾隆大帝吃西餐的地方——圓明園西洋樓，並聽維瓦爾第的音樂，同時交換國事、國際政治意見。這比林則徐打局部戰爭如何？當時的人們是不可能這樣想像的，所以歷史中的事情都是無可奈何的，想像永遠是後人的事情。我們只要算一算就很清楚，朝鮮戰爭也才打了三年，而且是打打停停；道光皇帝毒品戰爭就打了三年，所以還是相當不錯的——跟他後來的歷屆國家領導人相比。甚至於可以從某種程度和意義上說，道光皇帝是民族英雄，相對於他後來的人。因為道光皇帝是人類史上頭號反毒英雄、打擊毒品犯罪；而維多利亞女王則是人類史上頭號販毒國王，是販毒分子。人類正義，一較即明，所以說以前人們都沒有是非觀念，就連這樣簡單、明擺著的事情也不清楚。為什麼說

道光是悲劇人物、失敗的悲壯英雄呢？就因為人們以成敗論事論人。畢竟當時的英國是一個更大的帝國——日不落帝國，而中國雖然很大，卻相對要小一些，從實力對比來說，中國打敗一點也不希奇，勝利了倒是情分。而且當時英國對華戰爭，已經是傾盡了全力而為之。也許有人會說：割地賠款還是英雄？其實這正說明瞭：當邪惡力強暴到一定程度的時候，你是怎樣的不得不低頭！所以不要以為惡力就怎樣的不會得逞，其實廉價的善論才是真正在歷史中一直欺騙著人類的東西。世界歷史是這樣寫著的，有幾個人真有準確的是非測量、是非衡估呢？而且，香港問題也是有限的，如果只是到此為止，那麼事後中國稍微回過氣來，經過一個談判，也能夠和平收回香港，所以問題要綜合的看，也就是統計的看。當時英國傾全國之力擊敗中國，而查理斯自己渾然不知，還崩潰，可謂愚矣。為什麼英國能打敗中國呢？就因為盎撒來了，而查理斯沒有去。禮云：禮尚往來！豈虛言哉？兵尚往來耳！所以說一切都沒有正名啊！春秋就是要正名，即政治法，所以都是案例。

第七節　危言

一、建都

　　鄭觀應的《盛世危言》是一部巨著。他出生的那一年，正值英國對華毒品戰爭勝利，所以鄭觀應一生都在痛苦中度過。作者

在自序中說，知己知彼，百戰百勝。經以安常，權以應變。六十年來，萬國通商，然知其要者有幾？而憤彼族之要求，惜中朝之失策。於是學西文、涉重洋，知富強之本，不盡在船炮，而在議院上下同心，理國得法。以政為體，以械為用。中國遺其體而求其用，常不相及。今日海禁大開，勢同列國。風氣之變，迥異昔時。當道雖講洋務，而卑士麥謂中國只知選購，不重製造，未知富強之本也。夫寰海交處，彼責此、我笑他，欲事無雜、欲言無龐，不可得也。雖然，眾非之中必有一是焉。三十年所記，勒為一書。憂患之言，俾人人洞達外情，事事講求利病，亦醫國之良藥也。

有人問鄭觀應，自從海疆出事以來，有討論打的，有討論和的，有討論守的，唯獨沒有討論遷都的，這是為什麼？鄭觀應回答說，清朝定都北京，而長白一山，龍興勝地，距京師千里，據上游而馭六合，天下全勢如在掌中，所以奠億萬年之基，而世世守之。安土重遷，誰敢輕議？又問，可是現在和過去情況不一樣了，北京從遼代到今天一直做首都，已曆千年。建都舊地，西、南、北面三垂高山，東面距海，形勢天然，猶古人所稱四塞之國。但是自開海禁以來，盡撤藩籬：法國在越南，英國在緬、泰，俄國在蒙、滿、新、藏，各國在沿海，皆為重患。尤其是俄國，與各國意主通商不同，旨在吞併，有日辟百里之勢。如若長驅直下，必不能敵。以中國一萬四千餘里海疆，如何防守？方今水陸交迫，防不勝防，中國都會距海最近者莫若北京。前代雖有海防，未聞海戰。今日輪船、電線遍佈全球，虎狼酣睡於旁，豈可重蹈覆轍？

鄭觀應回答說，敵國外患，哪朝哪代沒有？我能夠去的地方，別人也能抵達。除非跑到地球外面去，也還是不行。所以我們只有

內修政事，外固邊防、防務，趕快挑選蒙古王公中能打的，秣馬厲兵於關外要口，嚴為戒備，以紓北顧之憂。然後在華北、中原選派知兵重臣，練兵屯營，與北京互為犄角。敵人雖強，也不敢扣關。如果望風怯敵，只想著遷都，歷觀各代，有不亡者乎？古代有連都制度，敵人不注意於北京，則動輒要脅、恐嚇之事鮮矣。這就是說，可以居中馭外、雄長天下者，其惟關中乎？英國人戈登曾經獻策，主張遷都於陝，可見中外人士皆有不傻者。而盎撒人有此見識，正可見其用心陰深，最喜窺察、覘覦，確非善類。

鄭觀應說：「今何必異於古所云也。」(《建都》)比如西安在內陸中央，不比沿海，歐國要入侵，重重關口，如何能至？所以中國的主動優勢很多，戰略縱深廣大，盡可以左右逢源，只是自己不知道自己的資源罷了。若居關中，未有聞海氛而動搖的。朝廷正宜示以鎮靜，先應急置兵，等到他日無事之時，再消消停停建設陪都，為進戰退守之至計。

> 果能君臣同德，上下一心，立政任人，勵精圖治，堅忍十數年，無難轉弱為強，易貧而富，不戰而自服，不守而自安，不言和而海外諸邦無不懷德畏威，同風向化。遷都何為哉？
>
> 《建都》

這話講得多有氣勢，決不是小門小臉的格局。可見，鄭觀應是主張連都的。而且他看到了蒙古人的戰鬥力，而思利用之，這是頗有見地的。歷史上，蒙古這一資源根本就沒有調動、利用——蒙古從來就不是勤王，而是作亂；有誰會說：我們是國家最後的希望、一切就在今天？這是朝廷不領導的責任。所以蒙古沒

有為共同體做貢獻，而是搞破壞，無論哪一邊，說起來都不是個味。像鄭觀應這種思維有幾個？可歎！中國各朝之不全面就在這裏：顧了陸地不顧海洋，顧了海洋不顧陸地，什麼時候才能夠兼顧呢？這是一個問題。自毒品戰爭以降，西安的優點就顯出來了——皇帝在西安，英國怎麼威脅他？這是顯然的。所以後來西太后跑到西安，她還不傻。鄭觀應看得很清楚，只要做事得法，最多十幾年就能扭轉局面；可是清廷是不可能得法的，已經完全癱瘓。誠如我們前面已經說過的，西安與北京連為一體、互為犄角，乃是歷史經驗中不二的選擇。

說到連都，五都的分工還可以說一說。像迪化、庫倫、北京、昆明，它們的功能應該是向外的，前鋒直指，便可以站在前沿經略；而西安則是向內的，其功能是安定內地，因為西安正好在中國的中間，四面都夠得著；只是離邊疆太遠，鞭長莫及。所以，後方穩固了，不擔心後院起火，前面的就可以發揮出衝擊力，所以各自的功能分工是不同的，只是一個全方位的配合。

二、海防

建都之重要，就在於先要確立中心，有了中心，才好往外輻射。由此，週邊防務就是當然的了。中國自近代以來，首先是海防出的問題。鄭觀應說，中國從東北到海南有九省：黑龍江、吉林、奉天、直隸、山東、江蘇、浙江、福建、廣東，綿延萬里。最重要的海口為：混同江、黑龍江、海參威、琿春、牛莊、旅順、大沽口、煙臺、威海衛、吳淞口、崇明、乍浦、定海、玉環廳、馬江、廈門、汕頭、臺灣、南澳、香港、虎門、珠江、老萬山、七洲洋、雷州、瓊州、

北海，其餘零星港口不勝枚舉。鄭觀應說，如欲節節設防，則難周：備北則南寡，備南則北寡，備中則南北俱寡，備此省則彼省寡，無所不備，則無所不寡。古代泰西各國為大洋阻隔，不能前來；可是方今南洋各島俱為彼占，軍事據點，形同接壤，怎麼辦？這就是古代防海易而現在籌防難的原因啊。

於是鄭觀應建議：為今之計，宜先分險易，權輕重，定沿邊海勢為北、中、南三洋。北洋起東三省，包牛莊、旅順、大沽、煙臺為一截，就中宜以旅順、威海為重鎮，環衛北京；中洋起海州，包崇明、吳淞、乍浦、定海、玉環、馬江為一截，就中宜以崇明、舟山為重鎮，策應吳淞、馬江各要口，則腹心固也。南洋起廈門，包汕頭、臺灣、潮陽、甲子門、四澳、虎門、老萬山、七洲洋，直抵雷、瓊為一截，就中以南澳、臺灣、瓊州為重鎮，而控扼南服，則肢體舒也。

今國家雖設海軍衙門，然徒具皮毛，精義未講。呼應不靈，規模未備，所以談不上實效。西國軍制，海軍可以節制陸軍，陸軍不能節制海軍。因為洋面遼闊，軍情瞬息遷變，非陸軍所能知。而中國的海軍提督歸疆臣節制，有事則聽督帥指揮，悖理之甚。他們均非水師學堂、武備院出身，不知水戰之法，素為海軍將領輕視。所以有馬江之敗，威海、旅順之失。因此，應該選派一水師學堂出身的大臣為巡海經略，總統南、北、中三洋海軍，有戰事則便宜行事，無事則分道巡遊。四季四小操，歲終一大操，於三洋設三提督以統率之。就三洋中各擇要害，多儲燃料，用舟師紮為水營，不得上岸建造衙門。嚴禁安居逸處、嫖賭冶游，養成良好的海上習慣。今春威海告急，南洋兵輪坐視而不一救，致為西人非議，荒謬已極。

又說，每年三洋兵船交巡互哨，所到之處務以測沙線、礁石、水潮深淺為考績。每年於三洋所轄兵輪中，各抽一船出探南洋各埠。如泰國、小呂宋、新加坡等處，由近及遠，徐及印度洋、波斯海，水道繪圖具說；而後逐漸前進於紅海、地中海、大西洋、太平洋，皆無不可到之理。我們說，鄭和絕海遠航，其實已經繪製了很多圖，現成充分利用、不斷改進就可以，歷史資源都浪費了。鄭觀應說，一旦海上有警，則調南洋各船以扼新加坡、蘇門答臘之海峽，迎擊於海中；次調中洋、臺灣、南澳之舟師，為接應、包抄之舉；再次則調北洋堅艦，除留守大沽口及旅、威二口外，餘船亦可徐進中洋，彌縫其闕，坐鎮而遙為聲援，這是寇自南來的考慮。如果從北邊來，則反其道而應之。如由太平洋直抵中洋，則南、北皆應，用兵如蛇，首、尾、腰而已。此今日海防大勢所最宜取法者也。

鄭觀應是戰略家，他講的問題，都可以用通盤考慮的辦法解決。孫子兵法也講過，無所不備，則無所不寡；但是只要抓住防守的要點，問題便不難解決，這就是四大海軍的設置。即以庫頁島為基地，建立北洋海軍；以海南島為基地，建立南洋海軍；以臺灣島為基地，建立東海海軍；以渤海灣為基地，建立黃海海軍。每支海軍配備航空母艦 2 條，從北到南一條線，共 8 艘。而且四大海軍之間彼此分開，不發生牽扯關係，用競爭制，各自發展，直接對國家、政府負責。平時軍費直撥，用競爭制發展，戰時協作配合。這樣，再配合以各類艦船，則海防的問題就根本解決了。清末當然沒有那樣的魄力，但是後人必須有，這個並不困難，乃是必不可少的。其實東海、黃海海軍，就是鄭觀應講的中洋海軍。

　　鄭觀應說，如果北洋有事，宜分船兩隊：一防守海口，一出洋遊弋。防守者一駐山東，一駐朝鮮，東、西對峙，見敵即擊之。遊弋者往來於山東、朝鮮之間，梭巡不絕，一遇敵則交仗，同時發電通傳，東、西同出圍擊，「如此佈置，則渤海為雷池」（《海防》中），而威海、旅順成堂奧矣。

　　鄭觀應說，西人云，中國各口炮臺，後面無炮，亦無重兵堅壘，多顧前而不顧後，故往往被敵人包抄。況一炮臺有數炮，而測量準頭放炮者只一人，多至兩人，未嘗於每座炮位專派定一精於測量準頭之人，動輒顧此失彼、因小失大，足見組織之空疏。另外，派王大臣經略水師，必須是懂行的，且有志於軍旅，而且久任不移，才能實力經營，日求精進。最好是赴外國觀察學習幾年，如英王子當兵船夥長之例。這樣，幾年後就會督率有人，可以日臻富強。琅提督說過，中國重文輕武，往往小視海軍將弁，故世祿之家不喜入軍籍。且各兵弁死於戰者無以撫恤其妻子，和議成後即遣散歸家，所領口糧不夠回鄉路費，這些都是極度荒悖的。比如馬江之戰，某炮船留洋士兵，其船被擊沉，浮水回見大帥，僅給銀三元，醫療費都不夠。這種事在西國沒有，受傷就要醫治；武員都讀書，非血氣之勇；多有親王子弟、宗室近支入行伍報效的，皆有軍旅榮譽感。中國水兵因為缺少訓練，常常手足無措，所以也不都是因為洋人不守公法、未示戰期而即開仗也。

　　鄭觀應講話是客觀的，我們說，武人在歷史中被賤視，這是大問題。仗一打完、戰事一結束就解散，毫無持恒性。其實經歷過戰爭的老兵最結實、最富有韌性，他們有定力、不慌亂，老器物性能最穩定、可靠。所以一日入伍、終身為兵是起碼的。即使年齡大不在軍營了，也是一種社會資源儲備——組織動員的「輻射緣」。官

方須統一妥善管理之，現在技術條件已完全達得到。故以後軍人這一行應該是最榮耀的，乃系特等公民。因為國家有事，他們得先死。受得起委屈，是作為軍人和政治家的首要條件與素質。老子說，能受國之垢，堪為社稷主，其是之謂也。戰爭這筆昂貴的學費已經交過了，那麼訓練、培植出來的資源怎麼可以浪費呢？這是很劃不來的，所以必須充分利用。

鄭觀應談到，西報謂：中國固守成法，科目政治決難更改，縱深知積弊，擇泰西之善者行之，然猶諱疾忌醫，不肯實心實力，惟略示變通而已，有名無實。我西人無庸畏懼，盡可放膽為之。又謂：中國水師未精，邊防未固，將才未足，鐵路未成。由此可見，西人對中國，完全就是看一個態度。彼謂盡可放肆、無所不為，此助長之責亦在中國，雖然西人確實邪惡。我們說，性格決定一切：是鬥士，雖白手可卻敵萬里；是匹夫，戰機如雲，未足恃也。鄭觀應說，英、俄、日、法託名商務，意在吞併，時入內地勘察，繪圖貼說，其志叵測，為中國大患。倘俄、法合力侵犯，水陸並進，南北夾攻，西人之大欲將不在賠費，而在得地。俄、法有事，英、德、美、日必以屯兵保護商人、教士為名，亦分占通商各口，後患之來不堪設想。彼族之貪如此，中國之弱如此，此天下人所痛哭流涕也。

鄭觀應說，或謂守外洋不如守海口、守海口不如守內港，此古代之論，非達人之說也。方今之世，鐵艦、水雷、魚雷、機炮橫行，若不守外洋，則為敵人封口，水路不通。若不守海口，為敵人所據，施放枴炮，四鄉遭毀。彼必得步進步，則大勢危矣。所以中國必須盡早備齊各器，統兵大帥早晚操演，並派兵船嚴密監視，以防敵人偷進。不時打靶，日發數炮，若只為省數十兩銀，誠為可惜。

又說，南、北洋之所恃，一旦幾於煙消爐滅。南、北海軍全軍覆沒，片艘無存。這說明，梁啟超講的乃是至理——思想不足恃，重要的是行動能力。朝野上下，誰不知道富國強兵、武備重要？天天講、月月講、年年講，可結果呢？行動力又如何呢？兌現力又如何呢？越講越敗。所以孫文認死了一點，中國民族缺乏行力，不在知！知易行難真是針對華民族的經驗總結，從王陽明講知行合一，到梁啟超新民思想講實行能力，都說明瞭一點：中國民族是一個須行動力的族群，這是根本問題。沒有行動兌現，一切都是假大空。人類是在行上見高低、分曉的。所以學問思辨都隸屬於篤行，這有什麼可說的呢？李鴻章也知道兵備要緊，可是事實呢？一輩子盡在簽字畫押了。如果是明成祖、鄭和來辦海軍，那是什麼效率？所以說關鍵還是要看個人的能力與氣魄，這個不服氣是不行的。英雄決定論，絕對是人類的一個經驗之談，個人魅力與魄力是成敗的關鍵要素。鄭觀應曰，內皆酣睡，重門洞開，能不啟盜賊之心乎？且海軍為陸軍之佐，表裏相扶不能偏廢；閉關自守患在內憂，海禁宏開患在外侮。內憂之起，陸軍足以靖之；外侮之來，非海軍不足以禦之。

我們說，鄭觀應的看法還是有時代限制。不錯，從軍事發生史的角度來說，是先陸軍、次海軍、後空軍。但是就現代戰爭而論，絕對是海軍為空軍之佐、陸軍為海軍之佐。就因為蔣中正、毛澤東、鄧小平都是陸軍思維居主，故不能強。尤其是陸軍靖內之論，欲以國民為敵乎？此大非現代政治國家之思也。20 世紀還知道講人民軍，比清代確是進步了。內部只需要員警，軍隊都是對外的，不存在內的問題，那樣就麻煩了，問題就大了。我們說，近代國家連這點意識都還沒有轉過來，怎麼可能有生機呢？又如何可為呢？所以

絕對是搞不好的，只能爛完為止，再一切重起。當然，那個時代，現代人民概念還沒有形成，未成為社會共識。

鄭觀應說，自仿行西法以來，機械日精，雖訓練未必認真，而已非從前可比，內憂自可無慮。若外侮之來，不能預料。現鯨吞蠶食之心，何國蔑有？其所以不即發難者，欲將中國利權盡奪，然後任其施為也。俄、德、英、法等國，以中國為可欺，一旦蠢然思動，如人之患病，其發愈遲，其患愈重。西人唯利是圖，若以勢力不敵，處處順受，事事聽從，何以為國？猶不亟講求兵備，力圖自強，即欲求為貧弱而不可得，又安望能洗喪師之恥，復失地之仇哉！

有人說，戰於大洋不如戰於沿海，守外港不如守內河，敵國之師長於水，我國之兵長於陸，以空海上之地為甌脫，誘之深入，聚而殲之。這真是自欺欺人之談！須知現代戰爭最忌諱的就是戰火在本土燃燒，也就是說，它早已不是什麼勝負概念，而是殺傷力概念、毀傷性概念了。所以頭腦落後、滯後乃為萬惡之源。可以說，凡海空不行的，陸必不強。說這種話，沒出息到了極限！這才是覆敗之道。抗日期間，就是因為中國對日本土不能構成打擊，戰火一味在中土燃燒、蔓延，教訓還不深刻嗎？由於蔣政府的無能，給共同體帶來多大災難！鄭觀應曰：不知海疆一失，如人之血脈不通。凡泰西各國無不設立海軍，聞廣東水師學堂業已裁撤，此真不揣其本而齊其末也。從來講備邊者，必先利器；而既有利器，則必有用此利器之人。器者，末也；人者，本也。一切技術，是皆人為之也。馬江、鴨綠江、威海之敗，皆因事權不一，且統帥、管駕均未得人。

廣東人是華人裏面最能打的（其他三支為秦、趙、湘），居然裁撤，清政府真是在著死了。令人髮指的是，泰西觀戰諸艦將素

皆奉其海部之威令，赴湯蹈火所不敢辭。及見南艦優遊，置北難於不顧，未免動色相告，詫為異事。然日本則思之爛熟矣：華艦有南、北、閩、廣之殊，陸軍有湘、淮、旗、綠之別，明知兩軍相見，彼此必不相救應。爭城掠地，易於拉朽摧枯，是以心氣愈肆，膽氣愈豪，皆謂水陸賓士，我以全力相貫注，如入無人之境耳。今戰氛已息，積弊畢呈，西人將勒成書，用垂炯戒。

　　嘗聞鴨綠江助戰之西人言曰：中國鐵艦雖大於日本，而行駛不及日本鐵艦、雷船之速。目擊日本吉野艦所發快炮，絡繹不絕；定遠、鎮遠兩鐵艦僅發一炮，而吉野之炮，已約有 40 彈叢集清艦，是人在艙面測量準頭之法實無所用。且清艦甫開一炮，煙歷 14 分鐘不散，手足忙亂，清軍因是為敵所乘。若炮彈中實以泥土，雖中敵船亦不能炸，更無論矣。

　　由此可見，要想失敗是多麼的不容易！稍微像點話，豈不是百戰百勝！清軍平時不訓練，往彈藥裏裝沙子，沒有連發炮，只有單發炮。就算這樣，據軍事史專家說，甲午海戰，戰術上中國還是打贏了，仍然是勝了，而且還是在沒有準備和防備的情況下。可見中國要想失敗是多麼的難！要想輸，非自毀長城不可！那麼反過來呢，只要稍微像點話就能贏。《太晤士報》說，鴨綠江之戰最足發人深省者，莫如快炮。日本松島、岩島、橋立三艦，各有 50 噸大炮，日人不用。中國則定遠、鎮遠純用大炮，開放甚緩。日艦之傷華艦，非大炮力也，皆借小而極速之炮勝之。由此可見，中國為世界戰例庫是作了貢獻了，英報觀察分析甚仔細。案西例，水師統領之職，非久在兵船、管駕資格最深者不能升。吾國丁統領既非水師學堂出身，不諳管駕，亦不知水戰諸法，故為管駕所輕。其中利弊俱為部下所蒙，糜費頗多，動為部下掣肘。自中、日之戰，北洋大

臣始知丁統領之曠功溺職也，遂以德將漢娜根為副統領，結果這個德國佬又是陸軍，不習水戰。於是又請英國人馬格祿代替，而這個馬又是商船學堂出身，不會打仗，只知駕駛，於水戰諸法茫乎未知，無策可畫，無令可出。所用人才如此，安得不敗？又安得不為各國所輕侮乎？南北洋水師以閩人為多，而閩人是最不能打的，最懦怯。可見大清國也夠慘的，倒了邪霉──人的問題。

實際上，這些說明暸什麼問題呢？就說明，中國的歷史軍政，乃是一種鄉黨軍政，而不是通盤考慮、謀算的全局軍政。比如說我們是老鄉，我當了協辦大學士，你來找我幫忙，我提拔你，同時也是給自己預定好處，就像期貨，咱們誰跟誰呀！丁汝昌不就是李鴻章的安徽老鄉嗎？結果無異於被老鄉賜死！地域意識、鄉黨觀念，這還了得？湖南老鄉、河南老鄉、新疆老鄉、蒙古老鄉，外國人就是英國老鄉、德國老鄉，沒有不勾連的。大清帝國也真夠慘的！

鄭觀應說，不患無人才，患所以求致，所用必所學。今愚民無知，動為會匪煽惑，與教士、礦路工程為難，各國藉口保護，今日據此口，明日據彼口，我政府若仍畏難苟安，只求息事，非但海疆要口盡被佔據，恐將為猶太、波蘭、印度後矣。我們說，明成祖知人善任，所謂千里馬常有，而伯樂不常有，何況很多人是嫉賢妒能、見不得人才呢？哪有愛才的公心？沒有國民教育這一基礎建設，老百姓被煽動是隨時的，因為謠言只止於有頭腦的人。清末就是用人完全錯位、一無效率之王朝！而且，沒有國民教育為基礎，人才也終屬有限。從鄭觀應即可見，當代必有明白人，我們不需要外求，只要把當代的智力資源都用上、充分用之就行了，就足以引領時代、超前了，而且省事省力。

三、附：用人

案張司馬論北洋海軍失利情形曰，海軍之覆，其故有十，曰：

統帥無權

功罪不明

戰陣不精

船械不備

炮勇不足

洋員濫用

員弁不擇

陸兵貽誤

醫官不力

獎恤不優

又說，今南北洋兵輪管駕，閩、粵人最多，至問其破敵之法，則茫然不知。且議論間皆以西人之船堅炮利、兵法森嚴為言，一若必不可勝、必不能勝者，雖不幸而中，亦關積習之難回也。以二十年經營海軍，殫竭心力，一旦而敗於蕞爾小國，且靡有孑遺，至賠餉巨萬萬，割全台以求成，言之真可為太息痛哭流涕者矣！然失之東隅，收之桑榆。譬之良醫，既知其受病所在，必須用藥以醫之，三年之艾，匪畜奚得？況我堂堂中國，地大物博，當此強鄰窺伺之秋，豈可因偶敗灰心，而不思所以自強、力圖報復哉！爰為之大聲疾呼，冀後之再建海軍者，鑒於前車，嘗膽臥薪，一誤必不可再誤！則安在天下事不可大有所為，而為敵人所藐視哉！

　　大清海軍，致敗的原因雖然很多，但是第一因，絕對是用人不當——不在粵人，而在閩人。所以在這裏，孔子講的君子不二過、不再過，就正好用上了。而我們說的普遍量化標準，前人也是這麼認為的。所謂不可因一敗而灰心，即以失敗十次再放棄而言，也還應該有九次努力，才算是完成任務。具體的說，清軍根本就缺乏訓練，這是顯然的。因為軍人的平時訓練，首先是身體訓練，即體育。大清海軍，如果進行一個體育測試，多半不及格——那就不知道有多差了！諸如引體向上、跑幾秒、游泳之類，各種單項，皆須作為基本練習。當兵是入訓練營，不是食餉。什麼朝廷殫思竭慮，根本就沒有下手實做——有的是事情忙嘛！武器研發、士兵操練……說白了，還是不知道該怎麼做，正如上面說過的——茫然不知！這種懵懵懂懂、渾渾噩噩的軍隊，是根本不能打仗的；這種軍隊，不抱失敗思想、不宣揚完蛋論以自開脫，是不可能的！而所有這些，其中就以閩人居多。

　　鄭觀應進一步申論說，西例不習兵法，不能充當兵船主；況不加考核，驟使之為水師統領乎？讓陸軍出身的人帶海軍，這就是所用非所學、所用非所習。鄭觀應說，當道用人，並不量材器使，但取其文字，或採其虛聲，不問其有無歷練。若有交誼，即委以重任，所以常致僨事。昔者乾隆明達，不論資格，因材拔擢。欲重用其人，仍令其由漸遞升，使之歷練有素。每洞悉下情，不為人所蒙蔽。今變法用人，宜痛除積習，幼學壯行；不然，始失於因循，終失於鹵莽，徒滋糜費，事無實效，將一蹶而不可收拾矣！

　　可見，中國被語文行政所害，至深且巨。所謂但取其文字耳，絕無實幹歷練。加之行政人事化，一切靠關係，不講實學，國事能無壞乎？像乾隆皇帝，精明能幹，用人不拘一格，因材施用，

這就是政治的齊物論。即使他看好誰，也要那人一步步歷練上來，基礎才好、才實，不為下面所騙。這都說明瞭，清代皇帝冷靜理性、精明幹練的優點。康、雍、乾可不是吹出來的。如果是用人不當，那麼即便投入再多，也只是靡費罷了，絕對做不成事，徒勞無謂。所以孔子講知人，《人物志》專門總結識人術，這都是因為：軍政大事關係到國家的生死，生死事大，如果不得其人、用人不當，會全敗的。所以人是第一性和唯一性的，晚清就是活案例，可不引以為戒哉！

鄭觀應說，管帶鎮遠艦的麥吉芬副將是美國人，他講的話尤為切實。彼云：鴨綠江之戰，華艦發炮以擊日艦，遠未能及。余立鎮遠艦之天橋上測算準頭，忽見日艦一彈直向本艦旁墜入海中，旋復躍起越本艦而過，始沉海底。余偶下瞰本艦諸弁兵等，見管舵之福州人，隱身於右舷避炮鐵牌之後，面色如土。及日艦第二炮至，船身大震，管舵人已不知所之。繼聞本艦炮聲不能如連珠之相接。余急下橋而至艙面，將助炮手，俾速轟擊，乃見總兵林泰曾匍匐於旁，口宣佛號，因歎：林固官也，為全船之司命，乃膽小如鼷，效乳臭小兒之啼哭，僨事必矣！

中、日海戰，福建人被嚇哭了。實話說吧，閩人是華人裏面最膽小的，最不能打。被炮嚇死，這樣的兵怎麼能打仗呢？完全就是害人、誤國。可偏偏是，南北海軍皆由他們構成，還當官管事，結果作戰之事一問三不知，真是見了鬼。大清怎麼連最基本、最起碼的民情常識都不知道？不亡何待？當時福建人已經嚇得不敢作戰了，完全失去戰鬥能力，還放什麼炮？而且，福建人最好佛，這從朱熹的閩學就能充分反映出來、就能看到。所以林軍官一遇戰鬥，

除了念佛，不會別的，佛能退敵嗎？天朝的顏面被彼等丟盡，臨戰避逃，閩將皆當斬首。

又說，及視其次各官，皆能各司其事，並無怯色，水手亦甚得力，惟福州人均栗栗危懼。無何，本艦之炮忽爾不靈。余自艙面懸足而下，將入炮艙審諦之。忽有一人掣我而大呼曰：此中地甚狹窄，汝思匿避，可別尋安樂處。俯視，則管舵者及十有二人在焉。殆知此處鐵甲最厚，故皆蜷伏其中也。余不覺大怒，以足踢之，旋躍入艙中，手捶管舵人之胸，責以何得在此？余急於整頓炮位，未暇與若輩深較，事畢仍出至艙面。

這就講得十分明白，除了福建人（請不要僅僅局狹於福州），都能力戰，絕無畏懼，這一定是廣東兵。因為英國人早就講過，兩廣之人，如果訓練得法，可以成為一等一的戰士。閩、粵雖然地近，而其民大不相同。閩人是華人裏面最膽小、最輕的。麥又說，兩陣甫合，自覺膽略甚雄，大有滅此朝食之勢，華人亦意氣奮迅。及炮聲隆隆，日彈蝗集，惟見華人之兩膝皆顫，幾不能立。方事之殷也，濟遠船潰陣先逃，平遠艦伺隙遙避。且北洋艦隊中，尚有六艘遠在鴨綠江中，其與日艦支柱者僅有八艦。日本大小兵艦，共十有三艘。

臨陣脫逃，還說什麼呢？麥云，華船之病：炮雖精於陸軍，彈多實以沙泥，且配儲不多，況彈中藥線、鐵管又實以煤灰，彈中敵船仍不炸裂，皆自取敗之道也。至炮位運掉不靈，尤屬致敗之禍胎。惟日本駛船，駕輕就熟，左右進退無不如志。我傷其一船，彼即有二、三船馳往救護。我一船受傷，餘船未敢前救，而日本已飛集二、三船來撲，環而攻之。華軍殊少巨彈，不能擊日船使之遽沉。吁！

惜哉！定、鎮兩艦之堅固，舉世無雙，幾無出其右。故鎮遠受日彈四百餘顆，船身尚屹然無損。

　　完全就是腐敗！魚爛！如此堅固的大船，如此不濟的士兵，條件再好，有什麼用？中國的軍艦，一到日本人手裏，就贏得了日俄戰爭。是日本行嗎？是中國太爛了！所以，近代史的全面失敗，乃是緣於整個民族的潰爛，清廷腐敗，只是其中之一而已。麥吉芬不無感慨、沉痛地說：官場之膽怯者，無過福州人，向不敢與日本戰，遂與水師提督相牴牾。兵端初起、以迄末戰，凡丁軍門欲左者，若輩即共右之。不論事之是否，而必為是抗衡。丁軍門縱有擊日之意，而駛船諸法，懵然不知。福州人益視軍令為兒戲，恒架虛詞以塞責。有時為丁軍門覽察，頓足怒罵，然終無可如何。除福州人外，類多膽略，平日為福州人結黨排擠，至此皆能力戰。濟遠一艦上下，均屬福州人，故臨陣先逃。

　　麥吉芬講的，應該怎麼看呢？客觀來說，都是真的。盎撒人真實，絕不虛言。而且觀察最細，思考最深，且善於小中見大，喜歡舉一反三，直覺力既強，感受性又敏，再加上好閱讀、喜思考之習慣，知性加感性，能不發現、揭示問題嗎？一句話，盎撒人本質，最務實質，認識到了，馬上知行合一、當下兌現，絕不耽誤，故每能握領先機，執世界之牛耳。

　　這樣看來，臨陣脫逃之閩人，皆當斬首，以正是非。鄭觀應辯證說，麥君詆福州人膽怯僨事、結黨排擠，其語或似過於激烈？大抵各省皆有勇怯之人，是在督帥知人善任，量材器使，用得其當。故西例初學視其人之性情相近，而後授以一業，亦此意耳。我們說，這就是盎撒的因性施教，是合乎齊物論的。亦即──愛一行幹一行，喜歡即天分、天分即喜歡！

　　實際上，我們說，美國人的觀察，絕對是真實的。盎撒民族最富有觀察、分析力，而且在中國海軍供職既久，朝夕相處，能無知乎？所以句句是真！不錯，各地人是有勇怯之分，但是，福建人的特質是什麼，我們不可心中沒數、而重蹈覆轍。直言不諱地說，福建人是華人裏面最懦怯的，最不能打，而且城府深、膽小、局狹、排外、欺生、喜詐，不堪大用。閩人只適合於文職工作，做具體小事，而且是柔性的工作。所以今後的教訓就是——不許閩人參與軍政，否則國將危殆。

　　閩人好動心思、喜算計，就像蜘蛛，總是結網以待。做事之前，先要佈局，這是最常見的規律。而且福建這地方，遺風陋習，層出不窮，劣根性最多最重。閩人要架空誰的時候，下面一群人合起來，可以做得滴水不漏、不動聲色、無聲無臭，上面的人渾然不覺，一覺醒來，事情就變了。閩人是天生的地下工作者。就因為狹隘，所以閩人最富排斥性。此性根最利於破壞共同體，而極不利於團隊協作、精誠團結。毛身邊的閩籍奸臣就相當多。說白了，閩人的根性就是卑賤，生命極其藐小、微賤。比如偷渡的，就以閩人為最多。船艙裏面，簡直是人間地獄！這種人怎麼能做戰士呢？會亡國、會全軍覆沒的！所以歷史的教訓就是一條，以後閩人不適合於再參軍，他們從事具體的文職工作，一樣可以為共同體服務、作貢獻。各省人才盡多，何必偏偏要找福建一地呢？而且其他的地方都比福建強，福建男跑步，比女生還慢，身體素贏弱，不堪重負。而且思想拘泥、局狹，反應遲鈍，凡事都原地踏步，格局、局面難開。比如設計飛機，幾十年無進展。沒有這一省，並不妨礙嘛，除非是自己找著和自己過不去。這是因噎廢食嗎？不是，青山易改，本性不移。

即以歷史中的例子來說，像洪承疇，一個學期才行軍 50 公里，這就是嚇破了膽，與清末相較，性質是一貫的，而且洪投降了。袁崇煥是廣東人，就非常能打，努爾哈赤、皇太極那麼厲害，就是打不過他。所以，用哪裡人為兵，直接關係到國家安危，不能不明。從歷史教訓經驗說，很多地方都出好戰士，而且忠實，唯獨閩人，斷不可用。而最糟糕的恰恰是，閩人最善於逢迎上面，所以爬升得往往還最快，因為閩人圓軟可人、若寵物，極得上級歡心，這就壞，所謂結黨排擠，時機成熟後，就是上面的人也同樣會被搞掉。司馬光說閩人狡險，北洋海軍、南洋海軍的下場就是明證。美國人所講的，和司馬溫公之言相對照，穿越古今，驚人的相符。福建人可以為自己贏得權力，所謂用事的都是他們，可是決不能為共同體禦侮，這是絕對的。打仗不行，脅迫上級投降倒是頗有一手，他們是怎麼聯手、致丁汝昌死的，這案例還不鮮活嗎？為什麼歷史軍隊偏偏要用最不行、最不濟的呢？就因為天意要大清滅亡、肇建民國！我們看福建的工藝品，最善於以假亂真，這些都是全息的。

所以，中國要遴選戰士，必須以秦、趙、湘、粵為主幹部，無論陸海空軍，都是如此，這是沒有二話說的。秦人善攻，犀利、銳利快捷；趙人善守，有韌性和後勁；湖南、廣東人實，可以全面使用，八方接應。尤其湖南人，文、武都行，無論你往哪方面去培養他，他都能成為那方面的人才，所以特別好用。只是廣東人有野蠻的性格，需要調教。怎麼調教呢？修身——自我調教。像山東人，雖然聽話，但是齊人弱，短兵相接不行，遠不如秦，正面作戰，傷亡會很大。所以，山東兵最適合於後勤，無論怎樣困難，物資都要遞送上去的時候，他們寧肯死，也會完成任務。另外四川人也是給力的，很靈活。像西南少數民族，也是很有潛能的，只是得有人帶，

把這個資源開發出來，定能造就一等一的戰士。西南少數民族有其特質，比如很多人有非常樸實的溫柔面，但是一動起來，則勇猛善戰，故名將很多。內心樸厚、心靈敏銳的，能無勇乎？所以，人差勁，還是因為心不行。相對而言，直言不諱地說，最不愛國的是蒙古族——離心力大，沒辦法。雖然很善戰，但是越善戰越糟，不善戰還好一點。這是歷史地看。

遠一點說，像史達林，如果跟閩人一樣，能扛下二戰嗎？德國人距他最近時只有幾十米，彼照樣修指甲，手槍一把、毒酒一杯，城破即死，終於扳回，無愧鐵人之名。王陽明打仗，做了必勝、必死兩手準備，一面講學、一面指揮。準備好乾柴，兵敗即火焚公署。並命令將敗逃下來的士兵斬首，只許向前，不許退後，卒至全勝。沒有鋼鐵般的意志，如何能行？要是讓閩人和俄國人對陣，很難想像那是怎樣的一場屠殺？

另外，蘇北人也有一些類似的缺點。蘇北人最喜權力，也喜歡心術。湖南人的心思，多用在讀書上；蘇北人的心思，全集中在人事方面。他們要抬起來搞掉誰的時候，也可以做得滴水不漏，不動聲色。蘇北人自己尚且架不住蘇北人，何況是外人呢？像現在的村官，就遇到很多問題。民情、民性使然，奈何！生態不是朝夕能移的。要言之，蘇北人、安徽人都有一個很不好的想法和念頭——我狠！這怎麼能有利於部隊的和諧、團結呢？這是團隊建設的大敵！所以，江淮兵在軍隊，他們做督察、或小官什麼的，常常欺負人以顯威，極不利於部隊團結。蘇北人、閩人都喜歡拉幫結派，「一致對外」。其結果就是，軍隊的離心力大、向心力小，這是不利因素，力當汰除。而且蘇北人匹夫氣最重，韓信胯下之辱，美其名曰大丈夫能屈能伸，這是自欺哲學；百萬領土，說割就割。彼若主國事，

能爭權益嗎？不過分的說，蘇北人的人格，是華人裏面最要不得的
——有奸險面，須小心。至於安徽人，辦事能力甚低，要做一點事，
苦不堪言、而怨氣沖天。當初明成祖要下西洋，在南京造船，民怨
甚大。這就是因為，南京是一個安徽城市，其民是不堪重負的，因
為能力低。結果，明成祖要多頂住很多輿論壓力，非常劃不來。如
果是在渤海灣一帶、在北方造船，講明道理，則山東、河北之民，
做起事來，會順利很多。要不是當年明成祖堅持航海，為中國掙下
一點稀罕的歷史榮譽，真不知該怎麼說了。所以說，建設海軍，當
如成祖。地情、民情干係甚大，頭等重要之事也。歷史上可能會有
時候碰對了，但是，我們以後要把所有的這些都變成清晰的必然。
地方民性如此不同，這就是三大玄機要素中的地方機。三大玄機，
就是現實版的齊物論。

　　鄭觀應說盎撒人因其人之性情而用之、而利導之，此正說明盎
撒民族是一個齊物論的民族，所以他們的教育很有一手，易於造就
人才。美國人講，凡丁軍門欲左，閩人必右，處處為難，這還得了！
軍紀不存，甲午海戰能不敗乎？所以，抗令、脫逃之閩兵，皆應斬
首，以謝國人。清帝國南、北洋兩大海軍之全數覆滅，純系用人不
當耳——不能用閩人啊！這就是民情學。

　　由此，徵兵應該用何地、避何地，便不能不明。易言之，今
後最好是閩人免兵役，這樣福建一省也輕鬆。而河南、湖北、安
徽、蘇北等地，則應少用、慎用抑或不用。河南爛、湖北戾。這
些地方，老百姓安排好日常生活也就行了。可見，中國可用的地
方還是絕大多數，並無絲毫被動、不便。那麼，有的地方完全不
用，是否失之武斷呢？其實並不過分。因為兵是最專門的行業領
域，不從軍，還可以在別的工作領域做貢獻，故並不妨礙。此事

必須冷靜、理智，不好打商量，否則會敗事的，故無須多爭。就拿武器專家來說，那些福建設計師幾十年原地踏步，設計思路不敢越雷池半步，嚴守俄蘇法度，效率低下；思路滯後，武器研發根本就不可能前沿。閩人都是為人臣的腦筋，如何為國家開生面？而且閩人身體最差，他們是稀飯養大的。北齊、南閩，齊人弱，故山東兵適合於在和平時期多使用，做後勤部隊。或曰北人不習水，此無知濫言耳。人為萬物之靈，豈有歷經訓練，而終不習水的？且北方水域盡多，水鬼也多。華人動為定式所誤，不知其可也。

麥吉芬最後說，各艦之大弊，惟在於炮。炮有鑄自英廠者，有鑄自法廠者，然艦中多用德人，乃德國克虜伯炮廠所派來者也。其於本廠所鑄之炮在在留心外，英、法所鑄之炮，則任其鏽澀而不之顧，此英人所宜知也。

這說明瞭什麼呢？說明瞭德國民族深在的劣根性。即：它只對自己的東西感興趣、盡心力。由此，德國對於非己、對他者而誣詆之，甚至於思毀滅之（無論文化、軍政等各個方面），便毫不奇怪了。德國這個民族，內心陰暗，不可不防。只是任何性根，都會有種種的假相來掩護之。因此，德國思想也只能走到民族帝國主義為止，到不了更高的地段，故德國思想充其量只是一種區域精神、地方主義（的抽象表達）罷了，根本不可能是普世價值、人類精神──它是非常具體的，沒有普遍性。它只存在著得逞、壟斷與否的問題，不存在普遍性問題，普遍與壟斷是兩個概念。所有這些，都是由其民族性決定的，所以麥吉芬才要提請盎撒同類留神。由此可見，用人不止於如何用華人，還包括如何用萬國之人。君子善假於物也、萬物皆備於我！唯我主宰、洞察一切。

第八節　留學教育

　　容閎是清季思想史不可忽略的人物，可以說，前有容閎、後有胡適，這兩位美式教育的代表人物，給中國提供了現成可觀的資源，應該好好地充分加以利用，可以省很多事。容閎，廣東香山人，幼年即受美國式教育。後遊學美國，是中國最早的留學生，也是最早組織安排中國學生赴美留學的開拓者。容閎是耶魯人，畢業於耶魯大學。他在《予之教育計畫》中說，自己在上海機器局內附設兵工學校，成效顯著，所以躍躍欲試自己的教育計畫。曾國藩是自己的知己，其識量、能力足以謀中國的進化。政界中支持容閎的要人還有丁日昌，丁非常讚許容閎的計畫。容閎認為，政府宜選派穎秀青年，送之出洋留學，以為國家儲蓄人材。派遣之法，初次可先定 120 名學額，以試行之。此中又分為四批，按年遞派，每年派送 30 人。留學期限定為 15 年，學生年齡須以 12 歲至 14 歲為度。視第一、第二批學生出洋留學，著有成效，則以後即永定為例，每年派出此數。派出時並須以漢文教習同往，庶幼年學生在美仍可兼習漢文。至學生在外國膳宿入學等事，當另設留學生監督二人以管理之。此項留學經費，可於上海關稅項下提撥數成以充之。

　　容閎一生最關心的就是留學問題，但是這一理想卻一再受挫，足見當時之清政府，國家效率已全失，形同癱瘓。容閎悲傷地說，

使予之教育計畫果得實行，借西方文明之學術，以改良東方之文化，必可使此老大帝國一變而為少年新中國。是因仇彼之惡果而轉得維新之善因，在中國國家未始非因禍得福也。

容先生考慮得還是很周全的，一是文化上的考慮，因為太小了出去，怕被同化，所以要派漢文教習（有點像班主任）隨行，這是不忘故國人文，乃屬必要；但是太大了出去，對彼之文明易生抵觸、隔膜，不易融入進去、浸潤濡染，所以在年齡上頗費了一番設計。另外，最重要的就是留學生監督。因為在外留學，尤其是在美國這樣的法律國家，事務性乃是第一位的。直到現在，由於中國人一直沒有養成法律事務的習慣，所以在外留學，有很多的不好發生。其實遇事首先就要想到找律師，聯繫律師應該成為本能習慣。美國之政要，多有律師出身的，就足以說明問題。而且深受盎撒影響的地方，也多有此類象狀。所以，留學監督專門負責接洽各項事務，以便學子，從這種設計安排，便可見容閎是深知美國文化性質的。由此也可以說，以後中國留學生在外，也應該有恒定的針對性的組織，由律師負責，並加強此組織之建設，就像工會那樣，專門負責組織、聯絡大家，以維繫正當之權益及正常之規範，形同小政府。凡每人每到一地，必須先赴當地華會登記，接待安排，則有事不慌亂矣。只須合理地支付一點費用，便可以很舒服，比自己瞎摸亂撞強得多。一切都上了軌道，則周遊萬國、如在家中，此上上之便也。交一點事務費用，可省老了事。如果還是那麼獨行俠似的散放開去，只怕傷害性、磕碰不少。所以，今後須進一步強化這方面的經營管理，要有實質性的建設，不能只是擺設，何況還有經濟效益，一切只是運作。

　　我們說，對於容閎的建議，以後也應該一直保留下去，作為國家的紀念性制度，使後人永遠知道——歷史結果來之不易。而且 30 個官派留學生也花不了多少錢，這 30 個名額，完全可以用在最稀缺的人才項上。比如近年某方面缺人，政府就針對性地派遣學習。所以 30 人的名額，具體怎樣安排，歷年可以隨時代而變化，這就是留學當隨時代——永遠不會落後、永遠靈活、有彈性，變換不拘、變化多端，資源全用在刀刃上，就像馬拉松的跟跑戰術。中國現在（以後更不用說了）留學渠道很多，已經普遍社會化了，成了普通個人的事情，不需要再借助官方，政府用不著管——每個人可以直接和目的地聯繫。負擔既輕，那麼僅維持 30 之額，不亦宜乎？30 個名額，只要引導、安排、利用得好，完全可以很寬鬆、很富裕，足用了。

　　要立留學法。

附錄：元代實學──扎撒

　　如果說朱熹代表了文方面的成就，那麼元太祖成吉思汗就代表了武的方面。朱熹與鐵木真是同時代人，他們都對歷史產生了重大、深遠的影響。而成吉思汗的思想，主要就體現在他制定的法令中。案成吉思汗法典第 1 條云：「天賜成吉思汗的大扎撒（法令）不容置疑。」這就是成吉思汗法典的經義性。漢人習慣說「天」，蒙古人習慣說長生天，其實都差不多，都是指「上」。成吉思汗法典又稱《大扎撒》，是蒙古汗國（亞歐大帝國）的根本法，也是蒙古族的第一部成文法。一般認為，成吉思汗在忽里勒台（議事會）上頒佈了《大扎撒》（成吉思汗元年（1206）），後來不斷修改，直至去世。應該說，成吉思汗法典與漢法有諸多相通之處，這是由農牧社會性決定的。

　　成吉思汗法典以其不可違背性，成為蒙族 800 年來的行範。後來的繼任者是否合法，亦取決於此。關於「成吉思」的意思，眾說不一。有海、天賜、鐵、強硬、海洋、強大諸義。所以，成吉思汗的意思就是：賴長生天之力而為汗者、擁有四海的汗、強硬大汗、最強大的汗。另外，成吉思汗鄙視亞洲君主所慣用的尊號，曾命其後裔勿採用之。所以，繼承諸人僅稱汗、可汗。由此看來，從正名來說，我們只能稱蒙古汗國，其他的稱呼法都顯得隔著一層，不是那麼熨帖，也不符合主人的意思。所謂名從主人，這是一定的。

不容置疑就是終極，立法就是要制定出人們普遍認為不容置疑的律條。成吉思汗法典曰：

> 一個民族，如果子女不遵從父親的教誨，弟弟不聽從兄長的勸誡，丈夫不信任妻子，妻子不順從丈夫，公公不讚許兒媳，兒媳不尊敬公公，長者不管教幼者，幼者不尊重長者，那顏（官員）只寵信其親屬而疏遠陌生人，富有者吝惜私有財物而損害公有財物的，那麼必將導致被敵人擊敗、家戶衰落、國家消亡。因此，成吉思汗頒佈大扎撒，提醒所有民眾必須提高警惕，所有那顏和哈剌楚（平民）都必須遵守，這樣，長生天就會保佑我們完成大業。大扎撒不能改變，必須千年、萬年、世代遵守下去。
>
> 第 2 條

這還是萬世垂法的思想——成吉思汗法典是永恆的。還是君君臣臣、父父子子、夫夫婦婦那一套。有生之初，人各自私也，人各自利也。所以，公有觀念、公共意識的發達，乃是一個人群進展的根本標誌。公有程度越高，公共設施越完備，這個人群的組織動員度越高，生活越方便、安全、穩定。成吉思汗要求官、民一體遵奉法令，這是十分必要的。畢竟，農牧社會在軍事化上的要求是如此，否則不僅戰爭會失敗，而且國家也會滅亡——由於鬆散的緣故。我們從文面來看，這裏的原則和儒家沒有什麼兩樣，所謂夫夫婦婦、官官民民、兄兄弟弟，等等之類，農牧社會在一些基本的規矩上是相通的。從蒙古社會的夫婦分工來說，與漢族社會亦相似，就是女人主管內務、家中生活相當的一部分。所謂女主內、男主外的模型。所以，蒙古女子的許可權，較很多別的、

其他的人群之女權為大。比如在教養子女、財產支配等方面，蒙古女人享有與丈夫同等的權利。奇怪的是，根據《蒙古秘史》等史料，成吉思汗把「孝」置於他的整個倫理思想的制高點，並與敬天思想聯繫起來。對此應該怎麼看呢？我們以前說過，寡母撫孤，每有純孝之士。如孔子、孟子、朱熹，等等，都是父親早死。所以，生活經歷註定了他們宣揚孝的思想。成吉思汗正是父親早亡，所以講孝就再自然不過了。任何思想家的根本認同，必與他頭 20 年的生活經歷相關，這就是弱冠律，無一例外。我們看歷代的史料，胡人往往是沒有倫理綱常的，比如匈奴人，都是少壯欺凌老弱，食物先吃，東西先用，等他們老了，就受下一代欺負，如此循環無窮。像成吉思汗這樣（開始）注意「規矩建設」的情況其實很少。成吉思汗之所以能夠成就宏業，與他的團隊是分不開的。而成吉思汗團隊是由成吉思汗本人調教出來的。因為單靠成吉思汗個人，他生前所做的、所完成的其實也還是有限。畢竟，成吉思汗死的時候，西夏還沒有滅。所以，蒙古汗國主要還是靠成吉思汗的子孫們去建立，而這就是黃金家族團隊。要達成這一連續性，在教育法上沒有一些優點，至少是一些特點，那是絕對不行的。因為歷史中的胡人，從來沒有像成吉思汗及子孫那樣，他們總是在某一個人死了以後就全完了，毫無連續性之可言。所以從歷史對比中，我們就能看到，一切都不是無緣無故的。成吉思汗法典很說明問題，因為它把所有的一切都組織、安排起來了，為之整肅。所以，成吉思汗及子孫的蒙古汗國之軍政成果，與執行法令有關，而不是散放的。在所有的胡人政權中，蒙古民族是法制民族，蒙族是少數民族中制定法律、依法建國治國的異數。簡言之，就是一句話，成吉思汗所立的家規、法度，他的教

育習慣、一切規矩和家族性格，保證了子孫團隊，以及後來的一切功業。

當然，世代不變，並不意味著拒絕不斷修訂完善，這是兩回事。事實是，成吉思汗一生都在不斷的修訂他的法。成吉思汗法典說：

> 大蒙古國選舉汗位繼承者、任命扎爾忽赤（斷事官）、發動戰爭和進行重大決策實行忽里勒台（會議）制度。忽里勒台由黃金家族主要成員、萬戶長、千戶長和主要那顏組成。各汗國確立汗位及作出重大決策也按照該規則進行。
>
> 第 3 條

戰爭是蒙古人的生活，這並不稀奇。戰爭本來就是中國北方少數民族的生活，歷代如此。但是有一點，北方民族的戰爭都不是意識形態化的東西，這是與現代不同的。也就是說，他們還停留在相對的自然態。成吉思汗統一蒙古各部，建立蒙古汗國，使戰亂結束，步入統一。他所做的制度建設，起到了為後世立法的作用，助子孫完成偉業。大會議制度是蒙古汗國最基本的制度辦法，根據史料，草原推舉鐵木真為成吉思汗、依成吉思汗遺命立窩闊台為汗、成吉思汗召集會議制定法令、出征花剌子模前開會，等等，都用召開大會的辦法。大會辦法、會議制遂占居蒙古汗國軍政之核心位置。大會制的來源，本是各部首領參加的一種議事制度，也就是部落議事會，主要是用於推舉首領、決定征戰等大事。根據成吉思汗的規定，凡決定大問題，都要召開忽里勒台，大會成為蒙古汗國的最高權力機關。

大會的職權是選舉汗位繼承人、任命斷事官、決定戰爭及其他重大事項。在當時的蒙古汗國，各汗都由大會公推，若不經此程式，

人民皆可反對之。蒙古汗國沒有固定的嫡長繼承制，汗位繼承人由前面的大汗指定，或通過明爭暗鬥強取，但是一定要履行大會的形式，才能合法，這是唯一的途徑。像忽必烈就是這種情況。而且汗位繼承人不一定要是前任大汗之子，只要是黃金家族成員，富有人望，都可以被推為大汗。這樣人才域度就寬了，更有利於國家共同體。所以蒙、漢相較，漢每不及。漢人建立的功業不及蒙古之萬一，這是一個重要原因。所有人都會服從大會的決定，接受新任大汗的領導。應該說，這種制度辦法對於保證政權平穩過渡交接、保持國家長治久安是行之有效的。對比唐朝政治則尤其明顯，正如陳寅恪所論，唐代政治繼承最不穩定，大亂 200 餘年，為史之惡。入元以後，大會制仍然保留，元朝皇帝即位，都要召開大會，舉行儀式，與漢截然不同。

由此，我們對中國歷史政治就可以做一個總結，在政權交接方面（帝制時期），大致可分三類情況，即：禪讓制、世襲制、選舉制。禪讓制（或者辦法），比如晉讓於宋；選舉制，比如忽里勒台大會。所以，中國歷史上並不是所有的朝代都是世襲制的，像元朝就是選舉制，這個一定要分清楚。為什麼說不能印象化地想歷史呢？因為印象最不可靠。關於世襲制，其實還包括一種退休制度，比如乾隆皇帝晚年退休做太上皇就是，這是相對開明的。當然，各種具體情況還可以細分，但總體上不出於此。一句話，中國歷史政治是多元的、多樣性的，很不穩定。

成吉思汗任命失吉忽禿忽為最高斷事官，就是最高司法官，也是通過大會的形式。蒙古汗國施行的是分權制。決定征戰，當然更要通過大會。比如太宗七年（1235），窩闊台汗召開大會，決定派遣以拔都為首的諸王、將領遠征，開始了著名的長子西

征，建立了欽察汗國。成吉思汗祖孫三代共進行了三次西征，建立了四大汗國。這說明，凡事雖然三世而斬、五世而斬，但是如果反過來，只要有愚公的精神，經過三代、幾代人的努力，只要持續不斷，就沒有不成的。行者常至、為者常成，僅僅是連續不斷而已。

歷史都斷了，歷史中的種種事物都中絕了，興滅繼絕在哪裡？成吉思汗的工作，其實就是讓習慣走向制度，比如從部落集議到大會制，等等。成吉思汗法典說：

> 大蒙古國實行扎爾忽赤制度。通過忽里勒台，成吉思汗任命失吉忽禿忽（人名）為國家的繁爾忽赤（最高斷事官），其職責為裁判訴訟、擬制青冊和記錄分封。
>
> 扎爾忽赤將判例與成吉思汗商量後用白紙黑字造冊保存，命名為闊闊迭卜貼爾（青冊）。後人不得更改，更改者要受處罰。
>
> 第 4 條

從文面來看，這裏講得很平正，非常平易，就是：擅自更改要受處分。不像朱元璋先生的祖訓，顯得十分乖戾，結果崩潰得更快。漢族比蒙族更喜歡犯規，而且犯規的藝術更高，要高許多倍，這與文化發達、智商太高是分不開的，少了一點樸厚，所以智叟文化總是在愚公文化前敗北。亦即，以一次性小便宜換取永久性被動。從犯規率來說，漢＞蒙；而很多方面又是，漢＜蒙。對此我們可以統計統計。君子擇善而從，互為補充。最重要的是，根據判例，記錄在冊，形成青冊制，也就是判例題庫，即案例彙編、案例集。而且典型的案例，都是與成吉思汗共議以後定下來的。這個辦法很好，就

是漢族也做得不夠。案例才是真正的歷史資源，雖然很多文獻沒有保存下來。這一條規定確立了蒙古汗國的司法制度——扎爾忽赤制。

失吉忽禿忽，漢人稱為胡丞相，被窩闊台任命為中州斷事官，是管理漢地的最高行政官，在燕京設立官署，統領中原諸路政刑財賦，當時稱為燕京行台尚書省。胡相雖為最高司法長官，但是由於蒙族的生活還趨於簡單，所以民事、刑事等項初時未分，都放在一起。形式上，斷事官是通過大會選舉產生的。成吉思汗親自與失吉忽禿忽商量青冊的事，說明成吉思汗平易、謹嚴的一面，也就是每事問。沒有一點優點，不可能成就偉業。這與漢族帝王懶於議事，恰成鮮明對比。法律就是解決糾紛的機器。古代的刑名，充分說明瞭法與名、法理與名理、法學與名學的固定關係，就是都主分——必須以分為基礎，否則就不清楚、不明白。法都是強調正別的，從這裏來看，農牧社會的原始，一切不分，不知道有多混亂、不知道是怎樣瞎胡來的了。所以聖人治名、禮以主分，施行教化。名學就是要給思想立法規，它怎麼可能空洞呢？所以很多人不知名、不知法，兩者其實是一致的。名就是法法。

成吉思汗法典曰：「大蒙古國兒童必須學習畏兀兒文字。」（第5條）據《世界征服者史》記載，成吉思汗「每事問」，他要給每件事立規矩，而苦於無文字，遂令蒙古兒童學畏兀兒文字，將有關法令記在卷帖上，稱為「扎撒大典」，保存在首宗王的庫藏中。每逢新汗登基即位、大軍調動、諸王議政，即請出作為依據。《元史》曰，畏兀人塔塔統阿以回鶻字母書國言（蒙語），從此蒙文成為蒙古汗國的正式國文。這與黃帝、倉頡的事蹟一樣。

蒙古汗國的男子，成年以後盡簽為兵，兒童因為有較多時間，所以得抓緊受教。這是強制教育，利於普及，其文字則來源於新疆。

蒙族的學校教育從此開始，距今已有 800 多年歷史。成吉思汗命諸多畏兀兒人為子弟之傅，學校教育進一步擴大，成吉思汗 13 年（1218）滅西遼後尤甚。正所謂，文武之道，布在青冊。

　　成吉思汗法典說：「男子年滿十五歲皆有服兵役的義務。」（第6 條）蒙古人少，所以肯定是人人皆兵的；就連女人、小孩也很會騎馬，是馬背上的民族。可以說，如果人類不進入熱兵器時代，蒙古戰法永遠是最有效的。漢人的步兵適合於守城，但不適合於野戰。一個不熱愛馬匹的民族或人群，是沒有浪漫熱情的，性格上必然是壓抑的、缺乏活力，也不會大氣。因為馬是人類最好的伴侶動物，漢、唐的馬文化、馬藝術都很有名，而很多隻會用牛車的時代就很凋敝。《元史兵志》說，男子十五以上、七十以下，盡簽為兵。可見蒙古人能夠戰鬥到幾十歲，其利用效率之高、人員利用之充分，世界無二。至此，成吉思汗建立了世界上第一個義務兵役制，蒙古汗國的兵役制度基本定型。入元以後，又在漢地實行了軍戶制度。

　　值得注意的是，因為長期戰爭，人數不夠，蒙古又實行了「漸丁軍」（意為漸長成丁）辦法。即徵調十五歲以下的男童從軍，可以讓他們早日熟悉軍旅生活，成為合格的戰士，也就是童子軍。成吉思汗時，南宋使者在蒙古草原上看到不少十三、四歲的孩童西行，「問之，則云此皆韃人，調往征回回國。三年在道，今之年十三、四歲者，到彼則十七、八歲，皆已勝兵。」此法一直用到元朝。足見蒙古人都是實戰鍛煉出來的──實戰是最好的教育。所以從這裏來說，蒙古的有生力量不可能真正被打掉、被消滅，其再生機制使然。平時不打仗，則從事牧獵、生產，一旦戰爭發生，即空營帳而出，舉國皆兵，其高效十足驚人。軍隊出征時，雷厲風行，絕不允許任何拖延和逃避。志費尼說，蒙古軍隊的檢閱和召集，如此有

計劃，以致他們廢除了花名冊，用不著官吏和文書。只要接到命令，就能按時趕到集結地點。女人、小孩都參戰，如《柏朗嘉賓蒙古行紀、魯布魯克東行紀》描述的，蒙古人打仗時，女人、小孩都騎馬在後排，雖不出擊，但視覺上大軍如雲，敵人往往就崩潰了。

蒙古人是下馬牧畜、上馬攻戰的。元朝抽調 20 歲以上漢人男子為漢軍，戍守當地，可見對漢人還是放寬了。蒙古的兵民合一，與漢人的兵民分離，正好形成對比，這就是漢為什麼打不過胡的原因。蒙古人的生活就是平時和戰時一樣，兩者合一了，所以不需要再訓練，一切都是現成的。由戰士組成的國民，當然對什麼都無所謂。相比之下，漢人完全就是綿羊。所以志費尼說，整個世界上，還有什麼軍隊能跟蒙古軍相匹敵呢？這話不錯──確實是沒有的。其實蒙古人的條件、武器最簡陋，就是因為生活戰爭化、戰爭生活化，能夠因陋就簡、取精用弘，簡簡單單，所以常勝，其奧妙如此而已。蒙古人善於把複雜的事情變簡單，實際上，成吉思汗並不是特例，而是常例，軍事上。因為歷來蒙古草原的遊牧民族西征的不少，最著名的就有三次，即匈奴西遷、突厥西侵、蒙古西征。都攪動了大半個歐洲。如果說其他各時代的蒙古草原民族沒有這麼做，那只能慶幸和平，因為，無論是什麼人群生長在蒙古草原，都一樣會善戰的。

其實說穿了，蒙古人的訣竅很簡單，就是衝擊力三個字，在最短單位時間內，一次不成就醞釀下一次再來。相比之下，漢族是一個失去了彈性的民族。關於兵種，成吉思汗用的清一色都是騎兵，在草原上沒法步行。後來又組建了工兵，滅金、西夏、花剌子模時更組建了炮兵。從這裏來說，現代人騎自行車有一定的好處，雖然趕不上騎馬。

全民皆兵其實並不是蒙古人的專利，西夏也是，還有很多歷代的遊牧民族都是。軍民合一保證了軍事勝利，在草原，一切短缺，不可能有什麼前方、後方，不可能有前方、後方的區別。以軍養軍的措施，保障了軍事所需，使兵們在征戰時無後顧之憂，完全避免了漢地各朝兵馬未動、糧草先行的用兵弊端。

蒙古人的人人從軍，只是一種習慣和生活需要，部落時代一直如此。這與人口眾多的漢地相比完全不同，但卻可以互相啟發、補充。我們在漢代史書中經常看到當時人的分析，問為什麼有億萬之民的漢、總是打不過人口不過百萬的胡？制度、辦法乃是根本問題。蒙古草原的遊牧民族人人皆兵，大概是歷史的傳統，一向如此的，也不是什麼成吉思汗一個人的發明。漢人一面臨作戰，馬上窘狀百出，支應不暇。什麼糧草轉運、輜重調度等等，忙得個不亦樂乎，讓胡人看哈哈笑——等的就是這個，不戰而把自己拖垮，簡單的事情全搞複雜了。還常常接應、供給不上。但是有一點，我們總不免要問的，就是胡人完全沒有龐大的後勤物資供應，什麼武器、糧食、軍需戰備等等，一概沒有，或者就是簡陋之極，還不是一樣打仗、而且總是打贏嗎？為什麼一到了漢人那裏，就這麼麻煩，像搬家似的！可見歷史中從來都是不得法的。這就是說，對待胡人，不能用擾動全國的辦法，也不用撓動全國，就直接用蒙古戰法即可——他怎樣來、我怎樣去，一一對應，解鈴繫鈴而已。

比如，蒙古不是人人皆兵嗎？那麼好，漢地也人人皆兵（就陝西一省）。蒙古不是騎馬嗎？漢人也人人騎馬。蒙古不是一人兩匹馬嗎？漢人也一人兩匹馬，總之是絕對對應。馬不夠就養，養夠為止。總之，只要是逃不掉的，就非置辦不可，這是必要的成本，算一算即知。蒙人自備口糧，那麼漢人也自備口糧——不要用更大的

隊伍轉運、補給，一切照蒙古戰法進行，笨重問題都解決了。簡言之，就是蒙古人辦不到、做不了的，漢人也不用再做──仗打不起來。蒙古人做得到的，漢人也必須做到，這就是唱和關係。

假如經過計算，漢地人口太多，用不著人人皆兵，那麼好，就每家只出一人；如果說，家出一人還多，那麼好，就只麻煩一省，比如陝西。秦始皇統一全國，就是用的秦軍，所以後代現成取法，就不用再麻煩全國其他各省民人了。簡言之，就是以後的戰鬥任務都交給陝西一省負責，對付草原足矣。以陝西一省，也還是遠遠到不了人人皆兵的地步。農牧社會，各時代的基本軍政格局可以不根本大變──秦始皇那時候有效的，以後也還有效，都是冷兵器時代。過去怎樣，以後也還怎樣。秦做得到的，後代就總都能做到，除非人不行。從數量上說，草原人口不過百萬，那麼好，漢地只須備百萬人（兵），200 萬匹馬，以秦地一隅，便足以當之。一切照蒙法而行，依樣畫葫蘆。一旦形成了按部就班的套路，事情就上軌道了──搞定。他總這樣來，我總那樣去──從秦直道出去，不需要再多的麻煩，就足夠了。這樣，陝西一省負責打仗，全國都輕鬆。有什麼必要從這裏那裏抽調人、物，還普遍加稅呢？甚至擾動到浙江、福建去了。蠢豬！蒙古高原有什麼必要和南方扯在一起？各就各事而已！秦人騎馬出擊，頂多再加上河北燕趙──動員防守。因為秦人善攻，趙人善守，古來如此，民性不會變的。這樣，以陝西一地，人口比蒙古多，而戰士足用；軍需物資、作戰資料不會比蒙古少，只要用蒙古戰法，應對草原民族可以就地本省解決。如曰不能，是無能耳，非真不能也。其實也就是一個組織動員的問題。這樣，蠲免陝西一省之稅，就包打仗，作戰便可本省解決，不用再勞其他各省供應。而

國家用度，少陝西一地，對全國來說也無所謂。這就是各地總體分工、合作的原則，即省際分工合作。當初秦國實行耕戰制度，也還是靠一隅頂下來了。而耕戰制度與蒙古的牧戰制度，最具有對應性。只要蒙古一日不轉變為牧讀制度，與耕讀相對應，仗就要準備打下去。這就是文、武之道，躲不開的。而牧讀的轉變，只有通過「陪太子讀書」法來達成。

平心而論，草原是最簡陋的，武器也不先進，財物又短缺，所以不可能再找任何藉口。漢人失敗的終極原因，從來就不是什麼外敵入侵，而是自己把簡單的事情搞複雜了。也就是——自掘墳墓！用金字塔似的供應機制拖垮自己。

成吉思汗法典說：「每個人不論貧富與貴賤都平等勞動。」（第 7 條）這一條在《世界征服者史》中有相關記述。蒙古汗國之所以每個人都得幹活，是因為蒙古草原人口太少的緣故，所以不分貴賤，人員必須充分調動與利用，否則生存就會發生問題。因此，勢決定了成吉思汗法典的這一規定。說白了，蒙古不可能具備漢地那種傳銷式的供養條件，所以平等是一個社會力學的結果。

又說：「尊重任何一種宗教信仰，任何一種宗教都不得享有特權。每個人都有信仰宗教的自由。」（第 8 條）該條見於多種史料記載。這說明什麼呢？說明宗教名分法的唯一。即宗教自由，但是任何一種宗教也休想享有特權，休想攻乎異端、把他者（別種宗教，或者精神信念與信仰）抹去。每一個宗教都只是一個端極，是一種極為具體的人類情感，既不是無極也不是太極，只有名教（即名分）才是最終的。簡言之，就是每一種宗教都有自己的名分，只能呆在自己應該在的位置上，不得僭越半步，否則即為非法。犯法（宗教

法）就要對該宗教進行懲治，即一切按宗教法的規定辦。宗教規矩，是保證宗教和平的必要維繫，所有的宗教都在同一個平列層，沒有特殊和例外。成吉思汗法典的這一規定是合乎漢、蒙的一貫歷史情況的。中國是人類史上唯一沒有宗教迫害的國家，漢地各教的自由發展充分說明瞭這一點；這種情況在一個宗教國家是難以想像的。至於排佛，那是政治經濟原因，不是宗教原因。所以，成吉思汗法典的這一規定、原則，與儒家勿施於人一條是相通的。加上歷史中過去的實情，成吉思汗法典關於宗教的規定，足以作為人類世界唯一的底線總則，普遍適用、一體遵行。

據《世界征服者史》載：因為不信宗教，不崇奉教義，所以他（成吉思汗）沒有偏見，不舍一種而取另一種，也不尊此而抑彼；不如說，他尊敬的是各教中有學識的、虔誠的人，認識到這樣做是通往真正宮廷的途徑。他一面優禮相待穆斯林，一面極為尊重基督徒和偶像教徒。他的子孫中，好些都各按其所好，選擇一種宗教，有皈依伊斯蘭教的，有歸奉基督教的，有崇拜偶像教的，也有苛守父輩、祖先的舊法，不信仰任何宗教的。但最後一類現在只是少數。他們雖然選擇一種宗教，但大多不露任何宗教狂熱，不違背成吉思汗的扎撒，也就是說，對各種宗教一視同仁，不分彼此。對於各種宗教，不舍此求彼，不尊此抑彼，一視同仁，不分彼此。免徵托缽僧、誦古蘭經者、法官、醫師、學者、獻身祈禱與隱遁生活者的稅租和差役。《多桑蒙古史》說：成吉思汗命其後裔切勿偏重任何宗教，應對各教之人待遇平等。成吉思汗認為，奉祀之神道與夫崇拜之方法毫無關係。（他）本人則自信有一主宰，並崇拜太陽，而遵從薩滿教旨陋儀。柏朗嘉賓說，他們不曾強迫過任何人背棄自己固有的信仰或違背自己的法律。

可見，扎撒還是最根本的法。實際上，這裏已經明示了一條
——學識高於宗教！成吉思汗尊重有學問的人，他與道教長春真人
丘處機建立了良好的教俗友誼，就是最典範的說明。所以，我們還
可以再開列一條：

　　學問＞宗教

成吉思汗之所以能夠做到這樣，根本原因是因為他有一種精神自
信，這才是根據。一個內心極其虛弱的人，是做不到這些的。但是
不恰當的過於寬容也不好，那就不是寬容、而是縱容了。既然宗教
不享有特權，為什麼要放棄、免徵宗教稅呢？這是不對的。那樣一
來，很多人為了逃稅，就會混跡教門，於是，宗教更成了邪惡之門、
眾邪之徑。而教會產業是很多的，富可敵國，又如漢地的佛教，也
是亂七八糟。雖然宗教學者免除稅役，可以專心工作，利於統治，
但是閒人混雜，亦所難免。成吉思汗的子孫有不信任何宗教的，但
這種明智者永遠是少數。

　　應該說，成吉思汗有一種真正的世界風度，這是任何其他征服
者所不具備的。可以說，除了成吉思汗，沒有任何一個其他的人能
夠做到這一點。換了別人，他們肯定要進行宗教統治與迫害，並且
消抹別種宗教，只要他做得到。因為沒有宗教信仰而無宗教偏見，
客觀上成就了宗教平等。但事實是，蒙古人是有宗教信仰的，他們
篤信薩滿教。因此，宗教寬容就更顯難得了。成吉思汗的子孫在宗
教上是冷靜、理智的，沒有任何熱狂，而是取一種冷觀的態度。至
於漢地，其實也是有自己的精神信念的，雖然漢文化是非宗教的，
人們只有一個「天」的統一思想，但是這種精神信念從來沒有帶侵
略性。人類都知道，歐洲是宗教犯罪的重災區，但是他們想貶損、

攻擊成吉思汗法典，卻最終無法否定事實本身，看看教會人士的歷史記述，就充分說明瞭這一點。但是成吉思汗的宗教寬容，並沒有換來宗教和平，反而是屢遭中世紀歐洲的詆毀。

中夏以學立國，不以教立國。當然這裏教指宗教，不是教化。成吉思汗年輕時篤信薩滿教，後來隨著征戰的接觸，他對世界之宗教產生了新的認識，乃決定取相容並包政策。在一定意義上說，成吉思汗的這一宗教政策受到了西遼的影響。西遼的統治區域為新疆和中亞，那裏民族眾多、宗教很雜，西遼政府採取了宗教寬容政策，沒有強行推行自己的佛教，也沒有把佛教定為國教。成吉思汗滅西遼後規定，一切宗教都應受到尊重，不得偏私。對各教人士都要客氣有禮，並廣邀各教教士前來，讓他們闡述各自宗教的教義、教理。為防止後代變動宗教政策，還把規定寫入扎撒，後人不得更改。像窩闊台汗就嚴禁宗教矛盾和糾紛，對在不同宗教間進行構陷的人處以死刑。此嚴厲手段穩住了蒙古汗國的秩序，亦為後世啟示了一般宗教法原理。蒙古是第一個統一中國的少數民族政權（另一個是滿洲，但那是明朝治下的一個地方單位，與蒙古的情況截然不同），也幾乎是唯一的一個，另一個是滿族，成吉思汗法典起了很大的作用。

但是，成吉思汗法典最重要的還不是信仰自由，而是可以不信教，可以什麼都不信，這一保證才是至關重要的，否則人類生活真的是毫無安全可言了。試想，在一個宗教國家，在一個宗教反人類的國度，什麼都不信是可能的嗎？不信權是可以想像的嗎？絕不可能，那完全就是噩夢。宗教暴力、一群信眾對個體的摧殘、狂虐、威逼與壓迫，就是在所難免的，宗教災難、宗教肆暴就是一定的。當人們信誓旦旦地高唱信仰自由時，我們必須要質問一句，你是不

是恰恰把問題和歷史給顛倒了、搞反了？須知，人類的信仰史，恰恰不是一部信仰自由的史，而是用血的代價去爭可以不信仰的自由的史，是用鮮血力爭並且捍衛不信權、不信仰之自由的歷史。當宗教迫害肆虐之時，人類如何侈談信仰自由？那種世界只有信仰任務、被信強迫。所以，要在現代世界高談信仰自由，請記住它本身就是一個爭得了可以不信仰權的歷史時代的成果。

成吉思汗法典說：「社會組織實行十進位。分為十戶、百戶、千戶和萬戶，成吉思汗任命萬戶長和千戶長，千戶長任命百戶長，百戶長任命十戶長。」（第 9 條）應該說，這是一種非常簡單規則的任命法。但是此法用之草原則可，用於漢地則不可，其弊不須贅言而知。正如前面說過的，制度與人群習慣有著至深的對應性。蒙古人打仗集合、組織動員可以不要花名冊，漢人行嗎？在草原可以千戶長任命百戶長，在漢地能夠省長任命市長嗎？那樣不是形成獨立王國了嗎？先秦時代家臣上僭，就足以說明政治中臺階式結構的不現實。因為常人上樓梯，就是經常喜歡幾級一跨的，何況是制度呢？一旦官員有了命官權，下面的人還不四處鑽營、搞成一鍋粥？但是從「級別隔斷」來說，比如千戶長任命百戶長，卻不能任命十戶長，十戶長只能由百戶長任命，那樣會不會形成一種牽制呢？但是在互相牽制下，轉而達成相互勾連，又是很容易的，這些都是問題。

成吉思汗的辦法，說穿了就是因為人多，他一個人管不過來；如果管得過來，那麼完全可以減少中間環節，改為（儘量）直接負責制。古人的技術手段有限，所以這類問題始終沒辦法解決。但是到了現代，當網路手段具備以後，至少所有的軍人是可以直管的。比如三千萬兵，每人一份詳盡的表格，輸入系統，免冠照三張（正

面、左右側），每十年（或 15、20 年）一補（不是換）；上次還是英俊小生，下次可能就成「馬桶圈」了。這樣，首領可以直接對每個人兩點一線地負責，只要有事，敲敲鍵盤，便隨調隨有、隨查隨得，不煩多費事。而這就是整個國家軍隊的一人制辦法——嚴整得像一個人一樣，其靈活、功效還會有什麼問題呢？由此舉一反三、依此推之，16 億人都可以用同樣的辦法。因此我們說，技術手段是對傳統的有力補充，所以文化衝突論是虛假問題。說穿了，成吉思汗時代只是沒有那個技術條件罷了。

成吉思汗法典說：

> 建立戶籍制度。每個人都轄屬於十戶、百戶和千戶，並承擔勞役。
> 每個人都只能居住在指定的十戶、百戶、千戶轄區內，不能隨意遷移到另一個單位去，也不能到別的地方去尋求庇護。如有違抗該命令的，遷移者要當眾被處死，收容的人也要受到嚴厲懲罰。
>
> 第 10 條

這種嚴厲的辦法和手段，完全是針對當初蒙古草原的動亂而設。在蒙古，牧民與戰士是一體的，所以需要這種嚴格管理。成吉思汗的編戶辦法，使草原整合為一條龍，使蒙古汗國有了征戰的基礎。據《世界征服者史》說，每一個人都被編入戶，是固定的，不得轉移、遷移到別的單位去，否則會被處死；收容者也會受到嚴懲，可見管理之嚴。實際上，這樣就等於隔斷了，即使是親王，也不得收容他隊來投之人，尤其是背叛首領的，這是為了杜絕禍亂之源。戶取代了舊時的部落或氏族，使草原更加整齊了，不再是亂七八糟的互相

攻殺的局面。有人把領戶分封制稱為千戶制度，因為千戶是中間環節，承上啟下。但是各千戶的大小並不一致，有的超過一千，有的不滿一千，這是根據具體實際情況而定的。編戶制度很好地杜絕了遊民。

　　成吉思汗法典說：「民眾有承擔賦稅、勞役和驛役的義務。」（第11條）「貧困的民眾、醫生和有學問的人免徵稅收。」（第13條）蒙古人少，所以人員必須充分調動和利用，這樣，法令便總是帶有強制性，而且沒有什麼報償。但是對貧民、醫生、有學問的人，免徵役稅，則敞開了知識服務之路，對很多人至少是一條出路。役稅是蒙古汗國的支柱，不徵不行，所以別無選擇。首先是要保證人口，一是數量要足，另外也必須穩定，不得到處流亡。為了保證人數，成吉思汗一改過去蒙古軍把人全部殺光的陋習，只要歸降，即予節制，除了報復性的軍事行動以外，比如滅西夏。在安定社會方面，就是實行編戶，對民戶進行清理。成吉思汗在建立蒙古汗國以前，草原是部落領主制。建國後，牧民變成了國民，這是一個偉大的自我升級，發自己身，沒有靠外力。過去民人對領主的役稅義務，轉成了對國家的役稅義務，私變為公。

　　成吉思汗法典說：「各宗派教主、教士免徵賦稅，免服兵役和驛役。」（第12條）這是宗教寬容政策，與前面的信仰自由是一貫的。當然，教士是指教內以宗教為職業、專門從事宗教職業的人，如果常人一有信仰便豁免一切，那麼天下也就無人可用了。蒙古汗國因為疆域廣大遼闊，各地區情況多變，所以實行宗教恩惠政策，這是為了方便統治。但是對有學問的人尊重之，卻也是真的。成吉思汗尊重有學問的人，這是肯定的。比如他對道教長春真人邱處機的禮遇，就是最典型的說明。而且成吉思汗愛惜英雄，這些方面的

事蹟很多，從來都是一貫的。蒙古民族雖然驍悍，但是也有淳樸的一面，對自己真正看好的人，會十分尊重。不像漢人城府太深，表裏懸遠，沒有真性。文人學士互相嫉妒拆臺，乃是常事。實際上，真正最不尊重學問的倒是漢人，這與漢地文士太多，很難「物以稀為貴」有關係，與生性也有關係。漢化的蒙古人，與蒙古人也有很大的不同。

成吉思汗法典說：「大蒙古國建立驛站制度，驛站的職責是收集情報、傳遞資訊、保障通商、保障官員和使節通行。」（第 14 條）蒙古汗國因為疆域遼闊，所以聯絡系統龐大。《世界征服者史》對蒙古汗國的驛站制度有詳細的描寫，《蒙古祕史》、《黑韃事略》也有相關記載。在蒙古汗國的範圍內，交通運輸等方面的加強是必然的。成吉思汗 16 年（1221），長春真人丘處機赴西域，於次年 4 月到達成吉思汗的駐地大雪山。一路上丘處機經由驛路西行，依靠驛騎護送。可見，蒙古汗國的驛站制度較為完備。幾條主要的驛路，將各汗的駐帳聯繫起來。據史料記載，當時的驛站，為來往使者搬運所需物品。蒙古汗國的驛站，從最初的郵驛開始，其職責不斷擴大，主要功能是收集情報、傳遞資訊、保障通商，為使節出行提供交通工具和飲食住宿。

成吉思汗法典說：「驛站的供給和維護，由所在區域的千戶負責，千戶向轄區內的民眾分配驛役。」（第 15 條）據《多桑蒙古史》說，成吉思汗仿中國制度，於大道上設立驛站，由居民供應驛馬、車輛、驛遞夫之食糧。男人在外面打仗，勞役就落到女人和家人身上，這也是因為人少，只能充分利用的緣故，但也鍛煉了蒙古人耐勞的體格。窩闊台時期，實行站戶制度，也就是讓一些人戶專門承

擔驛站的費用。忽必烈時期，站戶單獨登入站戶戶籍，一經登記，便世代相承，不得改變。

軍事功能當然是首要的，成吉思汗組建了當時世界上最快最好的通訊兵——箭速傳騎。能日行數百里，緊急時換馬不換人，其後勤保障便是由沿途各驛站完成的。這是軍事情報傳遞的方面。當然其他資訊也要收集、傳遞，比如商業資訊、民情輿論等，只是比較緩。另外為軍事機密特設的驛站也不少，《經世大典》中記錄了很多內容。

物資運輸是免不了的職能，進獻給汗廷的各國貢品，都由驛站完成運送。由於蒙古工商業落後，所以對商人特加禮遇，以利獲得物資用品。《史集》和《世界征服者史》記載了大量的商人與蒙古貴族的密切關係。官員與使節因公出行的交通工具、飲食住宿也是由其過往的驛站供應、提供的。隨著蒙古汗國的日益遼闊，各地交往越來越頻繁，所有驛站之職能亦隨之增強。像趙珙北朝汗廷就是，使臣用不著為獲得新騎乘而長途迂迴。

成吉思汗法典說：「應經驛站中轉的人員不得擾民。」（第 17 條）為使節提供食宿是驛站的職責。由於過往官員、尤其是高官，對歇腳驛站的服務感受直接，這當然會影響到地方官員的升遷，所以各地官吏對建設、經營驛站都很有熱情。因此，在成吉思汗時期，驛站的維護相當好。成吉思汗時期，兩個萬戶負責一個驛站。窩闊台汗時期，由於廣建驛站，遂由千戶負責。驛站在初始階段十分簡陋，這是必然的，因為草原就那麼個條件。但是這說明瞭什麼呢？這恰恰說明，條件最差，反而能成就「最業」，此正符合因陋就簡律。亦即，不講條件、沒有條件，而能因陋就簡的，才能成就偉業。因陋就簡是成就一切事業的玄機，誰能最充分地體履此道，誰就能

夠君臨天下。白手起家、徒手魔術，都是這個道理。挑剔客觀條件的漢人，就什麼也做不成，每天只是扯皮，或者混日子，雖然他們的經濟條件最好。經濟太好了，會把人拖垮的，因為養嬌了。經濟就是癌，蒙、漢對比，實在強烈。

成吉思汗法典說：「負責驛站的那顏定期對驛站進行檢查，每年至少一次。」（第16條）驛站每年必須檢修，至少一次。在驛站停留不得擾民，這也是講效率的要求。所以從辦法論來說，限制每站停留的時間是行之有效的，雖然像秦始皇那樣規定、失期當斬太重，但是真正辦事而非搜刮的人，在每站滯留的時間一定是有限的。所以量好工作所須的時間，以為基本約定，這對那些鏟地皮的人很具有限制作用，因為時間上來不及。

驛站方面是這樣，其他各項呢？成吉思汗法典說：「大蒙古國建立以狩獵為基礎的軍事訓練制度。」（第18條）又說：「狩獵時，按戰時組織進行，確立指揮官，由指揮官統一指揮狩獵。」（第19條）狩獵就是練兵，屬於強制性軍事活動，有各種列隊、佈陣講究，很多史料都有記述。陰山岩畫就是北方遊牧民族狩獵生活的真實記錄。實際上，蒙古汗國的此一做法，與中國自古的田獵制是相通的，應該屬於兵家。圍獵一般要持續兩三個月，在方圓幾十華里的範圍內建立起包圍圈，一切按計劃進行。有一次成吉思汗馬失前蹄，前面就是野豬，丘處機和耶律楚材勸他以後不要再圍獵了，成吉思汗表示感謝。但是他認為，圍獵可以培養戰鬥精神、勇敢的韌性、嚴格的紀律，鍛煉騎射、佈陣、協同作戰。實際上就是，武道須臾不離乎身。大獵即操演，平時不打仗，總是要狩獵的。敵人與獵物是一回事。《世界征服者史》對成吉思汗大獵有壯觀的描寫。後來的康熙皇帝，也還是借大獵練兵，可見大獵是永不過時的、最好的練

兵方法。中國軍隊應該定期進行蒙兀兒大獵，加強綜合戰鬥素質。國民觀禮，景象、場面一定壯觀，這對共同體的凝合力必要且有益。成吉思汗大獵一般是從冬季開始，今人仿古人成法，國慶日閱兵以後，便可舉行，因為現代人主要為了訓練，不在於獵殺動物。總之就是，活動越多，凝聚力越強；活動越少，社會越死。這是一條顛撲不破的律則，各地的活動分配應該均勻，不僅限於都城和重要城市，否則國內發展就不均衡。

成吉思汗法典說：「對於使野獸逃跑的情況，應仔細調查原因，根據調查結果對責任千夫長、百夫長和十夫長處以杖刑或死刑。」（第 20 條）成吉思汗時代，大獵已形成制度，須嚴格按程式執行。而關於大獵的理論，實際上在儒家經典中早有詳細的論述，只不過不是蒙族的罷了。可見，農牧社會終究是相通的。從每年冬季初雪開始，到第二年春季草綠，蒙古族進行大獵。獵殺極有規矩，不許亂來，因為要保證動物繁殖的循環充足。所以，什麼季節、什麼地方狩獵，什麼野獸可殺、什麼不可，都有固定的章法。如果臣民在每年三至十月間行獵，則嚴懲不貸。這是為了動物能在春、夏、秋季最大限度地繁殖起來。所以，大獵通常在冬初舉行。瞭解蒙古族大獵，可以增進對儒家經典的理解和體會。應該說，大獵是一個很好的人文傳統，應該象徵性的予以保留。比如，可以不殺死動物，只用塗抹顏料的箭象徵性射擊，動物身上沾了顏料即表示命中，命中三個即止；同時伴隨各種儀式，這是很好的風俗活動，娛樂和鍛煉一體。

大汗在大獵之前，先發佈命令，通知軍隊做好準備，把器物分發下去，通報指定地點、預定時間、各責任地段等。大獵中，出了問題要受罰。大獵是軍事訓練方法，在於鍛煉軍士的意志和戰鬥力，以及協作能力、指揮才能等。為什麼獵獸逃脫要受罰呢？因為獵獸

就是敵人。如果打仗時也輕易讓敵人逃脫，問題可就大了，所以平時一定要嚴格。大獵中，要隨時向大汗報告各種情況，這就是從軍事實戰出發。根據蒙古族的獵風，忌諱獵幼獸，及懷胎、帶仔的母獸。因為萬物皆備於我，蒙族最忌諱「斷群」。實際上，在草原上，一切動物都是被當成家畜看待的，這是蒙古人的天人合一觀。

大獵是蒙古族的綠色軍事，野生動物受到保護，人與自然和諧統一，有理有節，正所謂非禮勿獵、為獵以禮。蒙古族，野人也，後進於禮，雖未習禮，吾謂之已學矣。不像漢人，竭洋而漁，吾從蒙。大獵之後，成吉思汗按順序將所獵賞賜人眾，易曰：田獲三品，其是之謂歟！實際上，成吉思汗在很多方面都暗合於儒家；漢族倒是反儒道的。

成吉思汗法典說：「狩獵結束後，要對傷殘的、幼小的和雌性的獵物進行放生。」（第 21 條）蒙古族的條件是很簡陋的，箭頭由石制、骨制，最後過渡到金屬制。箭弓由竹弓發展到牛角弓。弓弦為牛筋或其他野獸筋；箭杆為樺木或其他木料。就是用這樣簡陋的條件，裝備輕騎兵，蒙古創造了軍事史上最輝煌的奇跡。

民族性、實用性高度統一，練兵制、問責制高度統一，這是成吉思汗法典關於狩獵的規定的一大特點。正因為此，蒙古軍養成了優異的軍事品質。大獵成為練兵之一絕，大獵就是軍演。蒙古軍主要是用迂迴戰略，這與世界上所有其他的地方都不一樣。蒙古人非常講實際，從不正面挑戰，絕不無謂地消耗自己的有生力量。所以征伐敵國，一旦形成合圍之勢，對方便望風潰敗。實際上，這就是把敵人看成圍困中的野獸，沒有一條逃生的出路，所以再堅固的城堡也是無濟於事。

　　案《左傳》載，五年春，隱公將去棠地觀看捕魚，臧僖伯進諫，說：凡是物品不能用來講習祭祀和軍事、它的材料不能用來製作禮器和兵器的，國君就不會對它有所舉動。國君是要把百姓納入法度與禮制中去的人。因此，講習大事用來衡量法度的程度稱作法度，選取材料用來發揚禮制的光采稱作禮制。既不合乎法度，又不合乎禮制，就稱作亂政。亂政的次數多了，就導致國家敗亡。因此，春蒐夏苗，秋獮冬狩，都是在農閒時講習軍事。每過三年演習一次，出發時整治好部隊，回來時又整頓一次；完成後到宗廟去祭祀慶賀，清點車馬、人員、器械以及所獲物品。彰顯器物的文采，分清貴賤的區別，辨別等級的差階，理清少年和老人的順序，這是講習威儀。鳥獸的肉不是用於祭祀，其皮革、齒牙、骨角、毛羽不是用於製造軍用器具，國君就不去射它們，這是自古以來的制度。至於那山林川澤中的物產，一般器物的材料，那是下等賤役的事，有關官員的職責，不是國君所應該過問的。隱公說，我要去巡視邊境。於是前往棠地，陳設漁具讓人捕魚而觀賞。臧僖伯託病，沒有隨從前往。《春秋》載說隱公在棠地陳列捕魚的器具，是說隱公此舉不合乎禮法，並且棠地也遠離國都（見李夢生《左傳譯注》）。

　　對照這一段，再看成吉思汗法典，就能看到很多的相通處。不過《春秋》的規矩太多，所以漢地肯定是沒有那麼高效能的，軍事上，這一層必須客觀地看待。魯隱公要去看捕魚，大夫還嫌跑得遠。現在人跑去喀納斯看大怪魚，也沒有什麼，古人還是沒有現代人自由。十分清楚，古人講漁獵，其實都是軍事訓練與演習，每三年舉行一次，所以現代人也不能超過四年。如果不定期操練，臨時就不好用了。根據古代造箭的講究，用鷂子的翎羽做的箭，飛行性能極

穩、極佳，準度高、輕而快，不受大風的干擾，穿透力犀利，這些都可以作為輔證、說明。我們說，魯隱公不宜到棠地觀魚，那麼，國君要巡視邊境的制度，應該怎麼解釋呢？邊境如何才能不空虛？制度應該怎樣規定？等等吧，所以問題很多。現在的新疆喀納斯出現了大魚，全國老百姓都跑去看，不顧路遙、在國境邊上，其實客觀效果上這有利於邊境的充實。

成吉思汗法典說：

> 兩國交戰前應先行宣戰，向敵方軍民宣告：如順服，則你們會獲得善待和安寧；如反抗，則其後果唯有長生天知道，非我方能預料。

第 22 條

戰爭是一個廣義的指稱，小到個人之間，大到國家之間，都不免發生猛烈的衝突。戰爭是蒙古人的日常生活，所以這方面的規定尤其多。先行宣戰，就是一切按規定辦、先禮，否則便不正規。此規定見於多種史料。近代以來，中國因為不敢戰，所以戰爭頻頻找上門。

成吉思汗法典說：

> 軍隊編組實行十進位，包括貴族、奴隸在內，分為十夫、百夫、千夫和萬夫。十人推舉十夫長，十夫長推舉百夫長，百夫長推舉千夫長。

第 23 條

這是軍事推舉制度。據史料，各級將官原來是由成吉思汗從上而下直接任命的，但是隨著蒙古軍隊的不斷擴大，十夫長等等變成從下而上推舉產生，這是任命制向推舉制的轉變。成吉思汗的這一組織

法，是要求層層負責的，而不是層層推委，所以效率極高。軍隊牢牢控制在成吉思汗手中。蒙古雖然有奴隸，但是任何人都被當作一夫；將官的推舉是根據軍功和能力，所以戰鬥力很高。而且，如果軍事首長不力，也要隨時撤換、處罰和治罪。大扎撒就是鐵的紀律，蒙古軍隊所向披靡，此為重要原因。蒙古汗國的軍隊及社會管理都實行十進位，社會管理是以戶為單位，軍隊以夫為單位。戶和夫須分別清楚，不可混淆。

　　成吉思汗法典說：「只有在行軍時能考慮到不讓軍隊饑渴、牲畜消瘦的人，才配擔任首長。」（第24條）此內容見於多種史料，如前。成吉思汗說，勇士莫如也速台，但不可以為將，因為他不知遠征之苦，便以為別人也和他一樣，這是不妥的。這一法條主要是為了愛惜蒙古人極度有限的有生力量，因陋就簡、取精用弘是蒙古人成功的關鍵。又說：

> 十夫長不能完成任務的，撤銷他的職務，連同其妻子、兒女一併處罰，另從其十人隊中選一人任十夫長。百夫長、千夫長、萬夫長與此相同。
>
> 第25條

上一條講的是軍事官長之任職條件，這一條則是講對軍事官長的罰則。蒙古軍的編制是按照十進位，簡單選舉是根據綜合軍事能力，而非出身。蒙古社會是一個軍事社會，對不能完成軍事任務的，當然會有嚴厲的處罰，包括株連家人。一切按規定辦，保證了蒙古軍最強的戰鬥力。又說：

> 百夫長、千夫長、萬夫長應在每年年初和年終參加軍事會議，聽取成吉思汗的訓言，並保證訓言的實施，管理轄區軍士。若面從心違，致使大汗命令落空，或不參加此會議的，予以撤職。
>
> 第 26 條

此規定應該說很寬了。像王陽明的南贛鄉約規定，鄉人每月一會，不得無故缺席、請假，和草原相比，開會頻率就高多了。其實開會最有意思，熱鬧。開會可以將人群團在一起。蒙古的軍事大會制，保證了成吉思汗命令的上傳下達，及高效作戰。成吉思汗法典說：「如戰爭需要，每個人無論老少貴賤都有作戰禦敵的義務。」（第 27 條）蒙古草原的部族，歷來為爭奪生存資料而戰，所以生活即戰爭、戰爭即生活。蒙古人都是戰士，這是不用說的。蒙古民族就是以他們的實際行動告訴人類一點：一切問題都是生存問題！所以女人小孩，並為戰士。成吉思汗法典又說：

> 民眾有負擔戰爭物資的義務。由十戶長、百戶長負責徵收徵用。出戰前，要檢閱軍備，如準備不足，嚴厲懲罰百戶長、十戶長。
>
> 第 28 條

這裏明確規定了民眾平時的義務。據史料記載，蒙古軍所用物品包括有各種武器、旗幟、針釘、繩索、馬匹、驢、駝、弓、矢、斧、弩、鑣、篩、錐、針線、微曲之刀、皮兜、皮甲（覆鐵片），等等。軍事活動就是蒙古人的普通生活，所以沒有專門特殊的部門負責戰備物資，而是責任到每一個人，這是本分。蒙古社會是一個標準的軍事社會，事情就這麼簡單。十戶長、百戶長負責一切，這就是基

層總動員，避免了相互推諉、扯皮，保證了軍事效率。成吉思汗法典說：「參戰人員接到集結命令後必須按時到達指定地點，既不能遲到，也不能早到。」（第 29 條）

這裏對集合時間作了明確規定，不許早也不許晚，要剛剛好才行，這就是時間的中庸。這與易學講的守時思想是相通的。所謂時止則止、時行則行，六位時成──在應該的時候做應該的事，動靜不失其時、其道光明。六位時成，動之時義大矣哉！打仗就得在應該出現的時候才出現，這才是變化不測之謂神。蒙古軍之所以常勝，就是因為變化多，合乎易道。像諸葛亮打仗總是出祁山、有規律可循，所以不能制勝。陳壽說他奇謀為短，良不誣也。作戰有正無奇，也是不行的。可以說，在古代世界，蒙古人的軍事思想是最前沿的，就是只用奇兵、只用騎兵，從來不考慮步兵這種落後形態。試想，讓一大群人在廣袤的西伯利亞荒原上亂跑、狂奔，那是多麼傻而蠢的景象。騎馬可以鍛煉人的氣質，培養貴族氣。理學說洗心革面、變換氣質，騎馬是最好的途徑，不是什麼靜坐。蒙古族的形象，總是與戰馬掛在一起；不像漢族的形象，老是與豬連在一處。牧民養馬，農民就是為餵豬，所以漢族的民族氣質沒有蒙族好：一個是英雄與戰士的形象、是武士，一個是養豬、幹活的形象，勞苦大眾。所以我們說，蒙族野、漢族土，信不誣也。成吉思汗教給後人的其實就是一點──征服精神！我們做任何事情都要靠這種精神──你不征服它，它就征服你，就是這麼簡單。

我們說，理論思想必須注意它的微觀基礎，就是每一個詞語都得摳，否則便不可靠。正所謂名不正，則思不順。蒙古軍的成功沒有任何複雜，就是因為有一支優秀的騎兵，而且是輕騎兵。在古代，騎兵就是最先進部隊。《黑韃事略》形容，蒙古軍可以百騎裹萬眾、

千騎盈百里，其訣竅就在於動靜、進退、分合、強弱、多少、遠近、聚散、出沒縱心所欲而不逾矩，說白了就是符合太極原理，深得陰陽之道。大武術家孫祿堂創立之太極拳法，就是以開合為特徵，當然那是個體的。武道原理，其實最終都是一樣的，這就是為什麼蒙古軍能夠成功的原因，形象的說就是陰陽軍、太極部隊。故他國無法對付。

蒙古人打仗就是狩獵，一個一個地吃掉，所以能控制戰爭的主動權、捉住戰機。而行動的時性本身，就是勝利與成功──隱、現如妖。成吉思汗的風格是颶風式的，運動速度之快、之巧，與萬國簡直不成比例。成吉思汗的每一次戰鬥，都是以少勝多，因為蒙古人永遠是少的。所以，成吉思汗教會我們一點──少才能贏！老子曰，少則得。失敗都是因為人太多，自己把自己拖垮了。如明英宗被俘、薩爾滸之敗，不都是因為多嗎？多必然腐敗，這是一定的。蒙古以少而成，漢族以多而亡，一陰一陽，不亦信乎！所謂不能早到者，與老虎撲食是一個道理──如果提前出手，鹿跑了，就得餓肚子，這是一定要求準確的──時間拿捏恰到好處。打仗如果一擊不成，敵人就可能反撲。

成吉思汗法典說：「交戰時，專心作戰，禁止擄取財物。」「破敵後，見棄物不能取，待戰爭結束後統一分配。」「在戰爭中，若軍馬退至原排陣處，軍士應返身力戰，不返身力戰的，處以死刑。」（第 30 條）蒙古軍有鐵的作戰紀律，可以說，古代世界，蒙古軍代表了最高作戰水平。《墨子》講防守之各篇，動輒以斬刑，足見沒有殘酷的、鐵的紀律，根本就不能打仗。這就是說，要打仗，就必須用成吉思汗戰法，否則就別打。相比之下，墨家思想只是一種內政思想。上述規定見於《元史》、《蒙韃備錄》、《蒙古

秘史》、《柏朗嘉賓蒙古行紀、魯布魯克東行紀》等多種史料。這說明，蒙古軍在戰鬥過程中是不顧物品的，他們深知戰爭的本質。故戰鬥力極高——直奔主題。當然，這種不顧戰利品的習慣和規定，是從成吉思汗開始的，此前蒙古人也是一盤散沙、分散而混亂，所以成吉思汗嚴加整頓，形成正式規定，以後一直沿用。此規定初行之時，成吉思汗的叔叔、兄弟違反規定、號令，成吉思汗怒，奪其財物，可見成吉思汗還是很寬的，他並沒有殺之。應該說，戰爭過程中專注於財物、戰利品，會引發無窮的混亂，容易中誘敵之計，也不利於汗權集中，分散戰鬥力，有害無益。打仗就是要專注。成吉思汗徹底改變了草原民族亂七八糟的痼習，重塑了戰爭紀律。即使是後來朱元璋驅逐蒙元、建立明朝，蒙古軍的退走也極有規矩和章法，從來不亂，所以北元的有生力量一直保持，沒有被消滅，給明朝帶來很大的麻煩，蒙古人之軍事素質可見一斑。

成吉思汗法典說：「軍士遇事要慎重，在敵情不明的情況下不可輕易向敵人出擊。」（第 31 條）蒙古人的這種謹慎性格，在古代的匈奴就有體現，他們識破了漢軍的埋伏，及時逃去。應該說，這條規定與知己知彼是一致的。由於蒙古人的生活就是戰爭，所以遇事小心不是泛泛之辭，主要是指打仗而說。

成吉思汗法典說：「戰場上拾到戰友衣物和兵械而拒不歸還的，處死刑。」（第 32 條）成吉思汗本人的性格，對失信背義者深惡痛絕，所以相關規定也極為嚴厲。而且拿人對象，要是處置不嚴，會引發大量問題。比如有人會見財起意、借機害命，等等。所以，有什麼樣的規定，一定是發生過怎樣的問題。像漢人有一種規定，就是割頭記功，結果士兵不敢殺敵，老是抓一些百姓，把頭一割冒

充戰功。殺良冒功的黑暗，在歷史中罄竹難書，這都是惡規定造成害民之事的典型惡例。所以成吉思汗法典從源頭處嚴治之，可謂有經驗。成吉思汗經過二十多年的血戰，終於統一蒙古，所以他絕不容忍破壞共同體的行為，這是該條法令的政治性。可以說，沒有作戰器物，不僅必敗，而且丟命。所以據人之物為己有者，等於是奪人性命。

成吉思汗法典說：「丈夫在外參加戰爭或狩獵時，妻子應料理好家務，並代理丈夫完成賦役義務。」（第33條）這跟漢人男主外、女主內的模子一樣。成吉思汗說：人不可能像太陽，在在皆能照臨。妻治家政整要，此足為其夫之榮，見妻則知其夫能否。這就是說，治家關係到蒙古人的榮譽，看看老婆，就知道那個男的如何、怎麼樣，行還是不行。如果是一個蠢婦，無知無能、亂七八糟，那麼男的是夠倒楣的。該條法令是專門為女人而立的。

蒙古人少，每個人都分攤相當的任務，如自備戰馬、武器、繩索、車輛、牛、駝、軍糧、牛馬、氈帳、勞工、羊肉、馬奶，等等。如此辛勞之作，註定了蒙古女人的參與權較大。她們能做各種活計，如縫製皮襖、衣服、鞋、馬靴、各種皮貨，照顧馬匹、駕馭大車、進行維修、為駱駝裝馱，等等，甚至打仗，這些都是鍛鍊出來的。

成吉思汗法典說：

> 保護戰死者。奴隸將犧牲於戰場上的主人背出來的，將主人的牲畜和財產送給該奴隸；其他人背出來的，將死者的妻子、奴隸和所有財產都送給該人。

第34條

蒙古人崇尚勇士，英雄事蹟就是下一代的教材。小孩剛兩三歲，便開始騎馬駕馭，表現得非常勇敢。少女也一樣敏捷地騎射，這是歐洲教會人士的記載。為什麼聖賢與英雄較量總是敗、而且必敗呢？就因為馳騁田獵使人心發狂，狂者無敵，這是一定之勢，不可違拗的。所以一個民族要想修身，一定要騎馬射箭，騎射是六藝之一。漢人違背六藝之教，而蒙古人遵守之，故漢每不及蒙。退一萬步說，就算是要做聖賢，也必須先做英雄，先英雄、後賢聖，否則一定是自欺欺人。

蒙古高原生存環境嚴酷，勇者生而怯者死，絕域廣漠、長年乾旱、勁風暴雨、嚴寒酷熱、大雪冰封，故其人之心志情操、心理風尚，大異於農族。不怕危險、不懼艱難，果敢精神、勇於挑戰，所以戰死者皆為勇士。妥善處理遺體，不僅可以安撫家屬，而且可以鼓舞、激勵士氣。蒙古族的喪葬習俗，大致可以分為土葬、火葬、野葬（天葬），以土葬為主，包括成吉思汗在內，而且是深埋。蒙古人對安葬特別重視。當時的蒙古社會，戶主死了，家人易受他人欺凌。成吉思汗幼時即深受其苦，屢遭追殺，所以確立新戶主，有庇護之作用。成吉思汗法典的這一規定，針對性極強。

成吉思汗法典中，怯薛制、即護衛軍制度，我們需要重點講一講。成吉思汗法典說：

> 建立怯薛（護衛軍）制度，從千戶長、百戶長、十戶長和白身人（自由民）的子弟中選取健壯的、有能力者當怯薛軍。符合上述條件自願加入怯薛軍的，任何人不得阻擋。
>
> 被征為怯薛的千戶長子弟須帶那可愓禿（親近的人）十人和迭兀（弟弟）一人，百戶長子弟須帶那可愓禿五人和迭兀一

人，十戶長和白身人子弟須帶那可惕禿三人和迭兀一人。

被征怯薛須在規定範圍內自備馬匹、物品；自備不足的，可從千戶、百戶內徵調其餘部分，違反此命令的，予以嚴厲懲罰。

第 35 條

該條規定的內容見於《蒙古秘史》。所謂怯薛制，又稱怯薛軍制度。怯薛軍是蒙古軍的中心力量，此制突出了成吉思汗縝密的治軍思想。怯薛漢譯宿衛，直譯為輪流值宿守衛，簡譯為護衛軍。遼、金、蒙古皆有宿衛親兵作為貼身護衛。天禧 27 年（1204 年），為迎擊太陽汗，成吉思汗組建怯薛軍，由 80 名宿衛、70 名散班和箭筒士組成。整個怯薛軍分為兩班輪值，每班三晝夜。天禧 29 年（1206 年），成吉思汗建立蒙古汗國，擴編怯薛軍為一萬名，分為 1000 宿衛、8000 散班、1000 箭筒士，稱為中央萬戶，均分為十個千人隊。成吉思汗命子孫善待怯薛軍，不得改變其地位。而怯薛長的世襲制，保障了蒙古汗國政權的穩固和發展。護衛軍平時負責大汗的保衛及日常勤務工作，如管理冠服、弓矢、飲食、文史、車馬、盧帳、府庫、醫藥、卜祝等事宜。戰時作先鋒、主力，發揮勇士的作用。親衛軍也是蒙古汗國的中樞行政機構，因此，護衛軍不僅有著重要的保衛功能，還有將權力統一於上的作用。

白身人指平民，怯薛軍的選拔條件是要身體強壯、且有技能。成吉思汗的擴軍，是為滅金做準備。蒙古汗國開始處於弱勢，所以必須建立完全支配體制，凝結力量。貴冑子弟入軍，也是一種人質。主要的是，成吉思汗唯才是用，不論出身，將利益拴在一起。成吉

思汗團隊屢勝不敗的原因就是忠誠、信任，也就是團結。怯薛軍制度乃大汗治心之法。

軍用物資包括戰馬、箭、筒、旗、鼓、槍等等。準備辦法有兩種，一是自備，一是徵集。這樣，個人責任自覺與團隊互助精神就可以結合，保障了軍隊活力和軍事機能。成吉思汗能使每一個怯薛軍一心一意為大汗及蒙古汗國的安危效忠，這就說明，蒙古汗國成功的關鍵，乃是共同體意識之發揮作用。

怯薛軍的職責包括兩類：一是基本職責，二是特殊職責。基本職責首先是保護大汗及斡爾多的安全。蒙古汗國建立之初，一切都不穩固，成吉思汗的安全也有問題，所以要擴充怯薛軍。怯薛軍分工嚴密，1000 箭筒士、8000 散班值日班，1000 宿衛值夜班。各隊三晝夜輪換一次，每次交接班時都要驗明符牌證件。分工縝密，有利於集中分散的力量，如此治軍，可以節省人力、物力，達到充分利用。

日常管理和後勤保障

怯薛軍還管理大汗的日常生活，其職責分為十多種，非常細。包括侍箭、侍刀、管獵鷹、書寫聖旨、炊事、守門、掌管酒、管車馬、管衣服、放駱駝、放牛、抓捕偷盜、奏樂、選擇營盤、參加圍獵等事項。這樣就做好了後勤保障工作，這些見於《蒙古秘史》、《元史》等史料。成吉思汗注意日常生活中的井井有條與治理國家大事之間的關係，與儒家講治國、日用之道是暗合的。他說，能治家者即能治國，這就是蒙古「大學」（參閱《史集》）。大汗親衛隊的這些特質也影響了其他軍隊部分，蒙古軍屢戰不敗的原因就是後勤保

障強大有效。蒙古軍的訣竅其實就是一條──簡單有效。沒有那麼多的囉嗦、拖泥帶水，直截了當。戰時，怯薛軍隨大汗出征，英勇善戰，為主力先鋒，為騎兵部隊的中軍。

怯薛軍的地位，成吉思汗法典講得很明白，說：「怯薛的地位高於在外的千戶長，在外的千戶長和怯薛鬥毆的，嚴厲懲罰千戶長。」（第36條）很明顯，怯薛軍地位顯赫、享有特權；但條件是要對大汗無限忠誠。而且每個怯薛軍都由成吉思汗親自遴選，確保質量。實際上，成吉思汗這麼做，乃是以權制權，如臂之使手。所以這屬於術，而非應該。又曰：「怯薛的那可憐禿高於在外的百戶長、十戶長，在外的百戶長、十戶長和怯薛的那可憐禿鬥毆的，嚴厲懲罰百戶長、十戶長。」（第37條）可見，隨怯薛一併而來的那可憐禿也受到了優待，以便更好地效忠。

關於怯薛軍的紀律，成吉思汗法典說：「怯薛軍違反管理制度的，免死。初犯的，處鞭刑三下；再犯的，處鞭刑七下；第三次違犯的，處鞭刑三十七下；仍不悔改的，處流刑。」「四位怯薛長不傳達上述罰則的，予以嚴厲懲罰。」「沒有成吉思汗的命令，怯薛長不得擅自處罰怯薛軍，違者對其處以同樣的處罰。」「怯薛長不服的，可向成吉思汗申訴，由成吉思汗作出最後決定。」（第38條）

這樣看來，成吉思汗要直接管著的，也有上萬人、以萬為單位計，事也不少。所謂事不過三，這可以算是極寬的了。可以看出，怯薛軍是由大汗直轄的，所以連怯薛長擅自處分也不可以。在兩點一線的權力關係中，不允許參雜其他的什麼，中央軍權高度統一。蒙古人習慣用鞭刑，這與漢人好用杖刑不同。鞭刑傷人淺，不妨礙戰鬥力；杖刑傷人深，有可能殘廢。據《元史》卷八載，「凡宿衛，

每三日而一更。」怯薛軍無疑是蒙古騎兵的精英。據《蒙古秘史》所載，擅自用條子打怯薛軍的，也用條子打他；用拳頭打怯薛軍的，也用拳頭打他，真是一一對等。

成吉思汗法典曰：「宿衛神聖不可侵犯，任何人不得坐宿衛上座，不得跨越宿衛身體，不得靠近宿衛，否則予以逮捕。」（第39條）這是宿衛在平時所享有的特權。宿衛是大汗的親衛軍，距離最近，所以別人必須遠離，否則就是挑釁汗權，成吉思汗對非禮之舉是絕對嚴厲的。人而無禮、胡不遄死？其是之謂也。成吉思汗法典說：

> 夜間未經宿衛允許，不得在大汗斡爾多禁區附近行走和進入斡爾多禁區；違反的，宿衛可將其拘押，待次日審問。
>
> 有急事稟報的，必須先得到宿衛允許，和宿衛一同進入斡爾多。
>
> 禁止探問宿衛數量；違反的，宿衛應沒收其坐騎，剝光其衣服。
>
> 第40條

不得擅入，是怕行刺。而且禁止窺探，剝光衣服是防止私藏武器。禁區是有一定範圍的，這些都屬於必要的安全考慮。

成吉思汗法典說：「怯薛軍由成吉思汗親自指揮；擅自調動的，予以嚴厲懲罰。」（第41條）這裏規定的，屬於直管法、直接領導辦法，而越是簡單直接，就越是高效。成吉思汗凡事親自做，這才是關鍵。孔子每事問，而成吉思汗每戰與，從這裏我們就可以總結出一條軍政規律，那就是，凡事親自帶領的，活力最大，反之越小。像康熙帝，每有戰爭多親自帶領打，所以能創下有清一代之盛局，

後來的皇帝逐漸假手於他人，依賴將領，自然就山河日下了。最後，清季簡直是無將才可用，唯左宗棠而已。尤其是漢族帝王，多不能將兵，其實只要像成吉思汗法典規定的那樣，自己親自直領一萬人，就什麼政變都不怕了。

所以，縱觀人類史，無論古今中外，凡成就偉業的，都是符合每事問、每戰與的律條，這就是軍政律，直轄管領。所以軍政法應該規定，國家元首應該身自親之、以身先之，成吉思汗法典就是這樣。像成吉思汗，都是自己親自領隊、帶著打，大漢丞相諸葛亮也是這樣。不能躬親軍政的，亡國可期。所以從首領素質來規定，戰事必不可苟。所謂國之司命，安危之主也。這不是權力問題，是素質問題，必須別同異。像毛，除了他自己，別人調動幾個人都不行，這種管制與蒙古人可以比較。很多皇帝因為不能躬親、沒有那個能力，所以下面越來越腐敗，就因為中間的隔層太多了，所以制度性空子就多，天下易亂，終不可為矣。芝麻大的事情，而朝議不決，意見滋生、朋黨傾軋，政治效能一低下，不待敵攻，王朝自解體矣。成吉思汗的蒙古汗國沒有這些毛病，否則無法做事，這是肯定的。所以政治的原理，就是要時時注意反本追始，回到它的原初！

怯薛軍是成吉思汗的直系部隊，指揮權專屬於大汗，其作用不可替代。成吉思汗治軍、治國的思想是開放的。成吉思汗以前，蒙古無法，所以，成吉思汗是蒙古高原開天闢地第一人。首先是正人倫——親子、兄弟、夫妻、上下，等等，都要正。這與漢籍中講的上古聖人伏羲定倫理是一樣的，只不過歷史年代要晚一些，一是遠古、一是中古。從此以後，草原上只知有母、不知有父的情況乃得以根本改變。故成吉思汗曰：「我首先著手之事，則在使之有秩序及正義。」（《多桑蒙古史》）這裏是指統一的蒙古民族而說。中國

古代的法，多為刑本主義的，重刑。成吉思汗法典也不例外——舉輕以明重，這就節約了立法成本。有一點可以注意的，就是成吉思汗法典罪責自負的原則。即——不株連、不連坐，這個漢人做不到。成吉思汗法典輕重相兼，輕至恥辱刑，重至死刑。但是要注意，如果拿古代的法典與現代的進行現成的比較，那就是狂比。因為比較者不知道，法是千百年不斷修訂而來的，不是一下子拽出來的。簡言之，八百年前的草原，憑什麼就現成的比現在好呢？這是顯然的。成吉思汗法典說：「民眾對待國人要溫順，對待敵人要兇狠。」（第 42 條）

　　該條規定的內容見於《史集》、《多桑蒙古史》等多種史料，它是蒙古汗國日常社會生活的一般準則，適用於所有民眾。從社會效果來說，蒙古軍的戰鬥力是世界最強的，這與平時的訓練有關，如大獵制度。成吉思汗以其個人魅力，做到了其身正，不令而行，講求忠誠與信義。當時只要臣服成吉思汗，生命與生活就穩定，不必擔驚受怕。成吉思汗在征服世界的過程中，鐵騎之外，更使用教化。據《柏朗嘉賓蒙古行紀、魯布魯克東行紀》記載：蒙古人比世界上任何民族都更為服從自己的統治者，他們從來不會背叛，很少口角，從不粗暴行事。他們之間不會爆發鬥毆、對罵、打架、兇殺，等等事情。蒙古社會沒有弱不禁風的人，彼此之間不會互相嫉妒，甚至不會有任何訴訟，任何人都不會蔑視他人，而是竭力互助和支持。成吉思汗法典使得民眾生活秩序良好，實用性極強。最重要的是利於備戰，可以隨時開打。蒙古民族愛恨分明，性格特質簡潔、朴厚，形成了對待民眾親密、平等，對待敵人兇狠、殘酷的民族特點。

　　相形之下，漢人往往有一種相反的陋習。古希臘對話〈國家篇〉中有專門的討論，就是說對待敵人要殘忍、對自己人要友愛，可以

參看。可以說，成吉思汗法典、古希臘哲學家是對的，漢人是錯的。君子之道，擇其善者而從之，其不善者改之，所以應該按照成吉思汗法典去做。當時蒙古的人口數只有 150 萬，而宋已達上億人，這說明什麼呢？說明人數不是第一要素，組織才是。沒有組織的人群，數量再多，也只是一堆肉而已。宋為什麼是中國歷史上組織最爛的王朝呢？就因為它是河南人建立的，又在河南建都，所以組織性最差。這是經驗，不是抽象。我們說過，中國歷史中的很多王朝，之所以搞不好，就因為是在河南定都。這裏充分性與必要性須分別清楚：不在河南建都，未必好；在河南建都，肯定不好，早晚是不好。中國只有北京、西安適於建都，而且最好是連都，這是歷史綜合比較的最後結果。自遼、元、明、清而當代，一千餘年，國家得以不墜，全賴建都燕趙，遠離河南。蒙古崛起於高原，就強悍高效，漢地雖以億民，不能當其鋒，這與做事是否得要領，有著「唯一」的關係。河南地勢平曠，根本就不具有軍政利用性。所以，歷史的原因好像很複雜，千百年探討不下，其實真因、玄機至為簡單，就是那麼針對性的一點而已，都脫不出經驗常識。因此，總結中國歷史的教訓，絕不可以在河南建都。而事實恰恰是，河南的古都偏偏又最多。此民族之偷苟、不長進，於此可知矣。如果是單偏於一隅，總難免顧此失彼，觀唐、明兩朝之覆亡、毀敗，無須贅言矣。成吉思汗法典的這一條規定，其實就是國家哲學的指導，亦即內政與外政的關係，講的就是這個。

成吉思汗法典曰：

> 經過三位以上賢人一致認可的話為可靠的話。
>
> 民眾要慎言，在說每一句話之前都應當同賢人的話進行比

較，同時，也應把別人的話同賢人的話進行比較，如果合適，
就可以說，否則就不應當說。

第 43 條

該條規定的內容見於《史集》。這就是公認原則，並且把明確的量
化標準都固定下來了。幾個人認可才算是公認，這是很麻煩、很糾
纏人的問題，而成吉思汗法典將其明確化了，就是三個人。那麼可
不可以反過來說，三個人否定的就是壞呢？就以華人來講，慣於拉
關係，怕得罪人，所以，要譽者拉三張以上的肯定票，是很容易的
事情。這樣，很多人就都是賢達了，這是問題。易曰，多識於前言
往行，這與成吉思汗法典是相通的，應該都屬於古代法或者古代習
慣。成吉思汗要求慎言語，因為話一出口就收不回來了。實際上，
這就是確定了道理座標，即應當以什麼為準。從該法條我們可以看
到，當時的蒙古社會正處在一個道理的堆積生長期，即一切正規化
時期。成吉思汗法典寫入慎言一條，就把慎言這一行為準則、標準
從道德層次上升到了法律層次，軟的變成了硬的。

我們說，言與心一一對應，絕難逃匿。所以，通過言可以知心，
這是一定的。因此，成吉思汗法典宣明瞭一個公式：

言語修養＝內心修養

一個胡說八道的人，其內心肯定是大糞缸。聽言＝知心＝知人。成
吉思汗時期，一句挑唆的話有可能引發戰爭。一言興邦、一言喪邦，
可不慎乎！現在的政治發言、新聞發言，等等，不都是以慎言為第
一首則嗎？我們只要稍微總結一下自己的人生經歷，就會發現：越
是高端，越不敢亂說話；越是底層，越喜歡信口開河。政要半個字

不敢亂講，因為傳播出去負不起責。所以即使是輿論控制，最終也還是要頂真的。而里巷小民，茶飯閒聊間，胡說八道就無所謂了。所以，提高聽言的效率，就是要以「端」之高低為標準，以書面、口頭為二分。這倒不是勢利，乃是經驗、教訓之殘酷性所決定的。即以思想史而論，首先要關注的、直面的，乃是官定文本和公認文本，這就是走大路的原則。曲曲彎彎的小徑，最終還是旁門左道。為什麼說白紙黑字？我們經常看見生活中說得頭頭是道的人，覺得他真有思想；可是當我們鼓動他寫下來發表時，卻發現對方頓時舉措驚惶──連道「我只是隨便說說啊！」於此可見，匹夫之議難顧矣。所以還是一條心只注意高端吧，沒辦法。

　　成吉思汗法典曰：「醉酒的人，就成了瞎子，他什麼也看不見；他也成了聾子，喊他的時候，他聽不到；他還成了啞巴，有人同他說話時，他不能回答。他喝醉了時，就像快要死的人一樣，他想挺直地坐下也做不到，他像個麻木發呆、頭腦受損傷的人。喝酒既無好處，也不能增進智慧和勇敢，不會產生善行和美德：在醉酒時人們只會幹壞事、殺人、吵架。酒使人喪失知識、技能，成為他前進道路上的障礙和事業上的障礙。他喪失了明確的途徑，將食物和桌布投進火中，擲進水裏。」「嘉獎少喝酒的人，重用不喝酒的人。」「國君酗酒者不能主持大事、頒佈必里克（訓言）和重要的習慣法。」「十夫長、百夫長和千夫長酗酒的，免除其職務。」「怯薛軍士酗酒的，予以嚴厲懲罰。」「哈剌楚酗酒的，沒收其全部財產。」「如果無法制止飲酒，一個人每月可飽飲三次。」（第 44 條）

　　事實上，古人禁止飲酒與現代人禁毒是大同小異的，古今中外頒佈禁酗酒令並不稀奇，酗酒是社會問題。清末、民國禁吸毒，就

是一個解決不了的問題，以至於鄭觀應提出在浙江種植鴉片，因為藥力小，可以作為一個不得已的緩衝、過渡辦法。成吉思汗法典准許飽飲三次，這算是寬的，與鄭觀應的過渡辦法有相通點。成吉思汗法典的說理性特徵明顯，訓言性質突出。該條內容見於《史集》等多種史料。要蒙古人不飲酒，那是很難的。因為地處高寒，冬季漫長，酒肉可以驅寒，所以蒙民喜葷食。但是飲酒過量，不僅誤事，而且人容易萎頓、沉溺、國家會壞。所以成吉思汗對於酗酒，從國君到平民，分別作了處罰規定，比如撤職、沒收財產，等等。直至今日，成吉思汗法典的很多內容還是蒙古人的生活指南。其實漢人的鬧酒習慣遠遠超過蒙古人，比如一口悶之類，等等，常常引發猝死；蒙古人每月醉不過三，而漢人每多天天醉者，吸毒更無算矣。據專家統計，以今天的飲酒量而論，國人每年要喝掉一個西湖，就是說明。

成吉思汗法典云：「以信託資金經商累計三次虧本的，處死刑。」（第 45 條）成吉思汗時代，商人輾轉於中亞和蒙古之間，與蒙古貴族聯手經營金銀珠寶、名貴皮毛、金錦羅緞等奢侈物品。蒙古貴族將本錢交給回回商人運作，坐收紅利，所以一旦虧賠，處罰就極為嚴厲。更嚴重的是，很多商人詐稱被劫，故意侵吞財產，所以成吉思汗嚴厲懲治。後來征花剌子模，就是因為蒙古商隊遭其劫殺所引起。可見，無論是陸上帝國，還是海上帝國，都是要爭奪和維護商業利益的，戰爭手段總是不免，這大概就是大棒、金元的固定搭配關係。蒙漢、英美，是地球的兩端。

成吉思汗法典曰：「殺人的，處死刑。」（第 46 條）案《史記‧高祖本紀》載：「召諸縣父老豪桀曰：父老苦秦苛法久矣，誹謗者族，偶語者棄市。吾與諸侯約，先入關者王之，吾當王關中。與父

老約法三章耳：殺人者死，傷人及盜抵罪。余悉除去秦法，諸吏人皆案堵如故。凡吾所以來，為父老除害，非有所侵暴，無恐！且吾所以還軍霸上，待諸侯至而定約束耳。」

這裏講的是約法，成吉思汗法典與約法相通，雖然不是現代的約法。約法之名包含了一個意思：一切都應該是約定的。所以約法之義，可以做得很好，關鍵是看這個群體。秦法素以繁細嚴苛著稱，所以劉邦來了個簡單化處理，將秦法一概除去。不論這是不是一時買動人心的做秀，當時確實是有效的。因為秦末大亂，經濟生活還談不到，所以當時實際上只約法兩章。真正的約法三章應該是：殺人者死，害人抵罪，欠債還錢。三章約法，現在一條都做不到，天下能無亂乎？或曰某國之法簡單，只有七條。其實中國的法（的精神原則）只需要三條，做到了天下太平。因為中國社會是最簡單的。法是最樸實的，沒有什麼虛玄可弄。劉邦出身社會下層，對底層生活很曉得如何擺佈、料理。約法雖然簡單，但是行之有效。漢朝曾得力於此無為之治，前後聯觀，不難看出其中的道理。這裏就是一個很典型的例子，說明一切都是約定的，而不是既定的。約法如此，其他諸事皆然，都應該是這樣。人文史是一個不斷約定的過程，立約應該成為一種普通的思維習慣。其實劉邦就是在用約法教化國人，效果很好。成吉思汗用扎撒教化國民，也是一樣的；所以現代人也需要法課教育。

殺人這一古老的行為，由「自然行為」到「犯罪行為」，經歷了一個過程。夏朝開始出現類似殺人的罪名，春秋時期，已禁止隨意殺人，但還是限於中原地區，全國並未普及。蒙古汗國建立以後，成吉思汗明確規定殺人者死，國家權力始行介入，實行等量報應。殺人罪是指非法剝奪他人的生命，侵犯他人生命權

利，是終極之罪，故對等以極刑——死刑。當然，就人類史來說，「人」的含義歷經變化。在過去，敵人不算人。在歐洲，奴隸也不算人。墨辯中說，臧、獲非人。成吉思汗法典的這一規定，標誌著蒙古社會從私力救濟向公力救濟的轉變，是蒙古社會公共性的發展。

其實，殘虐罪應該是最重的，因為殘虐行為比殺人更邪惡。比如往黑熊身上潑硫酸，導致動物傷殘，等等，就因為自己心理變態，這種人就應該處以極刑。成吉思汗法典說：「男子與女子公開通姦或通姦被當場抓獲的，通姦者並處死刑。」（第47條）男女通是人類普遍的事情，人類性史是有一個漫長過程的，本來沒有深說的必要。金錢、權力、兩性是人類生活的三元，所謂的人類隱私，都超不出這三項，參見《增廣賢文》。儒家經典老是講太古聖人制禮以正人倫的故事，成吉思汗建立蒙古汗國，首先著手之事也是如此，見《多桑蒙古史》。這是針對當時的社會混亂情況而發的，為了家庭、社會的穩定，人們必須作出犧牲，這是沒有法子的。蒙古人的生活分工，是女人料理家事，男子專於武事，歷來如此。所以，通姦一條規定，就是為了保證軍事社會的後方穩固。治亂世用重典，由於成吉思汗法典的嚴厲，蒙古婦女被調教得舉止端莊，講禮貌，世界上很少有超過的，這是馬可波羅說的。我們看成吉思汗法典，在死刑上真可謂男女平等，一起死。

又說：「男子之間雞奸的，並處死刑。」（第48條）成吉思汗建立蒙古汗國時，人口150萬，而宋地已有一億多人，所以，繁殖對蒙古來說極為重要。其實就人類的性生理來說，同性戀並不稀奇，哪裡都一樣。在沒有人類的時候，人經常和動物發生性關係。比如阿拉伯人與駱駝，等等，有古畫為證，這些都是很經常

的事情。蒙古人身體好，性慾本來就強，當然更不例外了。所以
嚴格來講，性對像是不分類的，不受類限制。只是要發洩出去，
僅此而已，這才是其本質。人類即使誠實，也還需要勇氣面對這
些事情。食色性也，不和同性發生關係，也會和馬發生關係，這
是可以知道的。食、色既為人之天性，性跟吃乃是一回事，沒有
什麼好廢話的，僅僅是生理反應。當時不許雞姦，主要還是為了
確保戰鬥力，否則不可收拾。與基督教不同，後者是從禁慾出發。
耶教認為同性戀是最嚴重的罪行，它比異性戀更為邪惡，異性戀
本身就很邪惡。當時修士之間、修女之間，經常發生同性戀，因
為沒有性來源。教會為了自己的生存，嚴厲鎮壓性行為。舊約規
定同性戀要處死，永世不得翻身；新約規定同性戀當死。7 世紀
英國禁止一切同性行為，中世紀後期對同性戀處罰更嚴厲，都是
一樣。所以還是現代人類社會更寬容。醫學研究表明，女性之間，
同性戀比率較男性高百分之幾十。女人幾乎都有同性戀傾向，不
過一般都隱藏著。所以，這裏的一條規定，較上一條又推進了一
步，可謂周密。但是我們也應該看到，成吉思汗法典看似嚴厲，
卻潛含著某種客觀的人道性，那就是：並處死刑，實際上這方便
了人們殉情。

　　成吉思汗法典說：「收留逃奴的，或拾到財物不歸還的，處死
刑。」（第 49 條）成吉思汗西征，大量被俘的工匠成為手工業生產
的奴隸，這在人類史上也是規律。被俘者有手藝，都會成為工匠奴
隸。逃亡是奴隸常做的事，奴隸是無償勞動力，古巴比倫時代就規
定，幫助奴隸逃跑、藏匿逃亡奴隸的，一律處死。奴隸是私人財產，
既然無處可去，自然就不再逃跑，該條規定也是要達到這個目的和
效果──杜絕逃亡。為了保障生產，讓蒙古人作戰能夠安心，關於

重要勞動力的奴隸的規定，也就特別嚴厲，這是一點不奇怪的。簡言之，奴隸不是民，而是物，這是有名理依據的。像墨辯謂臧、獲非人，就是說明，可以參看。

蒙古人設有巴爾加格奇，就是無主財物監護官。撿到東西不知道是誰的，就交給該官員。一般失物都能夠回到主人手裏，很方便。拾遺不還的嚴懲之，是因為要保證軍事上的穩定，因為在戰場上拾物不還，出了事會很危險。古代的《法經》規定「拾遺者刖」，這是上古的「刑條」；後來發展成拾金不昧，就成道德律條了。從古今刑書來看，法律與道德之間，兩者的瓜葛甚深。不是由軟到硬、就是由硬到軟。法律與道德是一個固定的二分組。

成吉思汗法典說：「以歪門邪道傷害他人的，處死刑。」（第50條）這是指用巫蠱之術害人。「蠱」係指人腹中的寄生蟲。歷史上，漢武帝朝巫蠱之禍最有名。《周禮秋官庶氏》曰：「掌除毒蠱。」鄭注曰：「毒蠱，蟲物而病害人者。」《春秋傳》曰：「皿蟲為蠱，晦淫之所生也。」草原上，薩滿是精神支柱，但也會巫術，所以也不能不防。雖然天命觀貫穿一切，但是無論漢、蒙，統治者都畏憚巫蠱。像漢朝皇帝一樣，成吉思汗也嚴禁巫蠱之術，以杜禍亂。

關於私鬥，成吉思汗法典說：「尊重決鬥的雙方和決鬥的結果。在決鬥過程中，任何人均不得參與和幫助決鬥中的任何一方；違反者，處死刑。」（第51條）當兩個人聚鬥時，哪怕是父親也不敢幫助兒子。歐洲人也流行決鬥。可以說，像漢民族那樣不大喜歡決鬥的，倒是歷史中不斷文化的結果，雖然民間的比武還是很多。所以，仁是什麼呢？仁就是「文精神」。包括人文、文化、文明、文教、文治，等等等等，全都在內。文是共名，其他的是

別名。這就是共、別關係。文（精神）既然包括一切在內，那麼仁也就是籠罩性的了。所以仁總是和禮固定搭配在一起，就因為二者都以「文」為銜接點。孔子老是講文，成了口頭禪，就是證明。比如言之無文、可以學文，文、野之辨，等等。所謂先進於禮、後進於禮、野人之類。像歐西、盎撒，就是野人，本質上。但是因為技術發達，所以反而進於、先行達到文明境地；這裏面的先進、後進之辯是很微妙的。這些關係，還有待進一步澄清。我們總是說，只有中國有禮學，嚴格來說。中土是開化、養家了的，也就是熟的、而非生的，和其他人群相比較，脫離了野生，習慣上。蒙古人尚武，當人們有爭議時，可以請斷事官裁斷——國家裁判。決鬥是蒙民自覺選擇的，所以官方不阻止。決鬥的原則是公平，所以成吉思汗法典規定，決鬥過程中，旁人不得幫忙，否則處死，可以說夠嚴厲。

又說：「撒謊的，處死刑。」（第 52 條）據史料記載，蒙古人答應了的話，便是和發誓一般。孔子說人無信不立，失去誠信，便是人人自危。沒有誠信，社會成本會呈級數地增高，群體得以成立的基礎就會瓦解。誠信社會，就是要失信的代價遠遠高於守信的成本。縱觀古今中外，唯有成吉思汗法典將誠信列入法典。方濟各會教士普蘭·迦兒賓寫道，韃靼人比世界上任何民族都更順從，從不撒謊。這與成吉思汗統治前及以後之蒙古比起來，形成鮮明反差。可見，成吉思汗是人類歷史上最重視誠信的人，所以對說謊懲治最嚴，完全不能容忍。可以說，蒙古汗國的軍功，就是靠信打出來的，故至誠如神。成吉思汗法典動輒死刑，是一大突出特點。又說：「偷盜他人重要財物的，處死刑，並將其妻子、兒女和所有財產沒收後送給被盜的人。」（第 53 條）「偷盜

他人非重要財物的，處杖刑；根據情節的不同，分別杖七下、十七下、二十七下、三十七下、四十七下，而止於一百零七下。」（第 54 條）

前面我們說過，蒙古一般是用鞭刑，這裏用杖刑，應該是很重了。《馬可波羅行紀》載，盜重要物品者死罪，但是可以買贖，償竊物之九倍則免，這有點像偷一罰十。治亂世用重刑，所以成吉思汗法典極嚴。這裏杖刑都以七為尾數，為什麼是七呢？原來蒙古人的意思是，「天饒他一下、地饒他一下、我饒他一下」，元朝都是這樣。盜竊罪是人類最普通的犯罪，漢約法三章，盜竊罪居三大之一。成吉思汗法典說：「主人應對奴隸的行為負責。奴隸偷盜他人財物的，將其本人和主人都處以死刑，並將他們的妻子、兒女和財產沒收後送給被盜的人。」（第 55 條）

關於偷盜的幾條規定，見於《黑韃事略》。成吉思汗時代，奴隸只是生物意義上的人，並不是民眾。人不僅僅是人形而已，還得要社會規定。當時的奴隸分家內奴隸和分居奴隸兩種，分居奴隸有單獨的家庭，但本質上還是奴隸而非牧戶。家內奴隸等級最低，他們都沒有自由。成吉思汗法典一般沒有連帶處罰，但是因為奴隸不具有獨立性（法律上也一樣），所以有什麼責任必然會落到主人頭上。奴隸偷盜，主人要負連帶責任。

成吉思汗法典曰：「保護草原。草綠後挖坑致使草原被損壞的，失火致使草原被燒的，對全家處死刑。」（第 56 條）草原是蒙古人的生存依靠，故有此嚴刑。這就好像漢族說焚毀農田者斬一樣。蒙古汗國建立後，設了專門負責分配牧場的官員。忽必烈汗還派兵到漠北浚井，解決水的問題。蒙古人土地意識強烈，而且欲求很大，因為他們是遊來遊去的。但蒙古人不是遊民，而是牧民，至少成吉

思汗時代是如此的。在薩滿教的自然神系中，天神騰格里（長生天）、地神額圖肯居主，山川、湖泊、樹木、萬物皆有神掌管。自然神觀使人們對大自然往往愛護有加，這就是主敬，草原也是敬的對象。

又曰：「保護馬匹。春天的時候，戰爭一停止就應將戰馬放到好的草場上，不得騎乘，不得使馬亂跑。」「打馬的頭和眼部的，處死刑。」（第 57 條）蒙古人馬上得天下，馬是基本的戰具，所以非悉心保養不可。蒙古人通常是粗放式牧馬，蒙古馬處於半野生狀態，故戰鬥性極強，異常潑辣。冬天能耐零下 40 度嚴寒，夏日不怕蚊蟲、酷熱。蒙古小矮馬也是最好的伴侶動物，故人對馬不許不敬。而且蒙古小矮馬善於急轉彎，造成了成吉思汗時代的「蒙古旋風」——以壓倒一切的英雄氣概，縱橫馳騁於地球之上。馬背民族認為，馬是能使靈魂通向長生天的媒介。

成吉思汗法典說：「保護水源。不得在河流中洗手，不得溺於水中。」（第 58 條）據志費尼《世界征服者史》載，蒙古人這麼規定，是為了減少雷鳴閃電，因為蒙古人敬畏上蒼。蒙古草原地勢開闊、海拔高，雷電強於平地很正常，現在看來是迷信，當時人們卻很認真。《黑韃事略》記載，蒙古人居徙得水則止，謂之定營。趙珙《蒙韃備錄》記載，蒙古人不洗手，往衣服上拭，這當然很髒，這都是因為迷信。《長春真人西遊記》記載，為了不冒瀆水神，國人確不浴河。蒙古人有很多禁忌，水忌是其中之一。他們認為，水是純潔的神靈，所以不許汙之。

又說：「家裏的事情儘量在家裏解決，野外的事情儘量在野外解決。」（第 61 條）該規定見於《蒙古秘史》。中國古代，刑事案件稱為獄，辦理刑事案件稱為斷獄；民事案件稱為訟，辦理民事

案件稱為聽訟。在蒙古草原，訴訟法的起源可以追溯到成吉思汗法典。成吉思汗法典是綜合的，具有最高權威性和普遍約束力，包括憲法在內。成吉思汗法典的訴訟法部分，由裁判機制、裁判宿衛制度和定罪方式三個部分構成，其特點是：第一，區分糾紛性質，實行「歸口」管轄；第二，裁判組織由斷事官和裁判宿衛組成，各司其職；第三，定罪重視口供的作用，具有刑訊逼供的古代法的烙印。

我們知道，法律都是後定的，而不是前定性的；只能是後定性的，而不可能前定。因為法律條文規定的產生，一定是某人類生活內容已經很久遠的產物。所以，法律的形態高低，完全取決於人類生活內容的程度。簡言之，原始的生活內容，不可能產生現代性的條款規定，這是一定的。而人類的生活內容，又是不可期求和苛責的，因為地球提供的條件就這樣。應該說，在古今法的評價中，存在著大量狂比的情況。

窩闊台汗 7 年（1235 年），巴圖在席間先飲酒，引起不滿，其解決辦法便是引用成吉思汗法典的此條規定。家裏的事指私事、家庭之事；野外的事指公事、軍事戰爭的事。公、私分得很清楚，蒙古社會，獄訟簡單，處理直截了當。巴圖的事是在戰爭途中發生的，所以應該在外面解決。這就是內外二分，簡單有效，沒有那麼多囉嗦、牽扯。該法條表明了成吉思汗的分權思想和放權思想。社會管理和軍事管理很清楚，不是亂七八糟的。權力該下放的，就各司其職。這些是從裁判機制說。

成吉思汗法典曰：「最高扎爾忽赤裁判訴訟時，由宿衛組成裁判宿衛，保障扎爾忽赤命令的執行。」（第 62 條）這是裁判宿衛制度，見於《蒙古秘史》。裁判宿衛在訴訟中的職能有三：保障裁判

過程的秩序；保護裁判官的人身安全；保障裁判結果的順利實施。當時的草原社會，裁判還是一個危險的過程，所以必須有硬手段來保障之，否則蒙古人悍野，局面可能失控。裁判官是要承擔風險的，所以由裁判宿衛保護。最難的是執行，而宿衛軍人數多，地位高，權威大，可以有效執行判決。另外當時的糾紛相對也比較少，這是現實情況。

成吉思汗法典說：「除當場被抓獲或自己認罪之外，一般不得處以刑罰，但當有人被許多人控告時，其又不承認的，可以用拷打的辦法使其認罪。」（第 63 條）該條是關於定罪原則的，即證據規則——拿證據來。蒙古汗國的直接定罪處罰包括兩種情況：一、現行犯，即犯罪被當場抓獲的。因為事情明擺著，所以可以直接定罪；二、自己認罪的，包括坦白和自首。刑訊定罪處罰重視口供，為獲取被告的供述，可以不擇手段。口供制可以追溯到西周，所謂「聽獄之兩辭」。沒有被告的供詞，一般不能定案。當時可以定罪的證據，也只能是口供了。《柏朗嘉賓蒙古行紀、魯布魯克東行紀》記載，蒙古人對任何人一般不施大刑，除非事情明顯而又死不承認的。

成吉思汗法典說：「黃金家族成員違犯大扎撒的，應予以處罰。初犯的，口頭訓誡；再犯的，按成吉思汗的必里克處罰；第三次違犯的，流放到遙遠的地方。流放後還是不改的，判處其戴上鐐銬進監獄；如果仍未悔改就通過宗親會議作出處理決定。」（第 64 條）成吉思汗法典對黃金家族有特殊的保護，本條內容見於《史集》。成吉思汗法典是蒙古汗國的最高法典，具有絕對權威，適用於蒙古汗國全境及所有的人。雖然違法必罰同樣適用於黃金家族，但是有一定的例外。成吉思汗要求任何人都必須遵守他制定的法律，尤其

是顯貴。因為成吉思汗深知法律的重要。簡言之，對黃金家族成員的處罰要寬鬆很多。成吉思汗法典的明文規定，倒也誠實。

又說：「那顏們需認真傳達大扎撒，有傳達義務而不傳達的，予以嚴厲懲罰。」（第65條）成吉思汗法典的公佈和傳達，在當時有一定的難度，因為條件所限，連印刷都還沒有，所以才命各級那顏傳達。相關內容見《史集》。成吉思汗法典當初曾銘刻在鐵板上，正如戰國時鑄刑書，鄭子產將鄭國的法律條文鑄在金屬鼎上向社會公佈，這是周景王九年（前536）的事。成吉思汗法典中有兩條特別重要，曰：「遺產不得收歸國有，任何人不得干涉遺產的分配，一般由死者繼承人繼承。」「如果死者沒有繼承人的，遺產送給其徒弟或奴隸。」（第59條）「妻妾所生子女均有繼承權。」（第60條）

這些法條見於諸多史料。我們看，成吉思汗法典有很多人性化的內容。遺產多少並不重要，重要的是原則。比如遺產由奴隸繼承，現在人很多都把遺產給寵物，古今人性都是一貫的、相通的。而最重要的是這裏廓清了一個原則：私有財產神聖不可侵犯！財富到底是應該公有、還是私有，這些在中國長期糾纏不清。可以說，當代中國社會的混亂，悉由於所有權不分明。成吉思汗法典就是要解決這個所有權的問題。據志費尼《世界征服者史》記載，一個官吏或者農民死了，他們的遺產，無論多寡，旁人概不置喙。其他任何人絕不插手這筆財物，這就是規矩好。現代性社會就是規矩社會。死者的財產決不歸入國庫，因為蒙古人認為這種做法不吉利。我們說過，一個群體做大做強，必有點點滴滴之優點；僅此一點，現代的中國還做不到。按道理，除非是個人自願捐給公共社會，否則其財產不受觸犯。蒙古人雖然是一夫多妻，但是並不爭風吃醋。而漢人的嫉妒卻特別重，常有命案發生。

　　蒙古社會有一種幼子繼承制，因為幼子是養老兒子。但是幼子繼承制沒有漢族的長子繼承制穩定，尤其是政治上。所以蒙古人入主中原以後，就從漢改為長子繼承制了。

　　成吉思汗是偉大的思想家，軍政首腦。是黃帝、倉頡一流的人物。這主要在他的開拓性、原創性。史書說他深沉有大略、用兵如神。像歷史中的這些傑出人物，我們稱之為「樣子」。樣子是一個廣義的詞，我們以後會經常用到。思想史就是寫樣子，接下來就能批量推廣，轉化為社會效應。

　　清末大學者沈曾植說：

> 問：元太祖之雄略如何？
>
> 曰：一、推廣佛教；二、殄滅木乃分。吾亞洲之文士，當以前一為天職；武士當以次二為天職。芸芸眾生，庶其有所托命乎！
>
> 　　　　　　　　　　　　　　　　《元太祖之雄略》

入元以後，蒙古信奉佛教，但不是漢傳佛教，而是喇嘛教，清代也一樣，這在政治上是必要的。就學理而論，應該是藏傳佛教為正宗。因為藏傳佛教認為，只要自己努力，今生今世就能成佛；而漢傳佛教認為，今生今世無論如何努力，都不能成佛，只能等到來生來世。所以藏傳佛教是正宗，因為佛＞大和尚；其因明學尤為漢傳所不及。但是元朝任用色目人是一個不可原諒的錯誤，元代統治之亂與此有直接關係。

　　蒙元統治時期，是中國歷史上唯一實行選舉制的時期，自秦以後。歷屆大汗都由忽里勒台大會產生，如忽必烈等。儘管後來的選舉越來越被人操縱，但是推選制度始終保持不改，這與漢地制度根

本不同。漢人是禪讓、世襲制，不是大會制、推舉制。滿承漢制，故也不用大會制。所以滿、漢是一回事，總體上；蒙、滿根本不是一回事。元、清沒有可比性，除了都是少數民族。但這只是現象。

蒙古人有三千年以上的歷史。《舊唐書北狄傳》云：蒙古族主要在呼倫湖和額爾古納河一帶活動，在那裏生息繁衍。後來，蒙古族向西遷徙，在蒙古高原過著遊牧生活。成吉思汗就出生在蒙古。

蒙古人有一個共同的價值追求——追隨英雄！英雄的標準是：誠實、勇敢、智慧、寬仁。這與儒家的核心——智、仁、勇、誠是一樣的。像明成祖朱棣，有蒙古族血統，《明史》說他性寬仁，絕不是偶然的。如果不是因為奪位，他不會殺那麼多人；因為要強壓，所以被逼無奈，畢竟名不正則言不順，明成祖就是吃名分的虧，可見名主宰一切，永樂大帝就是名學的案例。其實這個事還是要怪朱元璋先生沒有處理好、安排好——他把私愛與國家前途混淆不分。歷史中像明成祖這樣奪位成功的，僅一人而已。如果當初失敗，大明朝絕不會有後來的輝煌壯舉。其實平心而論，明成祖是有理想抱負的人，他不主事，當然不甘心。其實老朱先生的失誤，仍然可以用四兩原理輕輕搞定，就是我們前面說過的禪讓制——惠帝讓位，條件是自己做太上皇（這在明朝也不是沒有案例，雖然是後來）。舉行儀式，遷都北京。這樣名正言順了，傷害性就免了——雙方落心，政治妥協達成。建文帝是柔弱的人，根本不能承擔軍政的殘酷性；但是做太上皇卻可以盡享人生，對此，想不出更好的辦法。我們說這些並不是替古人操心，而是思考和平政治。可以說，古人對各種資源，並沒有活學活用，所以妥協政治、和平政治就達不成。

從實際方面來說，漢、蒙有很大的懸殊。一個，理論包裝上，蒙族遠不像漢族那樣精緻、龐大；但是另一方面，漢家往往只是把

智、仁、勇、誠掛在口頭、嘴邊而已，蒙古族卻真有兌現去做的。
當然，這與蒙古社會更簡單、生存也更殘酷有關係，與民族性格的
剛柔度也相關，所以言行、文質上差別就很大。但不管怎麼說，無
論是漢家的聖人，還是蒙古的英雄，他們都屬於「人極」的範圍。
只是，英雄的第一標準還不是這些，而是更直接的硬環節，就是武。
沒有武道，是不能算英雄的。漢文化的關公，就充分說明瞭這一點。
沒有武，真正的智、仁、勇、誠是培養不起來的，因為真正的智、
仁、勇、誠，無一不是篤實之道。所以說智、仁、勇、誠盡在武中。
比如孔子的武藝就是說明。對此，古今中外絕無例外，沒有狡辯的
餘地。這個道理，民間倒是更明白、更清楚，這不是虛薄文人能夠
理解和認同的。我們說，西學的典範學問是數學，而中學的典範學
問是武學，中國的武學系統最完備，其他學問照著做、照搬就行了。
聖人之名，太過複雜、高不可攀，還是英雄簡單得多、率真得多，
步步著實。正如老子說的，少則得、多則惑！蒙古族正是靠他們的
簡單天性打敗了漢人，走向輝煌。他們建立了 4000 萬平方公里的
遼闊國家，開創了人類史上最大的行政區域。從此亞、歐一家，人
類歷史邁入了近現代進程。所以，成吉思汗法典是世界上適用範圍
最廣的法。作為世界法的成吉思汗法典，最富於準則性。

　　如果說，漢家宣揚聖人立法的思想，那麼，成吉思汗則開創了
英雄造法的時代。成吉思汗將散放的蒙古社會嚴格組織，動員起來
極為高效。可以說，成吉思汗法典就是為蒙古汗國量身定做的。約
孫是成吉思汗法典的來源之一，即蒙古族的習慣傳統、不成文規
矩。成吉思汗法典萃取了約孫的合理成分，如議事會制，就是根據
蒙古草原的約孫改良而來的。應該說，成吉思汗法典相比於漢法有
諸多優點，就是比較開明，凡事商量討論，群策群力、同心斷金，

所以效能極高。不像漢族帝王一言堂，自己說了算，落下專制的口實和把柄。所以，今後還是應該多參照成吉思汗法典做事，像議事會制度就很好。

他人的經驗也是成吉思汗法典的來源。他人的經驗主要由兩部分組成：一是扎爾忽赤的判例，一是成功戰例的總結。成吉思汗本人善於總結和納諫，這一點與唐太宗相似，唐太宗是鮮卑族。實際上，根據判例、戰例就構成了一個例題庫，從實際的例題中可以學到很多東西。舉一反三、依次類推，便不至於吃虧。以前曾經交過的學費，以後也能夠充分利用、發揮作用，避免二過、再過。比如，成吉思汗法典規定，在敵情不明的情況下，嚴禁貿然出擊，就是極重要的原則，這也就是孫子講過的知彼。清代閉關最大的一個害處就是知識隔絕，從兵法上論，等於是自斷知彼的徑路，如何能行呢？應該說，春秋、成吉思汗法典，這些都是古人留給我們的資源，應該充分加以利用——活學活用、創造發明。

成吉思汗在建國時，只是稱蒙古為「大蒙古」（青蒙古）。蒙古民族的性格狂放不羈，其自由自在的生活態度最切合於人類本性。只要這種性格被小心地約束起來，以不妨礙他人為底線，就是最不壞的了。這就是從心所欲不逾矩。成吉思汗法典的一個特點就是——說理性強，說理性內容突出。亦即，在條例規定前面講明為什麼要這樣規定。對比中原地區統治者一貫奉行的民可使由之、不可使知之的愚民政策，成吉思汗的思想與此完全不同。他重視教育，即——使民皆知之。只有知道所以然，才能更好地自覺遵守法律。所以成吉思汗法典具有先教育、後處罰的特點。在很多方面，成吉思汗超過了孔子。

　　成吉思汗法典是先說服民眾，獲得認可，這樣行法就方便、簡省了；而且化解了對舊習慣的迷信，緩解了新制度可能帶來的矛盾。由於蒙古社會兵、民不分，所以成吉思汗法典有軍法的特徵，形成了一個普遍軍管社會。這與黃宗羲講過的、明帝國的弊端就是兵民太分，恰成鮮明對比。對照來看，有軍法的特點，其好處是組織高效、利於動員，群體安全有保證，社會機制高度簡化；不便是：個人日常生活會感覺不舒服，需要鬆動和協調。所以，最終還是一個如何「調味」的問題──治大國若烹小鮮。

　　成吉思汗法典的優點是不用懷疑的，如果沒有一點優點，蒙古汗國也不可能做大做強。比如強制教育、保護草場水源，等等，都是可行的條例。而成吉思汗法典這一人文遺產，簡言之就是──倡導了蒙古民族的本原精神價值。雖然如此，從道理及內容上說，成吉思汗法典可以作為漢法的有力補充，乃是無疑的。由此，根據成吉思汗法典，我們就能夠對人類歷史做一個根本性的總結了，其宏綱如下：

人類全史：

第一部分　陸地──蒙古汗國、中華帝國
第二部分　海洋──殖民帝國、附美國
第三部分　列國──古羅馬（西羅馬、東羅馬）、阿拉伯、
　　　　　　　　　奧斯曼土耳其、戰爭國德意志
第四部分　天空──現代與未來

可以說，沒有元朝，就沒有以後的明、清兩代，也就沒有近古乃至現代的中國。即以大明朝而論，明亡給我們的教訓和啟示是什

麼呢？至少可以總結出兩條：一、歷史中的很多王朝之所以不行，不是因為別的，就是因為在河南建都，而河南是最爛的。這裏必要條件與充分條件必須分清楚——不在河南建都，未必好；在河南建都，肯定不好。所以說，中國歷史的教訓，實際原因其實並不複雜，這個我們在前面也說過了。很多知名的學者之所以終身探討不下（中國歷史的教訓），就是因為書面的原因太多，而實戰的東西太少，所以搞得複雜得不得了。除了擾亂、困惑人心，沒有絲毫的建設性。讀書越多越困惑，不如無書；應該是讀書越多越解決問題——濃縮的都是精華。不能實戰，都是書沒有讀好，這是肯定的。所以一切還是一個閱讀的問題。天下沒有無用的書，只有不高明的讀。

二、明、清因為定都燕趙，所以效果截然不同；如果是建都河南，國祚肯定不久。但是有一點，西北與河北不聯合，也還是不穩固的。所謂只落一邊，偏枯不全。因為即以唐、明兩朝的教訓而論，安祿山從範陽起兵往西安打，李自成從西北往北京打，如果連都，就不會有這問題。明非亡於清，乃亡於己，無話可說。所以中國古代只適於在北京、西安建都，這是最後的比較結果，沒有第三個。這個我們也說過多次了。

毛澤東盛讚成吉思汗為一代天驕，仰慕之情溢於言表。後來建國，也是因為他自己是湖南人，又在西北根據地，復建都北京，四大戰略要衝——陝西、河北、湖南、廣東，一下就占了三個，不勝何待？相比之下呢？蔣中正是浙江人，本身是一個商人的思維習慣，又定都在六朝衰世之南京，還那麼多的政策性錯誤，不敗又能怎樣呢？所以從宏觀校論，歷史大勢、全局乃是顯然的。所以後人應該知道該怎麼做。

附：《成吉思汗法典》殘片

第 1 條　天賜成吉思汗的大扎撒（法令）不容置疑。

第 2 條　一個民族，如果子女不遵從父親的教誨，弟弟不聽從兄長的勸誡，丈夫不信任妻子，妻子不順從丈夫，公公不讚許兒媳，兒媳不尊敬公公，長者不管教幼者，幼者不尊重長者，那顏（官員）只寵信其親屬而疏遠陌生人，富有者吝惜私有財物而損害公有財物的，那麼必將導致被敵人擊敗、家戶衰落、國家消亡。因此，成吉思汗頒佈大扎撒，提醒所有民眾必須提高警惕，所有那顏和哈剌楚（平民）都必須遵守，這樣，長生天就會保佑我們完成大業。大扎撒不能改變，必須千年、萬年、世代遵守下去。

第 3 條　大蒙古國選舉汗位繼承者、任命扎爾忽赤（斷事官）、發動戰爭和進行重大決策實行忽里勒台（會議）制度。忽里勒台由黃金家族主要成員、萬戶長、千戶長和主要那顏組成。各汗國確立汗位及作出重大決策也按照該規則進行。

第 4 條　大蒙古國實行扎爾忽赤制度。通過忽里勒台，成吉思汗任命失吉忽禿忽（人名）為國家的紮爾忽赤（最高斷事官），其職責為裁判訴訟、擬制青冊和記錄分封。

第 5 條　扎爾忽赤將判例與成吉思汗商量後用白紙黑字造冊保
　　　　存，命名為闊闊迭卜貼爾（青冊）。後人不得更改，更改
　　　　者要受處罰。

第 6 條　大蒙古國兒童必須學習畏兀兒文字。

第 7 條　男子年滿十五歲皆有服兵役的義務。

第 8 條　每個人不論貧富與貴賤都平等勞動。

第 9 條　尊重任何一種宗教信仰，任何一種宗教都不得享有特
　　　　權。每個人都有信仰宗教的自由。

第 10 條　社會組織實行十進位。分為十戶、百戶、千戶和萬戶，
　　　　成吉思汗任命萬戶長和千戶長，千戶長任命百戶長，百
　　　　戶長任命十戶長。

第 11 條　建立戶籍制度。每個人都轄屬於十戶、百戶和千戶，並
　　　　承擔勞役。

第 12 條　每個人都只能居住在指定的十戶、百戶、千戶轄區內，
　　　　不能隨意遷移到另一個單位去，也不能到別的地方去尋
　　　　求庇護。如有違抗該命令的，遷移者要當眾被處死，收
　　　　容的人也要受到嚴厲懲罰。

第 13 條　民眾有承擔賦稅、勞役和驛役的義務。

第 14 條　各宗派教主、教士免徵賦稅，免服兵役和驛役。

第 15 條　貧困的民眾、醫生和有學問的人免徵稅收。

第 16 條　大蒙古國建立驛站制度，驛站的職責是收集情報、傳遞
　　　　資訊、保障通商、保障官員和使節通行。

第 17 條　驛站的供給和維護由所在區域的千戶負責，千戶向轄區
　　　　內的民眾分配驛役。

第 18 條　負責驛站的那顏定期對驛站進行檢查，每年至少一次。

第 19 條　應經驛站中轉的人員不得擾民。

第 20 條　大蒙古國建立以狩獵為基礎的軍事訓練制度。

第 21 條　狩獵時，按戰時組織進行，確立指揮官，由指揮官統一指揮狩獵。

第 22 條　對於使野獸逃跑的情況，應仔細調查原因，根據調查結果對責任千夫長、百夫長和十夫長處以杖刑或死刑。

第 23 條　狩獵結束後，要對傷殘的、幼小的和雌性的獵物進行放生。

第 24 條　兩國交戰前應先行宣戰，向敵方軍民宣告：如順服，則你們會獲得善待和安寧；如反抗，則其後果唯有長生天知道，非我方能預料。

第 25 條　軍隊編組實行十進位，包括貴族、奴隸在內，分為十夫、百夫、千夫和萬夫。十人推舉十夫長，十夫長推舉百夫長，百夫長推舉千夫長。

第 26 條　只有在行軍時能考慮到不讓軍隊饑渴、牲畜消瘦的人，才配擔任首長。

第 27 條　十夫長不能完成任務的，撤銷他的職務，連同其妻子、兒女一併處罰，另從其十人隊中選一人任十夫長。百夫長、千夫長、萬夫長與此相同。

第 28 條　百夫長、千夫長、萬夫長應在每年年初和年終參加軍事會議，聽取成吉思汗的訓言，並保證訓言的實施，管理轄區軍士。若面從心違，致使大汗命令落空，或不參加此會議的，予以撤職。

第 29 條　如戰爭需要，每個人無論老少貴賤都有作戰禦敵的義務。

第 30 條　民眾有負擔戰爭物資的義務。由十戶長、百戶長負責徵收徵用。

第 31 條　出戰前，要檢閱軍備，如準備不足，嚴屬懲罰百戶長、
　　　　　十戶長。

第 32 條　參戰人員接到集結命令後必須按時到達指定地點，既不
　　　　　能遲到，也不能早到。

第 33 條　交戰時，專心作戰，禁止擄取財物。

第 34 條　破敵後，見棄物不能取，待戰爭結束後統一分配。

第 35 條　在戰爭中，若軍馬退至原排陣處，軍士應返身力戰，不
　　　　　返身力戰的，處以死刑。

第 36 條　軍士遇事要慎重，在敵情不明的情況下不可輕易向敵人
　　　　　出擊。

第 37 條　戰場上拾到戰友衣物和兵械而拒不歸還的，處死刑。

第 38 條　丈夫在外參加戰爭或狩獵時，妻子應料理好家務，並代
　　　　　理丈夫完成賦役義務。

第 39 條　保護戰死者。奴隸將犧牲於戰場上的主人背出來的，將
　　　　　主人的牲畜和財產送給該奴隸；其他人背出來的，將死
　　　　　者的妻子、奴隸和所有財產都送給該人。

第 40 條　建立怯薛（護衛軍）制度，從千戶長、百戶長、十戶長
　　　　　和白身人（自由民）的子弟中選取健壯的、有能力者當
　　　　　怯薛軍。

第 41 條　符合上述條件自願加入怯薛軍的，任何人不得阻擋。

第 42 條　被征為怯薛的千戶長子弟須帶那可惕禿（親近的人）十
　　　　　人和迭兀（弟弟）一人，百戶長子弟須帶那可惕禿五人
　　　　　和迭兀一人，十戶長和白身人子弟須帶那可惕禿三人和
　　　　　迭兀一人。

第 43 條　被征怯薛須在規定範圍內自備馬匹、物品；自備不足的，可從千戶、百戶內徵調其餘部分，違反此命令的，予以嚴厲懲罰。

第 44 條　怯薛的地位高於在外的千戶長，在外的千戶長和怯薛鬥毆的，嚴厲懲罰千戶長。

第 45 條　怯薛的那可惕禿高於在外的百戶長、十戶長，在外的百戶長、十戶長和怯薛的那可惕禿鬥毆的，嚴厲懲罰百戶長、十戶長。

第 46 條　怯薛軍違反管理制度的，免死。初犯的，處鞭刑三下；再犯的，處鞭刑七下；第三次違犯的，處鞭刑三十七下；仍不悔改的，處流刑。

第 47 條　四位怯薛長不傳達上述罰則的，予以嚴厲懲罰。

第 48 條　沒有成吉思汗的命令，怯薛長不得擅自處罰怯薛軍，違者對其處以同樣的處罰。

第 49 條　怯薛長不服的，可向成吉思汗申訴，由成吉思汗作出最後決定。

第 50 條　宿衛神聖不可侵犯，任何人不得坐宿衛上座，不得跨越宿衛身體，不得靠近宿衛，否則予以逮捕。

第 51 條　夜間未經宿衛允許，不得在大汗斡爾多禁區附近行走和進入斡爾多禁區；違反的，宿衛可將其拘押，待次日審問。

第 52 條　有急事稟報的，必須先得到宿衛允許，和宿衛一同進入斡爾多。

第 53 條　禁止探問宿衛數量；違反的，宿衛應沒收其坐騎，剝光其衣服。

第 54 條　怯薛軍由成吉思汗親自指揮；擅自調動的，予以嚴厲懲罰。

第 55 條　民眾對待國人要溫順，對待敵人要兇狠。

第 56 條　經過三位以上賢人一致認可的話為可靠的話。

第 57 條　民眾要慎言，在說每一句話之前都應當同賢人的話進行比較，同時，也應把別人的話同賢人的話進行比較，如果合適，就可以說，否則就不應當說。

第 58 條　醉酒的人，就成了瞎子，他什麼也看不見，他也成了聾子，喊他的時候，他聽不到，他還成了啞巴，有人同他說話時，他不能回答。他喝醉了時，就像快要死的人一樣，他想挺直地坐下也做不到，他像個麻木發呆頭腦受損傷的人。喝酒既無好處，也不能增進智慧和勇敢，不會產生善行和美德：在醉酒時人們只會幹壞事、殺人、吵架。酒使人喪失知識、技能，成為他前進道路上的障礙和事業上的障礙。他喪失了明確的途徑，將食物和桌布投進火中，擲進水裏。

第 59 條　嘉獎少喝酒的人，重用不喝酒的人。

第 60 條　國君酗酒者不能主持大事、頒佈必里克（訓言）和重要的習慣法。

第 61 條　十夫長、百夫長和千夫長酗酒的，免除其職務。

第 62 條　怯薛軍士酗酒的，予以嚴屬懲罰。

第 63 條　哈剌楚酗酒的，沒收其全部財產。

第 64 條　如果無法制止飲酒，一個人每月可飽飲三次。

第 65 條　以信託資金經商累計三次虧本的，處死刑。

第 66 條　殺人的，處死刑。

第 67 條　男子與女子公開通姦或通姦被當場抓獲的，通姦者並處死刑。

第 68 條　男子之間雞姦的，並處死刑。

第 69 條　收留逃奴的，或拾到財物不歸還的，處死刑。

第 70 條　以歪門邪道傷害他人的，處死刑。

第 71 條　尊重決鬥的雙方和決鬥的結果。在決鬥過程中，任何人均不得參與和幫助決鬥中的任何一方；違反者，處死刑。

第 72 條　撒謊的，處死刑。

第 73 條　偷盜他人重要財物的，處死刑，並將其妻子、兒女和所有財產沒收後送給被盜的人。

第 74 條　偷盜他人非重要財物的，處杖刑；根據情節的不同，分別杖七下、十七下、二十七下、三十七下、四十七下，而止於一百零七下。

第 75 條　主人應對奴隸的行為負責。奴隸偷盜他人財物的，將其本人和主人都處以死刑，並將他們的妻子、兒女和財產沒收後送給被盜的人。

第 76 條　保護草原。草綠後挖坑致使草原被損壞的，失火致使草原被燒的，對全家處死刑。

第 77 條　保護馬匹。春天的時候，戰爭一停止就將戰馬放到好的草場上，不得騎乘，不得使馬亂跑。

第 78 條　打馬的頭和眼部的，處死刑。

第 79 條　保護水源。不得在河流中洗手，不得溺於水中。

第 80 條　遺產不得收歸國有，任何人不得干涉遺產的分配，一般由死者繼承人繼承。

第 81 條　如果死者沒有繼承人的，遺產送給其徒弟或奴隸。

第 82 條　妻妾所生子女均有繼承權。

第 83 條　家裏的事情儘量在家裏解決，野外的事情儘量在野外解決。

第 84 條　最高扎爾忽赤裁判訴訟時，由宿衛組成裁判宿衛，保障扎爾忽赤命令的執行。

第 85 條　除當場被抓獲或自己認罪之外，一般不得處以刑罰，但當有人被許多人控告時，其又不承認的，可以用拷打的辦法使其認罪。

第 86 條　黃金家族成員違犯大扎撒的，應予以處罰。初犯的，口頭訓誡；再犯的，按成吉思汗的必里克處罰；第三次違犯的，流放到遙遠的地方。流放後還是不改的，判處其戴上鐐銬進監獄；如果仍未悔改就通過宗親會議作出處理決定。

第 87 條　那顏們需認真傳達大扎撒，有傳達義務而不傳達的，予以嚴厲懲罰。

　　以上參見《成吉思汗法典及原論》內蒙古典章法學與社會學研究所編，商務印書館 2007.7。

參考文獻

《成吉思汗法典》(《成吉思汗法典及原論》)集體編撰　商務印書館 2007.7

《海日樓札叢、題跋》錢仲聯輯　遼寧教育出版社 1998.3

《孟子字義疏證》〔清〕戴震著　中華書局 1982.5

《文史通義校注》〔清〕章學誠著、葉瑛校注　中華書局 2000.1

《鄭觀應集》夏東元編　上海人民出版社 1988.

《康有為政論集》湯志鈞編　中華書局 1998.6

《飲冰室合集》梁啟超著　中華書局 1990

《中國近代政治思想論著選輯》中央黨校編　中華書局 1983.9

《乾嘉學術編年》陳祖武等著　河北人民出版社 2005.1

哲學宗教類　PA0046

清代思想史稿

作　　者 / 季蒙 程漢
主　　編 / 蔡登山
責任編輯 / 陳佳怡
圖文排版 / 楊尚蓁
封面設計 / 蔡瑋中

發 行 人 / 宋政坤
法律顧問 / 毛國樑　律師
印製出版 / 秀威資訊科技股份有限公司
　　　　　114 台北市內湖區瑞光路 76 巷 65 號 1 樓
　　　　　電話：+886-2-2796-3638　傳真：+886-2-2796-1377
　　　　　http://www.showwe.com.tw
劃撥帳號 / 19563868　戶名：秀威資訊科技股份有限公司
　　　　　讀者服務信箱：service@showwe.com.tw
展售門市 / 國家書店（松江門市）
　　　　　104 台北市中山區松江路 209 號 1 樓
　　　　　電話：+886-2-2518-0207　傳真：+886-2-2518-0778
網路訂購 / 秀威網路書店：http://www.bodbooks.com.tw
　　　　　國家網路書店：http://www.govbooks.com.tw
圖書經銷 / 紅螞蟻圖書有限公司
　　　　　114 台北市內湖區舊宗路二段 121 巷 28、32 號 4 樓
　　　　　電話：+886-2-2795-3656　傳真：+886-2-2795-4100

2011 年 12 月 BOD 一版
定價：400 元
版權所有　翻印必究
本書如有缺頁、破損或裝訂錯誤，請寄回更換

國家圖書館出版品預行編目

清代思想史稿 / 季蒙, 程漢作. -- 一版. -- 臺北
市：秀威資訊科技, 2011.12
　　面；　公分. -- (哲學宗教類；PA0046)
BOD 版
ISBN 978-986-221-878-5(平裝)

1. 清代哲學

127　　　　　　　　　　　　　　100022807

讀 者 回 函 卡

感謝您購買本書,為提升服務品質,請填妥以下資料,將讀者回函卡直接寄
回或傳真本公司,收到您的寶貴意見後,我們會收藏記錄及檢討,謝謝!
如您需要了解本公司最新出版書目、購書優惠或企劃活動,歡迎您上網查詢
或下載相關資料:http:// www.showwe.com.tw

您購買的書名:＿＿＿＿＿＿＿＿＿＿＿＿＿＿＿＿＿＿＿＿＿＿＿

出生日期:＿＿＿＿＿年＿＿＿＿＿月＿＿＿＿＿日

學歷:□高中 (含) 以下　　□大專　　□研究所 (含) 以上

職業:□製造業　□金融業　□資訊業　□軍警　□傳播業　□自由業
　　　□服務業　□公務員　□教職　　□學生　□家管　　□其它＿＿＿＿

購書地點:□網路書店　□實體書店　□書展　□郵購　□贈閱　□其他

您從何得知本書的消息?

　　□網路書店　□實體書店　□網路搜尋　□電子報　□書訊　□雜誌

　　□傳播媒體　□親友推薦　□網站推薦　□部落格　□其他＿＿＿＿＿＿

您對本書的評價:(請填代號　1.非常滿意　2.滿意　3.尚可　4.再改進)

　　封面設計＿＿＿　版面編排＿＿＿　內容＿＿＿　文／譯筆＿＿＿　價格＿＿＿

讀完書後您覺得:

　　□很有收穫　□有收穫　□收穫不多　□沒收穫

對我們的建議:＿＿＿＿＿＿＿＿＿＿＿＿＿＿＿＿＿＿＿＿＿＿＿

＿＿＿＿＿＿＿＿＿＿＿＿＿＿＿＿＿＿＿＿＿＿＿＿＿＿＿＿＿＿＿

＿＿＿＿＿＿＿＿＿＿＿＿＿＿＿＿＿＿＿＿＿＿＿＿＿＿＿＿＿＿＿

＿＿＿＿＿＿＿＿＿＿＿＿＿＿＿＿＿＿＿＿＿＿＿＿＿＿＿＿＿＿＿

11466
台北市內湖區瑞光路 76 巷 65 號 1 樓
秀威資訊科技股份有限公司　　　收
BOD 數位出版事業部

....

（請沿線對折寄回，謝謝！）

姓　　名：＿＿＿＿＿＿＿＿　年齡：＿＿＿＿　性別：□女　□男

郵遞區號：□□□□□

地　　址：＿＿＿＿＿＿＿＿＿＿＿＿＿＿＿＿＿＿＿

聯絡電話：(日) ＿＿＿＿＿＿＿＿＿　(夜) ＿＿＿＿＿＿＿＿＿

E-mail：＿＿＿＿＿＿＿＿＿＿＿＿＿＿＿＿＿＿＿